INHABITING MEMORY IN CANADIAN LITERATURE

HABITER LA MÉMOIRE DANS LA LITTÉRATURE CANADIENNE

INHABITING MEMORY IN CANADIAN LITERATURE

BENJAMIN AUTHERS, MAÏTÉ SNAUWAERT
& DANIEL LAFOREST, EDITORS

HABITER LA MÉMOIRE DANS LA LITTÉRATURE CANADIENNE

SOUS LA DIRECTION DE BENJAMIN AUTHERS,
MAÏTÉ SNAUWAERT & DANIEL LAFOREST

THE UNIVERSITY OF ALBERTA PRESS

Published by

The University of Alberta Press
Ring House 2
Edmonton, Alberta, Canada T6G 2E1
www.uap.ualberta.ca

First edition, first printing, 2017.
First printed and bound in Canada by Friesens, Altona, Manitoba.
Copyediting by Joanne Muzak and Mylène Proulx.
Proofreading by Joanne Muzak and Amélie Bourbeau.
Indexing by Judy Dunlop and François Trahan.

The University of Alberta Press is committed to protecting our natural environment. As part of our efforts, this book is printed on Enviro Paper: it contains 100% post-consumer recycled fibres and is acid- and chlorine-free.

The University of Alberta Press gratefully acknowledges the support received for its publishing program from the Government of Canada, the Canada Council for the Arts, and the Government of Alberta through the Alberta Media Fund.

This book has been published with the help of a grant from the Canadian Federation for the Humanities and Social Sciences, through the Awards to Scholarly Publications Program, using funds provided by the Social Sciences and Humanities Research Council of Canada.

LIBRARY AND ARCHIVES CANADA CATALOGUING IN PUBLICATION

Inhabiting memory in Canadian literature / Benjamin Authers, Maïté Snauwaert & Daniel Laforest, editors = Habiter la mémoire dans la littérature canadienne / sous la direction de Benjamin Authers, Maïté Snauwaert & Daniel Laforest.

Includes bibliographical references and index.
Issued in print and electronic formats.
Text in English or French.
ISBN 978-1-77212-270-1 (softcover).—ISBN 978-1-77212-355-5 (EPUB).—
ISBN 978-1-77212-356-2 (Kindle).—ISBN 978-1-77212-357-9 (PDF)

1. Canadian literature—History and criticism. 2. Memory in literature. 3. Space in literature. I. Authers, Benjamin, 1975 , editor II. Snauwaert, Maïté, 1975–, editor III. Laforest, Daniel, 1974–, editor IV. Title: Habiter la mémoire dans la littérature canadienne.

PS8101.M46I64 2017 C810.9′384 C2017-905543-7E
C2017-905544-5E

—

CATALOGAGE AVANT PUBLICATION DE BIBLIOTHÈQUE ET ARCHIVES CANADA

Inhabiting memory in Canadian literature / Benjamin Authers, Maïté Snauwaert & Daniel Laforest, editors = Habiter la mémoire dans la littérature canadienne / sous la direction de Benjamin Authers, Maïté Snauwaert & Daniel Laforest.

Comprend des références bibliographiques et un index.
Publiés en formats imprimé(s) et électronique(s).
Textes en anglais et en français.
ISBN 978-1-77212-270-1 (couverture souple).—ISBN 978-1-77212-355-5 (EPUB).—
ISBN 978-1-77212-356-2 (Kindle).—ISBN 978-1-77212-357-9 (PDF)

1. Littérature canadienne—Histoire et critique. 2. Mémoire dans la littérature. 3. Espace dans la littérature. I. Authers, Benjamin, 1975–, directeur de publication II. Snauwaert, Maïté, 1975–, directrice de publication III. Laforest, Daniel, 1974–, directeur de publication IV. Titre: Habiter la mémoire dans la littérature canadienne.

Canadä

Canada Council for the Arts
Conseil des Arts du Canada

CONTENTS / TABLE DES MATIÈRES

ACKNOWLEDGEMENTS / REMERCIEMENTS

This collection was made possible with funding from the Social Sciences and Humanities Research Council of Canada and the Faculty of Arts at the University of Alberta. Thanks must go to Peter Midgley, senior editor at the University of Alberta Press, for his support of this project since its genesis, to Mary Lou Roy, Joanne Muzak, and Mylène Proulx for moving the manuscript through its final stages, and to Dr. Sarah Shewchuk for her research and editorial assistance. We would also like to acknowledge the wonderful intellectual community provided by the Canadian Literature Centre at the University of Alberta and its director, Marie Carrière, without whose enthusiasm and encouragement this collection would not exist.

—

Le présent volume a été rendu possible grâce au soutien financier du Conseil de recherches en sciences humaines du Canada et de la Faculté des arts de l'Université de l'Alberta. Nos remerciements vont à Peter Midgley, chef de l'édition des Presses de l'Université de l'Alberta, pour son soutien à ce projet depuis sa genèse, à Mary Lou Roy, Joanne Muzak, et Mylène Proulx pour avoir conduit le manuscript à travers ses dernières étapes, et à la docteure Sarah Shewchuk pour sa recherche et son assistance éditoriale. Nous souhaitons aussi saluer la merveilleuse communauté intellectuelle créée par le Centre de littérature canadienne à l'Université de l'Alberta et, en particulier, sa directrice, Marie Carrière, sans l'enthousiasme et les encouragements de laquelle ce recueil n'aurait pu voir le jour.

INTRODUCTION

BENJAMIN AUTHERS, MAÏTÉ SNAUWAERT
& DANIEL LAFOREST

To consider the cultural work of space and memory in Canada is to foreground the imaginative capacities of its domestic and global human geographies. It is to think across geo- and eco-politics and criticisms, the persistence of the frontier in literature, constructions and perceptions of "the North," and the figure of the literary city. The issue of space and memory urges us to investigate Canada within regional, national, continental, global, and cosmopolitan contexts. It asks questions about racialized geographies within the nation-state, identifications with (and resistances to) indigeneity and diaspora, and the new spaces created by translation and culturally distinct readerships. It prompts us to think about memorialized locations and the ethics of inhabiting. And, in the conjoining of space, memory, and text, it asks us to consider the work specifically undertaken by novels, poetry, drama, and life writing, in their printed and digital forms, in reinforcing national imaginaries, or else undermining hegemonic perceptions of the cultural geography of the country. Prefacing the multifaceted approaches taken by the chapters that follow, this introduction moves between space and memory and through their intersections, discussing some of the provocative ways in which these ideas have manifested in Canadian literary analysis.

"One only has to think of some of the foundational studies of Canadian literature...to understand that in the Canadian literary context space and place have always mattered" (Warley, Ball, and Viau). Certainly, space and place, those markers of location and of being in location, continue to matter as much for twenty-first-century Canadian cultural critique as they did for Linda Warley, John Clement Ball, and Robert Viau in 1998; for Dick Harrison in his 1977 study of Canadian Prairie literature *Unnamed Country*; for Margaret Atwood in 1972's *Survival*; and for Northrop Frye in his 1965 "Conclusion" to *A Literary History of Canada*. For these and many other critics—and for the writers and other artists to whom they respond—space and place remain central to considerations of Canada and its cultural practices.

Frye's question of space and culture, "Where is here?" (222), has had particular resonance for critics of Canadian literature, as much for what it asks as for the critical desire to respond to it. Frye's attempt to engage with Canadian literature surveyed the vagaries of its critical reception, its apparent distance from "an autonomous world of literature" (216), its domestic cultivation (218), and the "unusually strong...Canadian attachment to law and history" (250). Most notable for many, though, was Frye's spatial reading, his location of Canadian writing at the intersection of the natural world and human responses to that world. Frye positions Canadian space as monstrous; whereas sea travel from Europe to the United States is "a matter of crossing an ocean," entering Canada from the east "is a matter of being silently swallowed by an alien continent" (219). The human relationship with such "a huge, unthinking, menacing, and formidable physical setting" becomes socialized in Frye's evocative formulation of the "garrison mentality" (227), the defensive posture from which he sees Canadian cultural production originating.

Frye's question has proved to be as much a provocation as an inquiry, producing an array of multiply inflected responses that have been alternatively sympathetic and resistant. In 1999, for example, Peter Dickinson answered Frye with "here is queer" (3). Finding in Frye's question "a failure of the imagination, a refusal to conceive of 'Canada'...in anything other than geopolitical terms" (4), Dickinson argued instead for a queer recognition of the more expansive boundaries of a Canadian "textual *superabundance*" (4). Richard Cavell, critical of the idea of space in Frye's work more generally, reads the attempt to ascertain "here" as dependent on an abstraction, one in which social constructions are absent. Cavell instead seeks to interrogate the "fundamentally spatial aspect" (111) of colonialism, refocusing on and interrogating the colonial's spatiality in issues of architecture, mapping, territorial seizure, and displacement. And for Diana Brydon, "the question has never been 'Where is here?'" but rather "what are we doing here?" (14). "Being here and knowing here," she argues, "are primarily important for how they shape the ethics of acting here, in this place and time, and the implications of those activities for the future" (14). Frye's question is to Brydon's mind a "clever red herring," serving to distract Canadian literary criticism from this more important interrogation of how "we position ourselves" in space (14).

What this partial (settler-colonial, anglophone) account of a Canadian criticism of space indicates is that the spatial has crucial intellectual intersections with concerns about representation, identity, nation, difference, and belonging. It illustrates, too, that the idea of "here" has tended to be overdetermined, permeated with multiple meanings. As Cavell and Brydon urge, thinking about space should occupy our interrogation of Canadian culture, society, and politics. It should be a necessary aspect of any consideration of a Canadian public sphere where environmentalism is now a key term in politics, education, and marketing; where international human movement generates both xenophobic panic and utopian visions of global unity while Indigenous peoples remain largely unaddressed by these politics; and in which the "problems" of urban space produce considerable political, academic, and media discussion. The question of space is a question of the cultural institutions within that space, of the materiality of Canadian publishing including corporate histories, public funding and censorship, archives, festivals, and the promotion of Canadian literature overseas. And it is also a provocation that urges us to acknowledge the legalization of space, with its borders, passports, migration, and refugees.

How, too, might we further inflect the idea of space in Canadian literary and cultural critique, recognizing its contested intellectual meaning and its capacity to produce new and equally vexing sites for analysis? As the essays in this collection illustrate in their movements across genre, canonicity, and period, the intersecting study of space *and* memory offers one such possibility for our understanding of Canadian cultural production. It could, for example, be argued that the complex connections between space and memory are what constitutes *place*, as a subjective site of inhabiting that carries with it a critical—and criticized—heritage. In their introduction to *Placing Memory and Remembering Place in Canada*, James Opp and

John C. Walsh state that the contributions in their volume "assert the significance of place as a site made meaningful by memory and commemorative practices. In return, they...are also cognizant of how *placing* is critical to memory's making and to its social, cultural, and political power" (4). Place thus emerges from its situation in time and history, personal or collective, and there are no simple assumptions to be made about their correlation.

The vitality and growing relevance of analyses of cultural memory to the study of literature is asserted by Cynthia Sugars and Eleanor Ty's 2014 collection *Canadian Literature and Cultural Memory*. They write in their introduction that "a concern with the cross-over, transmission, and utilization of 'memory' as a vector of signification has become a central concern in contemporary cultural discourse" (1). The emergence of this connection might be found in the 2005 publication of *Place and Memory in Canada: Global Perspectives* (Paluszkiewicz-Misiaczek, Reczynska, and Spiewak). But more specifically, Sugars and Ty note that "Canadian literature as a site of memory is an extremely resonant field, for it attends to the ways that the 'idea' of Canada (and Canadian culture) is informed by interacting frameworks of memory" (5). This intertwined concern has proved dominant in historical fiction (see Cabajsky and Grubisic, or Herb Wyile's *Speaking in the Past Tense* and earlier *Speculative Fictions*); it has been addressed through history (Finkel, Carter, and Fortna) and the interest of public and cultural studies in collective memory (Neatby and Hodgins; Gilbert, Bock, and Thériault; McAllister) and sites of commemoration—what French historian Pierre Nora called "lieux de mémoire," also discussed by Sugars and Ty (5). In line with these recent studies, the present collection aims to expand the comprehension of memory as articulated to an affective Canadian landscape and its subjective geographies.

The past summoned in the chapters collected here isn't one that leaves memory at peace. On the contrary, it is a critical revisiting that makes memory an active force of questioning, quite notably, for instance, when André Lamontagne displaces the general conception of Québec as a city of sameness, largely excluded from literature, through the portrait of an early complexity embodied in the ambivalent and marginal characters of Louis Fréchette. Equally, it operates in Albert Braz's reconsideration of the long-standing perception of Canada as a country always on the good side of history through his examination of the actual, if deliberately kept out of national memory, reality of slavery. Vital to embracing a sense of place in a heterogeneous continent, collectively held or cultural memories can create a shared way of experiencing time, notably for generations of citizens who have not lost the sense that they are, or have been, migrants. As writer and journalist Carolyn Abraham points out when commenting on her book *The Juggler's Children: A Journey into Family, Legend and the Genes that Bind Us*, the question potentially facing Canadians originating from non-Indigenous minorities is "where are you from, anyway?" ("My Secret Identity" 3), a question echoed with irony in Edmonton author Nancy Ng's title *No, Really, Where Are You From?* For many, this complex and fraught hailing may entail following a mixed ethnic, geographic, and historical trail, a question of origins that involves looking for ancestors, at least in Abraham's case, "from Canada to England to India, Portugal, Jamaica, China" (5). No easy answer follows such an inquiry; rather, it prompts a vast, travelling investigation that also speaks to the elastic boundaries of what is considered Canadian. Identity, for all the attention and hope of a definition it generates in Canada, continues to receive a plural, endless answer, while the always-elusive search for origins creates melancholy and a nostalgia that shapes the present and, as Jennifer Bowering Delisle examines, literary representation. When it comes to the nation, however, memory can become a means for institutionalizing power and creating obligations of duty, with its simultaneous omissions and desire to build the image of a united people. As Smaro Kamboureli's reading of *Cockroach* shows, literary texts can come to criticize these assumptions, especially so with regards to claims of a global citizenship and the intricacies of multifaceted, diasporic feelings of belonging.

In particular, as a civil institution and a collective unit of history, family has come to play a key role in the founding of these often political memories. In contemporary literature, Canadian memoirs and family histories, particularly by women and post-immigrant generations, and including narratives of disconnection from inherited memory, all help to reclaim or reinvent a transgenerational connection to an imagined country of origin. They play a role of ethnographic memorialization as much as they recount a particular family history, with their tracing of cultural shifts and geographic, political, and economic displacements. Because memory's territory is constructed in these accounts in relation to exterior, foreign, faraway places as much as it is to "Canada," it builds a transcultural and trans-subjective "thickness," an attempt at writing a history of the present. It creates an echo of the memory process itself, made out of other languages, memories, and imagined countries, and journeys between the state, the landscape, and their imaginary counterparts.

In addition, much Canadian history, as it continues to unfold, comes from oral storytelling, private correspondence, and public representations in the media, underscoring the importance of interpersonal or individual narratives in the making of a collective knowledge. One could argue that Canadian history continues to be built through a patchwork of plural *memories* concerned with the creation of a cultural space deeply influenced by the negotiation between physical territory and the possibility of a nation often deemed imaginary by early Canadians, whether writers or not. In his *Histoires littéraires des Canadiens au XVIIIe siècle*, Bernard Andrès demonstrates how literature played a major role in shaping Canadian institutions and society, most notably in the early years of French Canadian citizenship. This continued through the 1960s' sense of an *identité québécoise*, whose assumptions are now being revisited and challenged, most notably for their exclusion of francophone literature outside Québec. Discussing the political stance of Gaston Miron, Québec's national poet *par excellence*, in the early 1970s, Pierre Nepveu writes, "combien la logique de la décolonisation appliquée au Québec français et son corollaire, le projet d'une littérature nationale québécoise assumant cette émancipation, rejette logiquement dans les ténèbres extérieures toutes les diasporas canadiennes-françaises d'Amérique du Nord" (18), offering that the vast continent often seen as the very ground of *americanity* might as well be an "archipel identitaire," a series of small, isolated islands (21–22). This sheds a light on a *majority* literature through a *minority* one, as when scholar François Paré, in his essential 1992 eponymous study, named Canadian works in French written outside Québec "les littératures de l'exiguïté." Similarly, Simon Nadeau's essay, *L'autre modernité* (Prix Gabrielle-Roy 2013), brings under scrutiny the systematic association of modernity and nationalism in the history of Québécois literature. This political consolidation, he argues, might have swept away a number of French Canadian poets whose sense of the modern was more closely linked to the European tradition, and who were therefore deemed unfit for the Quiet Revolution. As Blodgett's colossal work *Five-Part Invention: A History of Literary History in Canada* demonstrated, history continues to be reinterpreted through whichever memory the cultural institution chooses to build on.

Intertwined with a search for identity that is as much a question mark as Frye's "Where is here?," memory continues to occupy much of Canadian contemporary literary production, with a foot in the past and an eye on the future. As the following chapters show, the space/memory nexus necessarily points to both the unities and fractures in national understandings, and we see *Inhabiting Memory / Habiter la mémoire* as a unique opportunity to engage productively with those complexities.

—

Aborder la dimension culturelle et mémorielle de l'espace revient à placer au premier plan la puissance génératrice d'imaginaires des géographies locales et globales du Canada. Celle-ci va des espaces urbains en littérature aux récentes éco- et géo-critiques avec leurs équivalents politiques ou, encore, de la persistance de la notion de frontière aux constructions et perceptions du « Nord ». Elle nous fait envisager le Canada au sein des contextes régional, national, continental et cosmopolite. Elle soulève des questions cruciales quant à la persistance de géographies racialisées au sein de l'État-nation et à l'exploitation (ou à la résistance) des cultures autochtones et des diasporas. Elle nous amène à examiner la sédimentation mémorielle qui fait la texture humaine des lieux. Elle nous invite enfin à examiner les entreprises de renforcement des imaginaires nationaux ou, inversement, de sape des perceptions consensuelles, qui sont celles du roman, du théâtre et de l'écriture de soi dans leurs formes imprimées ou électroniques. Reflétant la teneur des chapitres qui s'annoncent, cette introduction navigue brièvement entre les notions de mémoire et d'espace pour s'arrêter à leurs intersections et mettre en lumière les manières parfois provocantes dont elles se sont manifestées jusqu'ici dans les approches critiques de la littérature canadienne.

« One only has to think of some of the foundational studies of Canadian literature...to understand that in the Canadian literary context space and place have always mattered » (Warley, Ball et Viau). Incontestablement, l'espace et le lieu, comme marqueurs géographiques et comme coordonnées existentielles, ont la même importance dans le jeune XXIe siècle qu'ils avaient pour Linda Warley, John Clement Ball et Robert Viau dans ces lignes de 1988. Ils n'ont rien perdu non plus de la centralité que leur accordait Dick Harrison dans son étude de la littérature des Prairies en 1977, *Unnamed Country*, de leur présence impérieuse chez Margaret Atwood dès *Survival*, en 1972, et de l'attention fameuse que leur consacrait Northrop Frye dans sa « Conclusion » à *A Literary History of Canada* en 1965. Pour ceux-là comme pour tant d'autres critiques, écrivains et artistes, l'espace et le lieu restent les notions cardinales des études sur l'État-nation canadien et son être culturel.

La question lancée par Frye en 1965 : « Where is here? » (222) a fait école. Sa résonance particulière tient autant à sa formulation qu'au désir évident, chez les générations critiques suivantes, d'y répondre. La tentative chez Frye de confronter la littérature canadienne recensait les fluctuations de sa réception critique, sa distance apparente d'un « autonomous world of literature » (216), sa tradition domestique, et ce qui était perçu comme un « unusually strong...Canadian attachment to law and history » (250). Mais plus remarquable encore était cette lecture alors singulière de l'espace canadien par le célèbre critique et historien, qui lui faisait situer la littérature canadienne à l'intersection du monde naturel et de l'ensemble des interactions humaines avec ce dernier. Frye envisageait un espace canadien monstrueux; alors que l'arrivée européenne sur le continent demeure une simple traversée de l'océan, traverser le Canada à partir de l'est devenait pour lui « a matter of being silently swallowed by an alien continent » (219). La relation humaine à un tel « huge, unthinking, menacing, and formidable physical setting » (227) devient sociale quand elle se mue en une mentalité de garnison, dans cette posture défensive qui pour Frye caractérise l'origine historique et affective de la production culturelle canadienne.

La question de Frye, avec le temps, a révélé sa nature aussi provocatrice qu'interrogative. Elle a fait naître au cours des dernières décennies une multitude de réponses hostiles autant que sympathiques. En 1999, Peter Dickinson a choisi d'y répondre par « Here is Queer » (3). Considérant la question de Frye comme un échec de l'imagination doublé d'une résolution à ne considérer le Canada qu'en termes géopolitiques, Dickinson déplorait qu'une telle orientation dans la pensée ait pu délimiter le champ littéraire canadien. Face à cela, il prônait la prise en compte d'une « destabilizing and counter-normative sexuality » qui, à son tour, permettrait une malléabilité des frontières nationales à travers la reconnaissance d'une *surabondance* textuelle (4). La réponse de Dickinson à Frye est exemplaire d'une volonté d'élargir l'espace potentiel que recouvre le mot « here ». Richard Cavell, lui aussi critique de l'idée d'espace chez Frye, conçoit pour sa part la tentative de circonscrire un « here » comme dépendante d'une abstraction qui occulte les rapports sociaux de production et réclame par conséquent une réévaluation politique de l'espace, en particulier dans sa dimension coloniale (Cavell 111). En prenant ses distances avec la littérature comme espace paradigmatique de la critique postcoloniale, il cherche plutôt à interroger la nature fondamentalement spatialisée du colonialisme, ce qui l'amène à déplacer son attention vers l'architecture, la cartographie, l'expropriation territoriale, l'exil. Chez Diana Brydon, la question n'a jamais été « Where is here? » mais plutôt : « What are we doing here? » (14). L'habitat et les prises de conscience qu'il entraîne sont pour elle les points de départ nécessaires d'une éthique de l'occupation de l'espace commun et de son sort dans les années à venir. Pour Brydon, la question de Frye a trop longtemps monopolisé l'attention de la critique canadienne au détriment du besoin de définir notre positionnement dans l'espace du pays.

Cette synthèse de la critique de l'espace canadien est hautement sélective et incomplète (anglophone, d'ascendance coloniale), mais elle indique suffisamment à quel point l'espace occupe l'attention des intellectuels et ne cesse d'accompagner leurs questionnements à propos de la représentation, de l'identité, de la nation, de la différence et de l'appartenance. Elle illustre aussi combien la simple question du « here » a surdéterminé l'espace des significations possibles. Qui plus est, ainsi que l'appellent de leurs vœux Cavell et Brydon, l'étude de l'espace devrait s'étendre aux dimensions politiques et sociales de la culture canadienne, bien au-delà d'une conception étroite des études littéraires. Cela est d'autant plus nécessaire quand l'environnement est devenu une notion-clé dans les sphères de la politique, de l'éducation et du marketing, quand les transhumances globales génèrent désormais paniques xénophobes et utopies d'harmonie planétaire et quand les espaces urbains sont devenus des entités problématiques incontournables pour définir la texture de notre époque. La question de l'espace est de surcroît la question des institutions culturelles agissant à l'intérieur de cet espace. Elle concerne la réalité matérielle du monde de l'édition canadienne, avec l'histoire de ses corporations, le financement public et la censure, les archives, les festivals, la promotion de la littérature canadienne à l'étranger. Au final, l'espace exige que l'on questionne les lois qui le gouvernent en pratique, à travers passeports, immigration, réfugiés et mouvements de transfrontaliers illégaux.

Comment donc infléchir la question de l'espace dans la littérature et la critique culturelle au Canada? Comment prendre acte de son héritage contesté tout en faisant jouer son potentiel créateur d'élargissement du champ critique? Ainsi que les textes de cet ouvrage le démontrent, à la croisée des genres, des canons et des périodes historiques, il n'y a pas une façon simple de considérer l'espace qui esquiverait la controverse. Il pourrait être soutenu que c'est précisément l'intersection entre l'espace et la mémoire qui vient constituer *les lieux*, en tant que sites subjectivisés d'habitation comportant leur héritage critique—et critiquable. Dans l'introduction au volume *Placing Memory and Remembering Place in Canada*, James Opp et John C. Walsh affirment que les contributeurs de ce livre « assert the significance of place as a site made meaningful by memory and commemorative practices. In return, they...are also cognizant of how *placing* is critical to memory's making and to its social, cultural, and political power » (4). Le lieu ressort comme déterminé par sa situation spatiale et historique, toutes deux éminemment variables, et nulle assomption simple ne peut en résumer ni en expliquer les liens.

La vitalité et l'importance croissante de la mémoire culturelle dans l'étude de la littérature canadienne sont en outre soulignées par Cynthia Sugars et Eleanor Ty dans leur récent ouvrage collectif *Canadian Literature and Cultural Memory* publié en 2014. Leur introduction est éloquente : « a concern with the cross-over, transmission, and utilization of 'memory' as a vector of signification has become a central concern in contemporary cultural discourse » (1). L'émergence d'une telle mémoire créatrice de connexions inédites était déjà visible il y a dix ans avec la publication de *Place and Memory in Canada: Global Perspectives* (Paluszkiewicz-Misiaczek, Reczynska et Spiewak). Mais, plus spécifiquement, Sugars et Ty notent que : « Canadian literature as a site of memory is an extremely resonant field, for it attends to the ways that the 'idea' of Canada (and Canadian culture) is informed by interacting frameworks of memory ». Cet entrelacement définitoire de la littérature canadienne s'avère dominant dans la fiction d'inspiration historique (voir Cabajsky et Grubisic, ou *Speaking in the Past Tense* et *Speculative Fictions*, de Herb Wyile); il a également été observé dans une perspective historique (Finkel, Carter et Fortna) et s'est illustré dans l'intérêt des études culturelles pour la mémoire collective (Neatby et Hodgins; Gilbert, Bock et Thériault; McAllister) ou encore celui du grand public pour les *lieux de mémoire* tels que définis par l'historien français Pierre Nora. Dans la foulée de ces études récentes, le présent volume souhaite étendre la compréhension du rôle joué par la mémoire dans la dimension affective du territoire canadien et de ses géographies subjectives.

Le passé convoqué dans ces pages n'est pas un passé qui laisse la mémoire en paix. Au contraire, c'est sans conteste la remémoration critique qui procure à la mémoire toute sa force de questionnement. Cela devient très clair lorsque André Lamontagne remue l'image consensuelle de Québec comme ville sans aspérité largement exclue des représentations littéraires, en faisant le portrait d'une complexité urbaine qui remonte aux personnages marginaux et ambivalents de Louis

Fréchette. Le même effort de revisite mémorielle s'impose dans la reconsidération qu'Albert Braz effectue du Canada comme pays s'étant tenu du bon côté de l'histoire. Son examen de l'occultation de la mémoire esclavagiste dans l'histoire nationale canadienne est sans merci à cet égard. Vitales pour créer et (recréer) le génie du lieu sur un continent autrement très hétérogène, les mémoires collectives ou culturelles maintiennent le sentiment d'une expérience temporelle en partage, en particulier pour les générations citoyennes marquées par le passé migrant, qu'il soit proche ou lointain. Comme le remarque l'auteure et journaliste Carolyn Abraham dans *The Juggler's Children: A Journey into Family, Legend and the Genes that Bind Us*, la question qui plane sur les minorités canadiennes non descendantes des Premières Nations est « where are you from, anyway? » (« My Secret Identity » 3), question dont on trouve l'écho ironique dans le titre de l'auteure edmontonienne Nancy Ng, *No, Really, Where Are You From?* Pour plusieurs de ces auteurs, une ascendance complexe et tendue impliquera de suivre des traces géographiques et historiques s'étendant, comme chez Abraham, « from Canada to England to India, Portugal, Jamaica, China... » (5). Ces enquêtes ne trouveront jamais d'issue nette. Elles s'étendront plutôt et étendront avec elles les frontières élastiques de ce qui est considéré comme canadien. L'identité en effet, en dépit de tous les espoirs placés au Canada dans sa définition possible, semble continuer de révéler des facettes et des réponses infinies, tandis que la recherche d'origines jamais entièrement fixes crée une mélancolie et une nostalgie qui donnent sa forme au présent et, comme l'observe Jennifer Bowering Delisle dans ces pages, leurs contours aux représentations littéraires. Quand on considère la nation, toutefois, la mémoire peut devenir un moyen d'institutionnaliser le pouvoir et de créer des obligations liées au sens du devoir, entraînant par là les inévitables omissions provoquées par le désir hâtif de fédérer un peuple uni et sans reste. Dans sa lecture du *Cockroach* de Rawi Hage, Smaro Kamboureli montre toutefois que les textes littéraires peuvent se faire critiques de ces assomptions biaisées, d'autant plus faciles lorsqu'elles s'adjoignent la notion de citoyenneté globale et tentent du même coup de digérer les complexités des identités diasporiques.

Dans ce panorama, une notion émerge en particulier, soit celle de la famille. En tant qu'institution civile et unité historique, la famille en est venue à jouer un rôle-clé dans la création de telles mémoires à teneur politique. Dans la littérature contemporaine, les Mémoires et les histoires familiales contribuent, particulièrement dans la littérature des femmes et chez les auteurs marqués par l'immigration de leurs ascendants, à la reconquête ou à la réinvention de connexions transgénérationnelles à un pays d'origine imaginé, voire fantasmé. Ces pratiques littéraires jouent un rôle de mise en mémoire ethnographique tout autant qu'un rôle plus immédiat de chronique familiale en retraçant les déplacements culturels, géographiques et économiques qui ont fait leur marque à travers le temps. Dans la mesure où la mémoire est dans ces récits construite en lien avec l'extérieur et l'étranger, autant qu'avec le Canada, elle en vient à générer une épaisseur transculturelle et intersubjective du présent, comme si elle visait à en écrire l'histoire. Il en ressort un écho du processus mémoriel lui-même, émaillé de langues autres, de mémoires de pays divers, et des reflets de leurs paysages et de leurs imaginaires.

On pourrait avancer l'idée que l'histoire canadienne continue de se construire aujourd'hui à travers une courtepointe de *mémoires* plurielles, créant ainsi un espace culturel influencé par les négociations constantes entre une territorialité réelle, conflictuelle, et un territoire imaginaire, consensuel. Dans son livre *Histoires littéraires des Canadiens au XVIIIe siècle*, Bernard Andrès a montré le rôle majeur joué par la littérature dans la mise en place des institutions et, ultimement, de la société canadienne, surtout à travers les années initiales de l'établissement francophone en Amérique. Cette tendance de la littérature à forger le politique, voire le civique, s'est poursuivie dans le sentiment né avec les années 1960 d'une *identité québécoise* dont les tenants et aboutissants sont cependant désormais remis sur le métier. Dans son réexamen du positionnement politique de Gaston Miron, poète national québécois par excellence durant les années 1970, Pierre Nepveu a remarqué « combien la logique de la décolonisation appliquée au Québec français et son corollaire, le projet d'une littérature nationale québécoise assumant cette émancipation, rejette logiquement dans les ténèbres extérieures toutes les diasporas canadiennes-françaises d'Amérique du Nord » (18). Nepveu suggère que le vaste continent souvent perçu comme le socle de l'*américanité* pourrait tout aussi bien être vu comme un « archipel identitaire », une enfilade de petites communautés relativement isolées (21–22). On retrouve là l'idée d'une littérature majoritaire conçue à partir de la lorgnette des littératures minoritaires. François Paré en a proposé l'appellation devenue célèbre, celle des « littératures de l'exiguïté » apparue en 1992, produites et enracinées à l'extérieur du Québec. Proche en cela de Paré, Simon Nadeau, lauréat du Prix Gabrielle-Roy 2013 pour son essai *L'autre modernité*, remet en question l'association traditionnelle et systématique entre modernité et nationalisme dans l'histoire de la littérature québécoise. Une telle consolidation historico-politique aurait mis à l'écart selon lui des poètes et romanciers canadiens-français dont les considérations ne recoupaient pas celles de la nation et dont l'inspiration était davantage européenne, par exemple. L'histoire littéraire colossale de E.D. Blodgett enfin, *Invention à cinq voix. Une histoire de l'histoire littéraire au Canada*, démontre à quel point l'histoire continue d'être réinterprétée en fonction des modèles mémoriels dont se dotent tour à tour les institutions culturelles.

Dans son entrelacement avec une recherche d'identité aussi impérieuse et irrésolue que l'était le « Where is here? » de Frye, la mémoire continue d'occuper le cœur de la production littéraire au Canada, un pied dans le passé mais l'œil tourné vers l'avenir. Comme le montrent chacun des textes de ce volume, le noyau histoire/mémoire révèle à la fois l'unité et les fractures de nos savoirs nationaux et, bien sûr, de nos compréhensions divergentes du terme même de nation. Le présent recueil espère être une occasion bienvenue de poursuivre la réflexion en ce sens.

—

In Mapping the City / Cartographier la ville, Sherry Simon opens this collection with a rich and singular exploration of Montreal as a city in constant translation. Determined to *listen to* the city and its different languages, Simon takes us on a walk through three modernities that shaped Montreal in the 1940s: the artistic movement of *Refus global*, Anglo-American modernism, and Yiddish literary modernity. Part geopoetic stroll and part historical tour, her study aims at placing the space created by speech, "l'espace de parole," at the centre of the city space, as a focal point to embrace its social, cultural, and economic complexity. "Espaces de contestation. Mémoires conflictuelles sur le terrain de la ville" argues that this resounding environment is part of what makes the city *modern*, as well as a conflicted, and hence fertile, crucible of literary inspiration and creativity. Wondering how much of this is specific to Montreal and how much compares with other Canadian cities or multilingual European cities, the author suggests that these transfers and exchanges between languages not only inform us about the social relationships between communities, but also about how they gather to create a common legacy of memory.

For Erin Wunker, the ethics of cultural representation become incredibly important in engaging with the disappearance of marginalized peoples from collective imaginaries. In "The Archive and the Alleyway: The Spatial Poetics of Sachiko Murakami and Meredith Quartermain," Wunker argues for a Vancouver that can be known through its interstices. In her analysis of the "city as an archive," Wunker investigates the reader's experience of the "ordinary affects" of the solitary woman walking in Vancouver, as represented by Murakami's *The Invisibility Exhibit* and Quartermain's *Vancouver Walking*. Taking the alleyway as "a space between thoughts and images, bodies and buildings," she transforms it into a means of thinking about the city's failures, notably towards the many murdered and vanished women from Vancouver's Downtown Eastside. But Wunker also asks how the poet might find in the alleyway the potential to transform the urban archive and to employ cultural practice to rewrite and revise public memory.

Margaret Mackey analyzes space not as the location of the poet but as the location of the reader. Speaking to the intersection of culture and space, and particularly to memory as a form of knowledge in the production of meaning within and of space, Mackey argues for the localness of literacy. Her "Urban Space and the Making of a Reader" begins with the autobiographical in the form of the technological—here, the app *Play Spaces* that links the sites of Mackey's St. John's childhood with their cultural referents. Mackey thinks of reading as the hybrid blend of another world merged with our own, and illustrates how space and reading become the inextricable means through which place is known. As she demonstrates, the technologies of culture not only shape our understanding of our physical context: our experience of space also constitutes our otherwise partial fictional worlds, as the reader brings her "own embodied awareness of [her] world—its rugged sights, its sharp smells, its cutting winds, its urban/maritime soundscape—into [her] interpretation of fiction."

The second section, Diasporic Memories / Mémoires diasporiques, opens with Smaro Kamboureli's "Unforgetting and Remembering on Demand: Diasporic Memory in Rawi Hage's *Cockroach*," which engages with the nation-state's instrumentalization of memory. Kamboureli argues that while remembering and forgetting can prompt a sense of belonging to the nation-state, the individual who can do so often holds a privileged, "if not complicitous, position." Reading the Heideggerian notion of un-forgetting (to not only "remember that we have forgotten but also to acknowledge that forgetting is ineluctable") alongside the idea of un-belonging in Hage's novel, she argues that memory, as experienced and articulated by *Cockroach*'s unnamed narrator, is instead deployed as a disruption of state desires for a particular kind of remembering/forgetting. Placing the novel "in tension with the familiar configurations of diaspora," the narrator, subject to the state as an immigrant and as part of its medico-legal system, deliberately reveals and conceals, his unforgetting serving as a form of resistance to institutions that would otherwise use memory as a means of management.

Jennifer Delisle speaks to a different sense of location, text, and memory in "Moved by the Past: Canadian Family Memoir and the Story of Genealogy." Reading across Canadian family memoirs including Janice Kulyk Keefer's *Honey and Ashes*, Michael Ondaatje's *Running in the Family*, Denise Chong's *The Concubine's Children*, and Judy Fong Bates's *The Year of Finding Memory*, Delisle identifies a visceral "pull" of roots that impels not only genealogical investigation but also its literary representation. Through an examination of what she terms "genealogical nostalgia," an emotional and somatic sense of "longing for the times and places of our ancestor's stories," Delisle reads these texts as illustrating a "post-immigrant" experience that feels quite viscerally the losses of diaspora.

"Diaspora, Loss, and Melancholic Agency: Mapping the Fields between Susanna Moodie and Dionne Brand" also engages with diasporic life writing, in this case through the juxtaposition of Dionne Brand's *A Map to the Door of No Return: Notes to Belonging* and Susanna Moodie's *Roughing It in the Bush*. In this chapter, L. Camille van der Marel places colonial and transnational writing into dialogue, and in so doing, like Delisle, engages with the place of loss in diasporic literature. In van der Marel's reading, the relationship of loss and land is generative of what Judith Butler has termed "melancholic agency" (467), an agency whose efficacy is founded upon the impossibility of recovering what has been lost. For Brand and Moodie, losses rooted in the presence and absence of land empower an agentic self-identification with or against the identities prescribed by Canada's spaces, places, and landscapes.

In the third section, Intercultural Spaces / Espaces interculturels, Samantha Cook revisits Québécois writer Claire Martin's masterpiece autobiography, *Dans un gant de fer*, published in 1966, to explore its mixed initial reception and subsequent impact. Its particularity elicited conflicted reactions, both from critics who deemed the narrator unreliable and readers who strongly identified with her tale of a difficult upbringing in an authoritarian paternal and religious environment. "*Dans un gant de fer*. De la mémoire privée au dialogue critique" questions the control exerted by the narrative authority over both the text and its articulation as a representation of memory, and discusses the role this might have played in the autobiography's dual reception. Cook's examination expands into a consideration of the status acquired by the two volumes of Martin's work, published as they were at a moment of social liberalization, especially in terms of women's expectations and rights. The study uncovers the tension between these modernist inflections and more conservative, patriarchal remnants in *Dans un gant de fer*.

Lise Gaboury-Diallo demonstrates how novelist and blogger Jean Chicoine offers different spellings to question the notion of identity. Playing with the new orthograph of the French language at a time when technologies offer a widening potential, his two novels, *Les galaxies nos voisines* (2007) and *La forêt du langage* (2010) present Chicoine's narrator's *otherness* as a Québécois living in Manitoba. Through a sharp humour, his protagonist loses known references in order to acquire new orientations. Real spaces, including the space of the page, are explored as the realistic landmarks of a familiar territory as it makes its way into literature, as much as allegories alluding to unexplored mental, cultural, and imaginary spaces. "Langue et identité 'ôtres'. Questions d'autoréflexivité chez Jean Chicoine" argues that language is considered a creation, aimed at instigating a community, a *noosphère* in which all generations can meet. The reference to other solar systems and their proximity—"le choix de *Les galaxies nos voisines* renvoie explicitement à une évocation de l'univers, et implicitement aux relations que les habitants de la terre pourraient entretenir avec leurs voisins du cosmos," when the novel implicitly references Winnipeg and Saint Boniface's real locations—ultimately points to a playful revisiting of *common places*, inviting an extended otherness that would be the new common good.

Honoré Beaugrand's "Le loup-garou" and "The Werwolves," published in 1892 and 1898, are set in two different historical contexts: the last decade of the nineteenth century and the years before the Conquest, respectively. In "Une 'auto-traduction' sauvage. Le Canada français dans 'Le loup-garou' et 'The Werwolves' d'Honoré Beaugrand," Pamela Sing considers the stories not as an original and its translation, but as two different versions of a text rich with many ideological implications, whose goal of representing French Canada varies according to its readership. This marked distinction, Sing underscores, suggests the possibility of reading the English version as Beaugrand's self-translation from a culture of origin to another cultural space. This interpretation echoes the tensions in Beaugrand's own positioning between his status as a French Canadian nationalist and his desire to see the province of Québec appended to the United States. Although the second version of the story is more sophisticated, at the core of both texts are stories of werwolves, embodying strong political undercurrents that echo Beaugrand's own disillusionment with the Liberal Party and the fate of the French Canadian people in North America.

In the fourth section, Towards a New Memory / Vers une nouvelle mémoire, the opening chapter, "*Originaux et détraqués*. La ville hétérodoxe et mémorielle de Louis Fréchette," investigates a collection of portraits published in 1892, which André Lamontagne offers to read as a truly *heterodox* representation of the city of Québec. Instead of the fixed, conservative, and homogeneous (both culturally and racially) image we tend to have, to this day, of the province's capital, Lamontagne argues for a much more ambiguous imaginary status that doesn't exclusively assign to Montreal the capacity for producing strange and inspiring figures worthy of novels. By presenting a series of marginal characters, openly opposed to the prevailing ideology of the day, Fréchette was one of the first to offer an ironic representation of the landmark, founding city. The "Old City," then, is not only imaginatively located in history, but is also linked to modernity and urbanity. Lamontagne's revisiting of Fréchette's text sheds a new light on the role played by Québec City in the conception of Québécois literary history and the celebration of its cultural memory.

In "'A Doubt about Our Ability to Know Invades the Narrative': Space and Knowing in the Writings of Robert Kroetsch and Rudy Wiebe," Janne Korkka engages with the idea of space and its literary construction by unfolding the ethical problem, if not impossibility, of its representation. Korkka argues that the alterity of Prairie and Northern space, acting as both location and catalyst, confronts Kroetsch and Wiebe with how experience is transformed into narrative. For these writers, the encounter with space can dissolve prior means of knowing a space and challenge authorial claims to certainty in ways that are themselves transformational. In texts by both authors, Korkka shows, the problem of seeking to know and depict space comes to be mediated through animals and their absence. This model suggests a practice wherein hegemonic, colonial ways of knowing fail to be privileged as the sole means by which a space is understood.

The last chapter, "Fleeing the North Star: Lorena Gale's *Angélique*, Slavery, and Canadian Cultural Memory" by Albert Braz, also responds to collective rememberings. Largely overlooked in histories (and literary representations) of Canada, Marie-Joseph Angélique has been increasingly recovered through the work of African Canadian writers. Here, Braz examines Lorena Gale's treatment of Angélique's life and trial, and with it slavery's "paradoxical place in the Canadian imaginary." Described by Martin Luther King Jr. as the "north star" towards which slaves travelled the Underground Railroad, the idea of Canada as haven for people of African descent belies the treatment they received after arriving there and their remarkable occlusion from both Canadian history and conceptualizations of national belonging. Invoking this troubled understanding, Gale's protagonist challenges the idea of Canada as sanctuary by underscoring her appalling treatment as a slave in Montreal and her attempt to flee from, rather than to, Canada. In bringing Angélique once more into the nation, Braz argues that Gale's play reinserts people of African descent into Canadian history while suggesting why they have been erased from it—that is, because figures like Marie-Joseph Angélique unsettle popular national narratives of abolitionist benevolence, racial equality, and civic accommodation. In doing so, Braz concludes this collection with a final opportunity to examine the relationship between art and place, and so offers, like all the chapters that precede his, an opportunity to engage with and to re-consider the complex work of space and memory in Canadian cultural production.

—

Sherry Simon ouvre la première partie, Mapping the City / Cartographier la ville, par une exploration riche et personnelle de Montréal comme une ville en constante traduction. Faisant la part belle à une écoute de la ville et de ses différentes langues, Simon nous entraîne dans une déambulation à travers les trois modernités qui ont contribué à lui donner forme dans les années 1940 : le mouvement artistique de *Refus global*, le modernisme anglo-américain et la modernité littéraire yiddish. Son étude, à la fois ballade géopoétique et visite guidée historique, vise à réaffirmer l'espace créé par la parole au centre de l'espace urbain et à le considérer comme un point focal permettant d'embrasser ses dimensions sociale, culturelle et économique. Son chapitre « Espaces de contestation. Mémoires conflictuelles sur le terrain de la ville » soutient que cet environnement sonore est une part essentielle de ce qui rend la ville *moderne* : un creuset conflictuel, et donc fertile, d'inspirations littéraires. En interrogeant quelle part de cette modernité est spécifique à

Montréal, et quelle part est comparable à d'autres villes multilingues au Canada ou en Europe, Simon montre que les relations, les échanges et les transferts entre les langues ne font pas que nous informer des relations sociales entre communautés : ils créent un legs mémoriel conjoint.

Pour Erin Wunker, l'éthique de la représentation culturelle prend sa plus immédiate importance lorsqu'elle concerne la disparition de peuples laissés en marge de l'imaginaire collectif. Dans « The Archive and the Alleyway: The Spatial Poetics of Sachiko Murakami and Meredith Quartermain », elle prône une connaissance de Vancouver qui passe par ses ruelles et ses interstices. En analysant la ville comme une archive, Wunker explore l'expérience que fait le lecteur des affects ordinaires d'une femme solitaire arpentant la ville, telle qu'on l'observe dans *Vancouver Walking* de Meredith Quartermain et *The Invisibility Exhibit* de Sachiko Murakami. La ruelle devient alors un moyen d'envisager les failles et les échecs inhérents à l'espace de la ville, en particulier les nombreuses femmes portées disparues du tristement célèbre quartier Downtown Eastside. Mais Wunker se demande aussi comment la poète peut trouver dans les ruelles le potentiel de transformer l'archive urbaine et d'ainsi réviser, voire réécrire, la mémoire publique.

Margaret Mackey n'analyse pas l'espace comme le lieu de l'écrivain, mais plutôt comme le lieu du lecteur. Se concentrant sur le croisement entre culture et espace et, particulièrement, sur la mémoire comme connaissance et reconnaissance de l'espace, Mackey met l'accent sur la dimension locale de la littéracie. Son texte « Urban Space and the Making of a Reader » s'appuie sur une conception technologique de l'autobiographie – sous la forme de l'app *Play Spaces* qui relie les sites de son enfance à St-John's avec les référents culturels qu'elle y a associés. Mackey conçoit la lecture comme l'imbrication d'un monde étranger à notre monde personnel. Son texte illustre comment l'espace et la lecture s'allient pour nous donner accès à une connaissance profonde du lieu. Et, comme elle le démontre, les technologies de la culture ne donnent pas seulement forme à notre compréhension de l'espace physique : notre expérience spatiale informe aussi la constitution de nos mondes imaginaires.

La deuxième partie, Diasporic Memories / Mémoires diasporiques, s'ouvre par la contribution de Smaro Kamboureli, « Unforgetting and Remembering on Demand: Diasporic Memory in Rawi Hage's *Cockroach* », qui aborde l'instrumentalisation de la mémoire par l'État-nation. Kamboureli avance que, tandis que la remémoration et l'oubli peuvent créer un sentiment d'appartenance à l'État-nation, l'individu susceptible de s'en prévaloir est souvent un individu privilégié, occupant par défaut une position sinon de domination, du moins de complicité avec le pouvoir. En rapprochant la notion heideggerienne de désoubli (le fait de non pas seulement se souvenir que nous avons oublié, mais aussi de reconnaître que l'oubli est inéluctable) de celle de désappartenance dans le roman de Hage, elle propose que la mémoire, telle qu'éprouvée et articulée par le narrateur anonyme de *Cockroach*, sert plutôt à perturber les désirs étatiques pour un certain type de remémoration/oubli. En plaçant le roman en tension vis-à-vis des configurations diasporiques familières, le narrateur, assujetti à l'État de par son statut d'immigrant et en tant qu'élément de son système médico-légal, choisit délibérément de révéler ou de dissimuler, son désoubli agissant comme une forme de résistance à des institutions qui autrement utiliseraient la mémoire comme un simple mode de gestion.

Jennifer Delisle s'intéresse à un sens différent du lieu, du texte et de la mémoire dans « Moved by the Past: Canadian Family Memoir and the Story of Genealogy ». Dans une lecture croisée des récits autobiographiques familiaux canadiens *Honey and Ashes* de Janice Kulyk Keefer, *Running in the Family* de Michael Ondaatje, *The Concubine's Children* de Denise Chong et *The Year of Finding Memory* de Judy Fong Bates, Delisle identifie un arrachement viscéral des racines qui encourage non seulement l'enquête généalogique, mais aussi sa représentation littéraire. À travers l'étude de ce qu'elle appelle la « nostalgie généalogique », c'est-à-dire un tropisme qui nous porte dans le passé vers les lieux des récits ancestraux, Delisle dégage chez les écrivains qu'elle étudie une expérience post-migratoire dans laquelle sont ressenties littéralement les pertes liées à la diaspora.

« Diaspora, Loss, and Melancholic Agency: Mapping the Fields between Susanna Moodie and Dionne Brand » s'intéresse aussi à l'autobiographie diasporique, dans ce cas à travers la juxtaposition de *A Map to the Door of No Return: Notes to Belonging* de Dionne Brand, et de *Roughing It in the Bush* de Susanna Moodie. Dans ce chapitre, L. Camille van der Marel oblige des écrits coloniaux et transnationaux à un dialogue qui fait ressortir, comme chez Delisle, le sens et l'espace de la perte dans la littérature diasporique. Selon van der Marel, la relation de la perte au territoire produit ce que Judith Butler a appelé « melancholic agency » (Butler 467), une agentivité fondée sur l'impossibilité de recouvrer ce qui a été perdu. Chez Brand et Moodie, les pertes rendues palpables dans la présence ou dans l'absence du territoire de référence rendent possible une agentivité personnelle qui est soit en phase avec, soit opposée aux identités déjà inscrites dans les lieux et les paysages canadiens.

Dans la troisième partie, Intercultural Spaces / Espaces interculturels, Samantha Cook revisite le chef d'œuvre autobiographique de l'auteure québécoise Claire Martin, *Dans un gant de fer*, publié en 1966, afin de mettre en lumière son impact et de réévaluer sa réception, fort contrastée à l'époque. La particularité de ce texte fameux est d'avoir suscité des réactions conflictuelles, entre d'une part des critiques déplorant la nature peu fiable de la narratrice et d'autre part des lecteurs s'identifiant fortement au récit d'une enfance rendue difficile par l'autoritarisme étouffant du père et l'environnement religieux à l'avenant. « *Dans un gant de fer.* De la mémoire privée au dialogue critique » interroge ainsi le contrôle exercé par l'autorité narrative sur le contenu mémoriel du texte et le rôle qu'elle a pu jouer dans sa réception si contrastée. L'étude mène à une prise en compte du statut historique acquis par les deux volumes du livre de Martin, à la croisée de la libéralisation des mœurs et des premiers gains importants dans la marche collective vers les droits des femmes. Cook met au jour des tensions dans le texte entre ces inflexions modernes et les relents de patriarcat.

Dans « Langue et identité "ôtres." Questions d'autoréflexivitié chez Jean Chicoine », Lise Gaboury-Diallo montre comment le romancier et blogueur joue à même la langue afin de mettre en question la notion d'identité. En manipulant la nouvelle orthographe de la langue française au moment même où les technologies de la communication offrent des possibilités décuplées, ses deux romans *Les galaxies nos voisines* (2007) et *La forêt du langage* (2010) mettent en scène un narrateur québécois vivant au Manitoba. Ces récits à l'humour décalé nous montrent celui-ci perdre ses références et en gagner d'autres. Les espaces réels, incluant celui de la page, sont explorés comme les lieux familiers d'un territoire réel faisant son entrée en littérature, mais aussi comme les allégories d'un espace mental en plein développement. Gaboury-Diallo montre que la langue peut être considérée comme une création en soi qui vise à instiguer le communautaire, une *noosphère* où se croisent les générations. La référence à d'autres systèmes solaires quand le roman parle de Winnipeg et de Saint-Boniface nous indique combien est souhaitable la revisite ludique de *lieux communs* afin d'en tirer un sens d'étrangeté neuf.

Les contes « Le loup-garou » et « The Werwolves » d'Honoré Beaugrand, publiés en 1892 et en 1898 respectivement, prennent place dans deux contextes historiques différents, à savoir la dernière décennie du XIXe siècle et les années précédant la Conquête. Dans « Une "autotraduction" sauvage. Le Canada français dans "Le loup-garou" et "The Werwolves" d'Honoré Beaugrand », Pamela Sing propose de les considérer non comme un original et sa traduction, mais comme deux versions différentes d'un texte chargé de multiples implications idéologiques qui offre une représentation du Canada français variable en fonction du lectorat visé. Cette distinction implique selon Sing la possibilité de lire la version anglaise du texte comme celle d'un Beaugrand occupé à une auto-traduction, qui l'entraîne de sa culture d'origine vers un espace culturel distinct. Cela ferait écho à la propre tension qui le déchirait en tant que Canadien-français nationaliste ne souhaitant pas moins l'annexion de la province de Québec aux États-Unis. En dépit de la sophistication plus grande de la seconde version, les deux textes présentent une forte dimension politique qui reflète les désillusions de leur auteur, de même que la progression de sa pensée géopolitique.

La quatrième partie, Towards a New Memory / Vers une mémoire nouvelle, commence avec le texte d'André Lamontagne, « *Originaux et détraqués*. La ville hétérodoxe et mémorielle de Louis Fréchette ». L'étude aborde la galerie de portraits littéraires publiée par l'auteur en 1892 et propose de la considérer comme une représentation authentiquement *hétérodoxe* de la ville de Québec. À l'écart de l'image d'une ville de Québec monolithique, blanche et conservatrice, que nous entretenons encore aujourd'hui, Lamontagne met en valeur avec l'exemple du texte de Fréchette un statut imaginaire beaucoup plus ambigu pour la capitale de la province. Un statut qui éviterait d'assigner strictement à Montréal la valeur d'un vivier urbain créateur et ouvert. En ce sens la « vieille ville » de Québec ne serait pas qu'un espace urbain rangé du côté de l'histoire; elle recèlerait aussi plusieurs éléments de modernité dans son passé. En présentant une série de personnages marginaux, Fréchette aurait été l'un des tout premiers à offrir une représentation ironique de la ville historique de Québec. Sa relecture par Lamontagne jette une lumière neuve sur le rôle joué par la ville de Québec dans la conception de l'histoire littéraire de la province et dans la célébration de sa mémoire culturelle.

Dans « "A Doubt about Our Ability to Know Invades the Narrative": Space and Knowing in the Writings of Robert Kroetsch and Rudy Wiebe », Janne Korkka approche quant à lui l'espace en littérature à travers le problème éthique, si ce n'est l'impossibilité, de sa représentation. Korkka soutient que l'altérité des Prairies et du Nord confrontent Kroetsch et Wiebe à la façon même dont l'expérience se transforme en récit. Chez ces deux écrivains, l'expérience d'un espace neuf peut dissoudre les préconceptions et transformer la posture qu'entretient l'auteur avec la notion de certitude. Le problème de la représentation spatiale devient alors médiatisé par la figure de l'animal, de sa présence, de sa latence ou de son absence dans le paysage. Les pratiques d'appropriation spatiale héritées du colonialisme en sont bouleversées.

Enfin, le chapitre d'Albert Braz, « Fleeing the North Star: Lorena Gale's *Angélique*, Slavery, and Canadian Cultural Memory », se concentre sur la mémoire collective à travers la figure de Marie-Joseph Angélique. Largement ignorée par les histoires culturelles, celle-ci a été récemment réhabilitée par le travail d'écrivains afro-canadiens. Braz se penche sur la représentation de la vie et du procès d'Angélique réalisée par Lorna Gale et avec elle sur le sort paradoxal réservé à l'esclavage dans l'imaginaire canadien. Décrit par Martin Luther King Jr comme l'étoile polaire vers laquelle les esclaves américains s'échappaient à travers le réseau du « underground railroad », l'idée du Canada comme havre pour le peuple américain d'ascendance africaine est démentie par le traitement qu'ils y ont reçu en réalité et par leur occlusion subséquente de l'histoire du pays et des conceptions de l'imaginaire national. Gale met ceci en lumière à travers l'histoire de sa protagoniste et des traitements affligeants dont elle a été la victime à Montréal. Ce faisant, elle conteste l'imaginaire commode d'un Canada comme sanctuaire pour ceux qui ont voulu fuir l'esclavagisme américain. En ramenant la figure d'Angélique dans le débat sur la nation, Braz montre que le travail de Gale réinsère le peuple d'ascendance africaine dans l'histoire canadienne tout en montrant pourquoi il en a été gardé à l'écart, les conditions réelles de son accueil au Canada s'avérant incompatibles avec les récits nationaux populaires basés sur le soutien de l'abolitionnisme, de l'égalité raciale et de l'intégration civique.

WORKS CITED / OUVRAGES CITÉS

Abraham, Carolyn. *The Juggler's Children: A Journey into Family, Legend and the Genes that Bind us.* Toronto: Random House Canada, 2013.

———. "My Secret Identity." *The Globe and Mail*, 23 March 2013, 3.

Andrès, Bernard. *Histoires littéraires des Canadiens au XVIIIe siècle.* Québec : Presses de l'Université Laval, 2012.

Beaugrand, Honoré. « The Werwolves. » *The Century Magazine: A Popular Quarterly*, 6 October 1898, 814–23.

Blodgett, E.D. *Five-Part Invention: A History of Literary History in Canada*. Toronto: U of Toronto P, 2003.

———. *Invention à cinq voix. Une histoire de l'histoire littéraire au Canada*. trad. de l'anglais par Patricia Godbout. Québec : Presses de l'Université Laval, 2012.

Brydon, Diana. "It's Time for a New Set of Questions." *Essays on Canadian Writing* 71 (2000): 14–25.

Butler, Judith. "After Loss, What Then?" Afterword. *Loss: The Politics of Mourning*. Ed. David L. Eng and David Kazanjian. Berkeley: U of California P, 2003. 467–73.

Cabajsky, Andrea, and Brett Josef Grubisic, eds. *National Plots: Historical Fiction and Changing Ideas of Canada*. Waterloo, ON: Wilfrid Laurier UP, 2010.

Carrière, Marie, et Jerry White, dir. *Transplanter le Canada: Semailles / Transplanting Canada: Seedlings*. Edmonton, AB: Centre de littérature canadienne / Canadian Literature Centre, 2009.

Cavell, Richard. "Where Is Frye? Or, Theorizing Postcolonial Space." *Essays on Canadian Writing* 56 (1995): 110–34.

Chicoine, Jean. *La forêt du langage*. Saint-Boniface, MB : Éditions du Blé, 2010.

———. *Les galaxies nos voisines*. Saint-Boniface, MB : Éditions du Blé, 2007.

Dickinson, Peter. *Here is Queer: Nationalisms, Sexualities, and the Literatures of Canada*. Toronto: U of Toronto P, 1999.

Finkel, Alvin, Sarah Carter, and Peter Fortna, eds. *The West and Beyond: New Perspectives on an Imagined Region*. Edmonton, AB: Athabasca UP, 2010.

Frye, Northrop. *The Bush Garden: Essays on the Canadian Imagination*. 1971. Toronto: Anansi, 1995.

Gilbert, Anne, Michel Bock et Joseph Yvon Thériault. *Entre lieux et mémoire: L'inscription de la francophonie canadienne dans la durée*. Ottawa : Presses de l'Université d'Ottawa, 2009.

King, Martin Luther, Jr. *Conscience for Change*. Toronto: Canadian Broadcasting Corporation, 1967.

McAllister, Kirsten Emiko. *Terrain of Memory: A Japanese Canadian Memorial Project*. Vancouver: UBC P, 2010.

Nadeau, Simon. *L'autre modernité*. Montréal : Éditions du Boréal, 2013.

Neatby, Nicole, and Peter Hodgins, eds. *Settling and Unsettling Memories: Essays in Canadian Public History*. Toronto: U of Toronto P, 2012.

Nepveu, Pierre. « L'Océan Amérique : Notes sur un archipel identitaire. » *Langages poétiques et poésie francophone en Amérique du Nord*. Dir. Lélia L.M. Young. Québec : Presses de l'Université Laval, 2012. 17–30.

Ng, Nancy. *No, Really, Where Are You From? Personal Stories of Chinese Identity Retention and Loss*. CreateSpace Independent Publishing Platform, 2012.

Opp, James, and John C. Walsh, eds. *Placing Memory and Remembering Place in Canada*. Vancouver: UBC P, 2010.

Paluszkiewicz-Misiaczek, Magdalena, Anna Reczynska, and Anna Spiewak, eds. *Place and Memory in Canada: Global Perspectives*. Proceedings of the 3rd Congress of Polish Association for Canadian

Studies and 3rd International Conference of Central European Canadianists, 30 Apr.–3 May 2004, Cracow, Poland. Kraków: Polska Akademia Umiejetnosci, 2005.

Paré, François. *Les littératures de l'exiguïté*. Hearst, ON : Éditions du Nordir, 1992.

Sugars, Cynthia, and Eleanor Ty, eds. *Canadian Literature and Cultural Memory*. Don Mills, ON: Oxford UP, 2014.

Warley, Linda, John Clement Ball, and Robert Viau. "Introduction: Mapping the Ground." *Studies in Canadian Literature/Études en littérature canadienne* 23.1 (1998). https://journals.lib.unb.ca/index.php/scl/article/view/8270/9333.

Wyile, Herb. *Speaking in the Past Tense: Canadian Novelists on Writing Historical Fiction*. Waterloo, ON: Wilfrid Laurier UP, 2007.

———. *Speculative Fictions: Contemporary Novelists and the Writing of History*. Montreal and Kingston: McGill-Queen's UP, 2002.

ONE

MAPPING THE CITY / CARTOGRAPHIER LA VILLE

1

ESPACES DE CONTESTATION
Mémoires conflictuelles sur le terrain de la ville

SHERRY SIMON

Les gens, les potins, l'argent, les journaux, les voitures et les vélos, les déchets dans les égouts, les ruisseaux souterrains—ce sont quelques-uns des éléments qui circulent dans la ville, empruntant de multiples trajectoires parallèles qui façonnent à chaque instant la réalité urbaine. La ville *n'est* pas, elle est en devenir, la circulation d'idées, d'images, de gens et de véhicules lui donne vie—et cela explique bien pourquoi la circulation est l'un des concepts clés pour penser la ville depuis Walter Benjamin jusqu'à aujourd'hui (voir par exemple Straw et Boutros).

Mais, alors que l'on s'intéresse à une multiplicité d'objets qui bougent dans la ville, peu d'attention est accordée à la langue. Dans la masse imposante d'écrits sur la ville depuis les années 1980, où dominent des auteurs comme E.W. Soja, A. Blum, J. Holston, A. Huyssen, ou R. Sennett, la langue et d'ailleurs tout ce qui est paysage sonore est laissée pour compte. Dans les grands débats sur l'espace public qui ont animé les discussions sur la ville, débats sur la communauté et la démocratie, l'espace de parole est demeuré un lieu bien abstrait. Pourtant, s'il est important de *voir* la ville pour la comprendre, il est tout aussi crucial de *l'écouter* pour pénétrer les couches de complexité sociale, économique et culturelle qui la composent, pour suivre l'évolution des relations sociales. La langue est un élément capital de l'imaginaire urbain et de plus en plus une évidence sensorielle : toutes les langues du monde sont criées sur des cellulaires, les alphabets prolifèrent sur des devantures de magasin. En fait, nous voyons la ville *dans* une langue, ce qui fait que la ville n'est pas la même selon la langue (et l'imaginaire historique) que l'on adopte. Il s'opère aussi d'importants transferts d'une langue à l'autre, et ce sont ces nombreux actes d'échange qui permettent à l'imaginaire urbain de se partager, de devenir un héritage commun, de créer une communauté de mémoire.

Toutes les villes sont multilingues et on pourrait même avancer que sans multilinguisme il n'y a pas d'urbanité. Le contact, le transfert et la circulation des langues sont constitutifs de la vie urbaine. Toutes les villes sont des lieux de rencontre, d'échange et de diversité. Mais les langues, les textes, ne circulent pas librement; ils le font en fonction de parcours et de logiques propres aux villes qui les hébergent, d'après des configurations qui sont singulières. La traduction devient donc une clé pour comprendre l'histoire culturelle de la ville.

Ceci est d'autant plus vrai pour les villes où la langue dominante vit une situation de concurrence, face à une ou même plusieurs rivales. C'est le cas très évidemment de Montréal, mais aussi de villes vivant des formes de domination coloniale ou impériale—des villes à travers l'histoire qui ont connu des régimes successifs de superposition linguistique comme Czernowitz, Gdansk, la Nouvelle-Orléans, Vilnius; des villes de division linguistique comme Beirut, Nicosie, ou Mostar, des villes comme Bruxelles, Barcelone, Dakar, Trieste, ou Manille, où les langues continuent de se confronter sur un terrain commun. Ce sont des villes où plusieurs langues se sentent chez elles sur un même territoire et créent des réseaux parallèles de pouvoirs institutionnels (maisons d'édition, associations d'écrivains). Les langues en présence sont de nature différente et il s'agit le plus souvent de la coexistence d'une langue véhiculaire (une langue impériale, coloniale ou proto-coloniale) et d'une langue vernaculaire, exprimant une émergence nationale. La circulation linguistique n'est pas symétrique, elle n'est pas égale dans les deux sens. La traduction nourrit la nouvelle langue nationale, avance dans la direction de l'avenir, participe à la vague d'enthousiasme qui porte une langue et une culture vers un nouveau stade de légitimité et de prestige. À Montréal, c'est donc le mouvement vers le français qui est le fil principal du récit.

La ville « traductionnelle », c'est donc la ville étudiée du point de vue des langues en mouvement, de la rencontre et de l'entrecroisement des imaginaires. Elle est à distinguer de la ville multilingue, laquelle est un espace de pure diversité, d'idiomes comptabilisés, sans égard à l'interaction ou aux effets réciproques d'incorporation ou de convergence, de tension et de rivalité, d'indifférence ou d'interférences. Il n'est pas question, en évoquant ces villes, de promouvoir un idéal de bilinguisme. Ce mot, fort contesté, suggère que la relation entre les langues en présence en est une d'égalité et de symétrie. Ceci n'est jamais le cas. Pour l'individu, comme pour la ville, les langues sont dans un rapport mouvant de concurrence, dominant dans certaines zones, subordonné dans d'autres. C'est justement le travail constant d'ouverture et de résistance qui caractérise le contact entre les langues dans les villes traductionnelles.

Je vais illustrer ces propos en me tournant vers Montréal, pour évoquer la langue yiddish, cette langue qui a peuplé les rues durant quelques décennies pour ensuite disparaître comme langue séculière et langue littéraire. Le yiddish est, dans les années 1940, la langue tierce de Montréal. Elle est parlée par une population d'immigrants juifs qui occupent la zone centrale de Montréal, le long du boulevard Saint-Laurent. Si le Montréal de la première moitié du 20e siècle a permis l'épanouissement d'une riche culture en langue yiddish, n'est-ce pas justement, comme le décrit Laimonis Briedis pour la ville de Vilnius, que cet épanouissement était fondé sur l'état fragmenté et incertain de la ville? « Vilne's status as an ideal cultural nexus for Yiddishland was based on the city's unsettled geopolitical and linguistic location within the fragmented nation-state map of Europe. Since no single national, linguistic, religious or ideological force could reign unchallenged in the city, the Yiddish-speaking Jews were able to carve their own urban cartography, which outlived most of the ruling regimes » (208). À Montréal aussi, la langue yiddish acquiert un statut fort à cause de la fragmentation linguistique et culturelle de la ville. La concurrence entre l'anglais et le français ouvrira un espace pour que le yiddish puisse s'épanouir. La langue yiddish occupe l'espace central de Montréal durant quelques décennies, mais à partir des années 1960, elle cessera d'exister en tant que langue de création vivante et se mettra à circuler sous forme de traduction. C'est ce mouvement qui sera décrit dans ce qui suit.

UNE CARTE

Le point de départ de cette réflexion est une carte sur laquelle figurent trois adresses. Il s'agit d'un plan de Montréal des années 1940 où sont indiquées les adresses de l'atelier de Paul-Émile Borduas, de l'appartement d'Ida Maza sur la rue Esplanade et de la maison de Frank Scott, sur la rue Clark, à Westmount. Chacun de ces personnages a été à sa façon un *salonnier* (ou *salonnière*), un animateur au centre d'un mouvement culturel ancré dans la réalité montréalaise, chacun représentant une facette différente de la modernité artistique et littéraire. Chaque site sert de point de rassemblement d'artistes et écrivains, donnant lieu à de riches mouvements de création et de réflexion critique, soutenus par des maisons d'édition, des réseaux de lecteurs et des collectionneurs d'art visuel. Chaque mouvement est fondateur et aura un héritage important.

Le Montréal des années 1940 est exceptionnel pour avoir donné naissance à trois « modernités »—le mouvement autour de Paul-Émile Borduas qui sera nommé *automatisme* (Ellenwood), le modernisme de langue anglaise (Trehearne) et le vibrant monde culturel en langue yiddish (Margolis *Jewish Roots, Canadian Soil*; Ringuet). Toutes les villes abritent une diversité de scènes artistiques, qui auront une vie plus ou moins longue, mais l'existence de ces trois foyers de créativité—qui seront tous trois en quelque sorte fondateurs—me semble inhabituelle. La distance physique entre ces lieux n'est pas grande, on peut facilement se déplacer de l'un à l'autre à pied ou, mieux, à bicyclette. Mais l'espace mental est énorme, chacun de ces mouvements étant un monde intellectuel et esthétique singulier, chaque adresse l'épicentre d'une géographie imaginative : les automatistes tournés vers la France et les surréalistes, les modernistes anglophones tournés vers le monde anglo-américain, l'Amérique et l'Angleterre, les écrivains yiddish tournés vers l'Europe centrale et ses diverses diasporas autour du globe, y compris New York.

Ces mouvements ont été amplement décrits, analysés, célébrés dans le contexte de leurs histoires littéraires respectives. Mais rarement aura-t-on embrassé les trois d'un seul regard, perçu le voisinage géographique de ces lieux et la contemporanéité des événements. Ce coup d'œil permet de mesurer l'étendue des distances culturelles qui dominent à l'époque. La perspective d'aujourd'hui montre une réalité quelque peu différente. L'existence des trois modernités de Montréal a permis qu'avec le temps la ville se développe en un chassé-croisé de mémoires, qui se rencontrent à angle oblique et se transmettent selon différentes logiques de traduction.

L'automatisme, mouvement d'avant-garde qui a donné lieu au manifeste *Refus global*, commence à prendre forme au début des années 1940 et son importance ne cesse de grandir jusqu'à nos jours. Pour le modernisme de langue anglaise, les années 1940 sont les années de gloire décrites par Brian Trehearne dans *The Montreal Forties*. Tous les poètes et romanciers importants du Canada anglais sont à Montréal : Frank Scott et A.J.M. Smith, A.M. Klein, P.K. Page, Irving Layton, Louis Dudek, Raymond Souster, Leonard Cohen, Margaret Atwood, Alden Nowlan, Gwethalyn Graham, Hugh MacLennan, Mavis Gallant et, plus tard, Mordecai Richler, Brian Moore, Morley Callaghan. Les revues *Preview* et *First Statement* jettent les bases de la modernité littéraire canadienne. La peinture n'est pas en reste, avec John Lyman, Edwin Holgate, et bien d'autres dont Marian Scott, épouse de Frank Scott. Les modernistes sont aussi politiquement engagés. Le médecin Norman Bethune était un membre actif de cette communauté avant son départ pour l'Espagne, F.R. Scott a aidé à fonder le Co-operative Commonwealth Federation, A.M. Klein était candidat aux élections parlementaires.

Pour ce qui est de la troisième modernité, celle en langue yiddish, on commence maintenant à pouvoir en discerner les contours grâce à plusieurs nouvelles publications, notamment le livre de Rebecca Margolis, *Jewish Roots, Canadian Soil*, ainsi que celui de Chantal Ringuet, *Guide du Montréal Yiddish*, parus tous deux en 2011—mais aussi par les études de Jean-Marc Larrue sur l'histoire du théâtre yiddish et le travail monumental d'Esther Trépanier sur les peintres Alexandre Berkovitch, Sam Borenstein et Jack Beder. La langue et la littérature yiddish ont connu une période de dynamisme remarquable dans la ville, à partir des années 1920 jusque dans les années 1950, moment où la culture yiddish s'éteint, victime de l'Holocauste en Europe et de l'anglicisation rapide de la population juive montréalaise. Parmi les poètes importants figurent J.I. Segal, Melekh Ravitch et Rokhl Korn et la romancière, poète et nouvelliste Chava Rosenfarb.

La scène littéraire de langue yiddish est très active, faite de journaux (le quotidien *Keneder Adler*), de maisons de publication, de bibliothèques, d'associations d'écrivains et d'écoles. Il y avait aussi des salonnières comme Ida Maza (née Ida Zhukovsky [1893–1962]), dont la maison sur la rue Esplanade était un deuxième chez soi pour une quantité importante d'écrivains réfugiés et sans le sou, travaillant à l'usine et souvent vivant seuls, dont elle nourrissait les esprits et les corps.

Maza était une poète bien aimée, qui a écrit surtout pour des enfants, une « jolie laide » comme disait Miriam Waddington, qui avait une très belle voix grave et riche, et une manière rythmique et chantante de parler. Sa maison servait de point de ralliement, était un lieu ouvert où tous pouvaient se rencontrer (Waddington; voir aussi Raby).

La situation que je décris est celle de trois groupes littéraires distincts et séparés, communiquant peu entre eux. Montréal à l'époque est une mosaïque de modernismes, isolés les uns des autres. Seuls quelques personnages circulent d'un milieu à l'autre, faisant figure d'exception : Mavis Gallant, journaliste, F.R. Scott, traducteur, A.M. Klein, poète. Mais, dans l'ensemble, les histoires séparées de ces trois groupes littéraires font qu'il n'est pas facile de traduire « moderne » en *modernist* ou en *modernismus*. Ces mots ne désignent pas des réalités équivalentes; le passage de l'un à l'autre entraîne des heurts conceptuels.

Avec les années, cependant, la situation se modifie. Des passages sont créés entre les héritages, pour donner lieu à un imaginaire croisé. Comment se dessinent ces passages? Pour répondre de façon complète à cette question, il faudrait imaginer une carte faite d'une multiplicité de transferts entre le français, l'anglais et le yiddish, transferts qui représentent des moments de complicité entre écrivains, l'élan des mouvements sociaux (tels le féminisme), des collaborations institutionnelles, bref, l'ensemble des trajectoires d'échange entre les langues. La carte devrait représenter aussi les intensités et les affects du passage. Il ne s'agit pas de mouvements symétriques ni réciproques, ces passages faisant état parfois de relations de rivalité et de contestation autant que du désir de rapprochement. Dans le cas de la langue yiddish, nous pouvons définir trois logiques qui président à la migration des mémoires : la mémorialisation, la transmigration, la réactivation.

LA MÉMORIALISATION

La modernité yiddish meurt dans les années 1950; en fait, cette mort peut être très précisément datée du jour dans les années 1960 où cesse de paraître le journal *Keneder Odler*. La mémorialisation reconnaît le fait que le yiddish est une langue littéraire morte et que traduire vers le yiddish est impossible. Ou plutôt, si l'on traduit vers le yiddish, cet effort ne peut relever que d'une logique de mémorialisation. L'une des dernières traductions vers le yiddish qui a été faite à Montréal est celle du *Procès* de Franz Kafka, réalisée en 1965 par le poète Melekh Ravitch (1893–1976). Ravitch a été au centre de la vie littéraire juive à Varsovie avant de s'établir à Montréal en 1941, après avoir parcouru le monde. Le pourquoi de cette traduction est impossible à déterminer, mais cette œuvre est un défi posé à l'histoire. Une autre traduction vers le yiddish, réalisée en 1992 cette fois, aura un retentissement tout autre. La traduction des *Belles-sœurs* de Michel Tremblay vers le yiddish, *Di Shvegerins*, jouit d'un grand succès critique. Il s'agit d'une réelle rencontre entre l'est et l'ouest de Montréal, une réussite esthétique, un acte de rapprochement entre communautés, qui projette la ville vers l'avenir tout en rappelant l'histoire. Traduire *Les Belles-sœurs* en yiddish, comme en écossais, obéit à la logique du *joual*, la langue de départ. Mais même si le théâtre continue d'être un médium où s'expose le pouvoir du yiddish, et sert à engager l'enthousiasme de nouvelles générations, il s'agit d'un effort symbolique, qui définit le yiddish comme une langue du passé.

LA TRANSMIGRATION

En Amérique du nord, tant aux États-Unis qu'à Toronto et Montréal, les immigrants yiddishophones s'anglicisent en l'espace d'une génération. Avec la scolarisation dans les écoles publiques de Montréal, les Juifs deviennent « tout naturellement » des anglophones. Et c'est ainsi qu'à travers des écrivains comme A.M. Klein, Irving Layton, Mordecai Richler, Leonard Cohen, Shulamis Yellin, l'héritage littéraire yiddish migre vers l'anglais. Une nouvelle génération d'écrivains de langue anglaise se font les tenants de la continuité. Ces écrivains de langue anglaise refaçonnent la mémoire créée par deux générations de Montréalais yiddishophones. Le poète A.M. Klein est le premier à construire une œuvre en langue anglaise; il le fait consciemment au moyen de la traduction des langues hébreu et yiddish. Pour Klein, il n'y a pas eu d'existence antérieure à l'imbrication des langues. Durant son enfance à Montréal il « parlait le yiddish et pensait en hébreu ». La génération de ses parents était la dernière à pouvoir vivre dans un monde entièrement yiddishophone, au cœur d'un milieu riche en écoles, journaux, maisons de publication et groupes politiques. Ce monde culturel très animé se déroulait entièrement en yiddish et constituait le joyeux désordre des « rues jargonnantes » auquel il était attaché et qui formait l'univers de son enfance. Mais, à l'école, comme tous les autres de sa génération, il a pénétré dans le monde de la langue anglaise avec la ferveur d'un converti. L'anglicisation de la communauté s'est produite rapidement, inexorablement, favorisée par l'interruption de l'immigration est-européenne au cours des années 1930—immigration qui reprendra après la guerre, mais alors il ne s'agira plus d'un flot, il s'agira du filet des survivants de l'Holocauste.

Klein amorce sa carrière d'écrivain à l'aube de cette transition. Il est le premier à faire le saut d'une tradition yiddish, essentiellement européenne, au modernisme nord-américain. Il sert de charnière entre le monde yiddishophone de ses parents et les nombreux écrivains juifs importants qui suivront à Montréal—les Irving Layton, Mordecai Richler et Leonard Cohen.

Peu d'écrivains ont accordé à la traduction un rôle aussi central, jusqu'à devenir le principe même présidant à la conception de la littérature. Dans ses écrits, Klein fait appel à l'univers linguistique et aux traditions culturelles de l'hébreu, du yiddish et, dans une certaine mesure, du français pour nourrir son inspiration. La traduction vers l'anglais n'est jamais chez lui une simple forme de modernisation, de mise à jour. Au contraire. Klein est en quête d'une simultanéité stratifiée du temps et de l'espace (*Traverser Montréal*).

DU YIDDISH AU FRANÇAIS : LA RÉACTIVATION

L'héritage du yiddish se transmet aussi selon un nouvel axe de traduction qui ressemble peut-être à une *déviation*, soit le passage du yiddish directement vers le français. Les traductions sont surtout dues à une personne, l'anthropologue et littéraire Pierre Anctil. Ces traductions participent d'une logique d'activation culturelle et d'appropriation. Certains épisodes de traduction révèlent les mutations radicales dans l'histoire culturelle, la traduction s'y manifestant comme symptôme et instrument de changement à la fois. Une telle mutation s'est produite au cours des deux dernières décennies, à la faveur des traductions françaises offertes par Pierre Anctil de la littérature yiddish de Montréal. Ce mouvement du yiddish vers le français, court-circuitant le passage traditionnel par l'anglais, marque un changement important dans la territorialisation intellectuelle de la ville. À partir des années 1980, des intellectuels et écrivains francophones ont commencé à découvrir et à s'approprier le passé des immigrants de Montréal.

Anctil est un représentant singulier de ce mouvement, lui qui a appris le yiddish pour poursuivre son travail d'historien social, avec l'objectif de façonner une nouvelle relation entre Juifs, non-francophones et francophones au Québec. Grâce aux traductions d'Anctil, la littérature yiddish montréalaise est maintenant devenue une présence dans des secteurs de la ville où elle était jadis ignorée ou oubliée. Voici des traductions qui *agissent* en changeant la donne, en enrichissant l'imaginaire francophone d'une conscience diasporique toutefois bien enracinée sur le territoire montréalais. Ces traductions n'avancent pas seules. Elles sont accompagnées du travail de nombreux universitaires, dont Esther Trépanier (*Jewish Painters of Montreal*), qui établissent par leurs travaux un discours de la médiation, ouvrant le champ des sciences humaines à l'histoire culturelle juive montréalaise.

La mémoire de la culture yiddish se transmet donc selon une multiplicité de logiques, *mémorialisation, transmigration, activation culturelle*—chacune soutenue par le mouvement actif qu'est la traduction. À l'image des trois modernités montréalaises en isolement presque parfait les unes des autres, on peut substituer une autre configuration—une ville striée par de nombreuses traversées, incomplètes, fragmentaires, d'intensité variable. Si la modernité signifie une conscience du caractère pluriel des codes et des valeurs esthétiques, alors il n'y a pas plus moderne que la ville traductionnelle. « Moderne » ne se dit plus en yiddish, mais il se dit dans les nombreuses langues diasporiques et amérindiennes, qui ont pris, pour ainsi dire, la place du yiddish. Montréal est aujourd'hui une ville francophone, animée par une multiplicité de traductions. Mais ces activités de traduction ont contribué plus qu'autre chose à faire de Montréal une ville d'incertitude (autre façon peut-être de dire le moderne), où les mémoires ne cessent de se confronter.

NOTE DE L'AUTEURE

Une partie de cet article est reprise d'un développement plus long figurant dans le chapitre 5 de *Villes en traduction. Calcutta, Trieste, Barcelone et Montréal*, trad. Pierrot Lambert (Montréal : Presses de l'Université de Montréal, 2013).

OUVRAGES CITÉS

Anctil, Pierre. *Saint-Laurent: Montréal's Main*. Montréal: Septentrion, 2002.

Anctil, Pierre, Norman Ravvin, and Sherry Simon. *New Readings of Yiddish Montreal / Traduire le Montréal Yiddish / Taytshn Un Ibertaytshn Yidish in Montreol*. Ottawa: U of Ottawa P, 2007.

Blum, Alan. *The Imaginative Structure of the City*. Montreal and Kingston: McGill-Queen's UP, 2003.

Briedis, Laimonis. *Vilnius: City of Strangers*. Vilnius: Baltos Lankos, 2009.

Bruce, Iain. "Der Process in Yiddish or the Importance of Being Humorous." *TTR : traduction, terminologie, rédaction* 7 (1994): 35–62.

Chambers, Iain. *Border Dialogues: Journeys in Postmodernity*. London : Routledge, 1990.

Ellenwood, Ray. *Egregore: A History of the Montreal Automatist Movement*. Toronto: Exile Editions, 1992.

Gallant, Mavis. *Home Truths*. New York: Random House, 1985.

Holston, James, and Arjun Appadurai. "Cities and Citizenship." *Public Culture: Bulletin of the Project for Transnational Cultural Studies* 8 (1996): 187–204.

Huyssen, Andreas, ed. *Other Cities, Other Worlds: Urban Imaginaries in a Globalizing Age*. Durham, NC: Duke UP, 2008.

Jacobs, Jane. *The Death and Life of Great American Cities*. New York: Random House, 1961.

Kafka, Franz. *Der Protses*. Trans. Melekh Ravitch. New York: Der Kval, 1966.

Klein, A.M. *Beyond Sambation: Selected Essays and Editorials, 1928–1955*. Ed. M.W. Steinberg and Usher Caplan. Toronto: U of Toronto P, 1982.

———. *Literary Essays and Reviews*. Ed. M.W. Steinberg and Usher Caplan. Toronto: U of Toronto P, 1987.

Lamonde, Yvan. *La modernité au Québec*. Montréal : Fides, 2010.

Lamonde, Yvan, et Esther Trépanier, dir. *L'avènement de la modernité culturelle au Québec*. Québec : Institut québécois de recherche sur la culture, 1986.

Margolis, Rebecca. *Jewish Roots, Canadian Soil: Yiddish Culture in Montreal, 1905–1945*. Montreal and Kingston: McGill-Queen's UP, 2011.

———. "Yiddish Translation in Canada: A Litmus Test for Continuity." *TTR : traduction, terminologie, rédaction* 19 (2006): 149–89.

Raby, Eva. "Memories of Yiddish Montreal." *New Readings of Yiddish Montreal*. Ed. Pierre Anctil, Norman Ravvin, and Sherry Simon. Ottawa: U of Ottawa P, 2007. 57–61.

Ringuet, Chantal. *À la découverte du Montréal yiddish*. Montréal : Fides, 2011.

Sennett, Richard., ed. *Classic Essays on the Culture of Cities*. New York: Appleton-Century-Crofts, 1969.

Simon, Sherry. *Cities in Translation: Intersections of Language and Memory*. New York: Routledge, 2012.

———. *Traverser Montréal. Une histoire culturelle par la traduction*. Trad. Pierrot Lambert. Montréal : Fides, 2008.

Soja, E.W. *Postmetropolis: Critical Studies of Cities and Regions*. Malden, MA: Blackwell, 2000.

Straw, W. and Alexandra Boutros, eds. *Circulation and the City: Essays on Urban Culture*. Montreal and Kingston: McGill-Queen's UP, 2010.

Trehearne, Brian. *The Montreal Forties: Modernist Poetry in Transition*. Toronto: U of Toronto P, 1999.

Trépanier, Esther. *Jewish Painters of Montreal: Witnesses of Their Time, 1930–1948*. Montréal: Éditions de l'Homme, 2008.

———. *Marian Dale Scott: Pioneer of Modern Art*. Québec: Musée du Québec, 2000.

Waddington, Miriam. *Apartment Seven: Essays New and Selected*. Toronto: Oxford UP, 1989.

2

THE ARCHIVE AND THE ALLEYWAY
The Spatial Poetics of Sachiko Murakami and Meredith Quartermain

ERIN WUNKER

The only way forward lies in investigating the space between.
—*Giorgio Agamben,* Remnants of Auschwitz

ORIENTATION

Giorgio Agamben's statement that "the only way forward lies in investigating the space between" comes from his attempt to consider the relationship between the witness and the archive. The space between signifies liminal space, a place at the axis of affect, history, and memory.[1] Drawing on Agamben's claim, my aim here is to explore the palpable pressures exerted by the ordinary affects observed, experienced, and remarked upon by poets Meredith Quartermain and Sachiko Murakami as they walk through the city of Vancouver. I want to consider the ordinary affects on the reader as she witnesses the solitary city walker—that walker who is implicitly gendered and explicitly female. I am, in Anne Carson's words, attempting to consider two things by way of three. In order to think about memory (the lyric as an archiviolithic genre)[2] and space (the tense relationship between the city and the solitary woman walking), I take three approaches: first, I figure the city as an archive that is negotiated and interpreted by the figure of the solitary walking woman. Second, I consider the gendered perspective of the walking poet as repertoire performer.[3] And third, I interrogate how the poets in question maintain an ever-shifting focus on what scholars of the everyday call "voices from below" (Stewart 2), which I have refigured as voices from the alleyways. Critics have noted that 2008 marked the first moment in history when more than half the world's population lived in cities and towns (Edwards and Ivison 3). In their introduction to *Downtown Canada: Writing Canadian Cities*, Justin Edwards and Douglas Ivison posit that in Canada there is an especial need to refocus critical literary attention to "the materiality and specificity of our cities and the experience of urbanism as a way of life in Canada" (iv). With these claims in mind this chapter begins by asking how might we begin to read the image of the solitary walking woman as both archivist and repertoire performer, and how might she function as a useful trope for understanding the function of the archive in everyday life experiences of urban space?

In *Eros the Bittersweet*, Carson notes that in the Ancient Greek lyric tradition *glukupikron*, or "sweetbitter eros," is the "paradox that takes shape on the sensitized palate of the poem, a negative image from which positive pictures can be created" (9). Vancouver is just such a "sweetbitter" urban space when read through Quartermain's and Murakami's perambulations. In Vancouver questions of public and private access to space are amplified by its status as one of the world's most expensive cities, which contains conspicuously wealthy neighbourhoods alongside remarkably impoverished ones, such as the Downtown Eastside, known as the poorest postal code in Canada. Beginning in June of 1983 sex workers in Vancouver's Downtown Eastside began to disappear (*The Guardian*), and they continued to disappear; approximately sixty-nine women vanished from the streets. Many of them were Aboriginal; all of them were living on the margins of society.[4] However, when friends and family members attempted to alert the police to a possible serial killer, the response was to say, "in the case of the missing women we don't have a suspect, in fact, we don't have a crime" (Alexander). Women who exist in the least socially viable places in society are even less likely to be archived in the collective memory of a city, to say nothing of a nation. In short, they are the absent referents whose "absent presence" (Jameson) makes other public memories possible.[5]

The lyric explorations of Sachiko Murakami and Meredith Quartermain figure the city as a photographic negative in which darkness and light are inverted. By drawing attention to the habitually overlooked, hidden, or buried the poets model an ethical engagement with urban space and cultural memory. Take, for example, Murakami's poem "Setting: A Corner," which is written in response to a photo installation of women of the Downtown Eastside done by photographer Lincoln Clarkes:

> A child's backpack stamped with a scrappy dog. Barred windows with heart-shaped details. T-Rex Opens December 18th. Goddamn the pusher. The photographer's flash. One menacing chalk-drawn eye. Art deco embellishments on the unused bank's façade. The windows of the Ovaltine café. There will be no sandwiches. Park all day, three dollars. A policeman, a police car. A lock, a deadbolt. Her reflection. The international sign for women. A City of Vancouver pothole. Vacancy. This building is under 24 hour surveillance. Illegible Chinese characters. A mosaic that spells Empress. Enter to win, half-ripped. A Ford Focus. A chalked eye, and oversized hand. Open, buy and sell. The rain. Jesus in the alley. The pack of cigarettes he paid her with. Is it nothing to you. Ladies. Men. Another chainlink fence. A community gathering. (71)

This snapshot of a corner catalogues action, detritus, and emotion. In relying solely on the period as punctuation, exploitation ("the pack of cigarettes he paid her with") is made commensurate with power ("a policeman, a police car") and aesthetics ("art deco embellishments on the unused bank's façade"). Questions posed as declarative statements ("Is it nothing to you") challenge the reader to examine what they might overlook or avoid in their own perambulations. The city these poets walk is a city whose relationship to women (and other marginalized subjects) is particularly and publicly haunted by the complicated living archive of civic failure that is the Downtown Eastside. What kind of witnesses, what kind of archivists of memory do these poems effect? What are the "impossible remainders" (Agamben) in the urban archive?

SPACES BETWEEN: THE ARCHIVE AND THE ALLEYWAY

Much has been made of the space of the city and the people who walk its streets. Perhaps most famously Walter Benjamin wrote of the streets of urban Paris as the domain of the *flâneur*. Benjamin's *flâneur* was built on Charles Baudelaire's earlier descriptions, and Hannah Arendt later described this man of leisure as a crucial form of public life. In a profile of her friend Benjamin she writes, "In the wasteland of an American suburb, or the residential district of a metropolis, all the life of the streets goes by in the roadway, and one can walk along the sidewalks—now reduced to footpaths—for hours without encountering another human being" (102). For Arendt, Benjamin's textualization of Paris and his rearticulation of the figure of the *flâneur* bespeaks a crucial aspect of a vanishing urban modernism. The *flâneur*'s wanderings were an important public action that countered the alienating effects of urban outmigration. Strolling the streets was a form of cultural production and preservation: "the street leads the strolling person into a vanished time" (Benjamin 524). Yet, as critics such as Janet Wolff, Aritha van Herk, and Griselda Pollock have noted, Benjamin's *flâneur* is a resolutely—and problematically—male figure.

Women experience the city differently.[6] In *Streetwalking the Metropolis*, Deborah L. Parsons inserts herself into the lengthy and historical debate surrounding the "cartographies of viewing" the urban landscape that are brought on by the onset of modernity (xvi). Specifically, Parsons is focused on nuancing and expanding considerations of the urban woman of modernity in ways I find particularly compelling for thinking through the modes in which women occupy urban space and national memory in contemporary Vancouver. Parsons surveys the canonical modernist works of urban literature concerning, documenting, and describing the figure of the *flâneur* (sometimes conflated with the dandy, though, as Parsons notes, the former observes whilst the latter presents himself for observation). She begins with a focus on Baudelaire, Le Corbusier, and Benjamin. Le Corbusier is taken to task (via Jane Jacobs) for his narrow and patriarchal view of how the city is used by walkers. Le Corbusier maintains that "man walks in a straight line because he has a goal and knows where he is going; he has made up his mind to reach some particular place and he goes straight to it," and thus Le Corbusier plans the city for the straight-walking man (11). Parsons's contention is that the *flâneuse* has been figured in opposition to the *flâneur*. Yet Parsons posits that "the activity of urban observation is not exclusive to the male," and her discussion "centres around two premises; first, that the concept of the *flâneur* itself contains gender ambiguities that suggest the figure to be a site for contestation of male authority rather than the epitome of it" (5). Her second contention is that in the late nineteenth and early twentieth centuries a "mode of expression can be seen to develop...that emphasizes observation of the city yet is distinct from the characteristic practice of the authoritative *flâneur*, comparable instead to the marginalized urban familiarity of the rag-picker" (5–6). In other words, while the traditional *flâneur* has tended to operate as a metonym for masculinity and urban space, Parsons posits that there are poetic traces that gender the city otherwise. Parsons's aim is thus "to explore the experience of the urban landscape and environment in terms of a fusion of empirical and imaginative perspectives, and to relate this to a gender-related city consciousness" (7). It is her notion of the "gender-related city consciousness" that I find most useful for considering Quartermain and Murakami, for the deceptively simple reason that "gender-related city consciousness" works to subvert the damaging and pernicious construction of binary oppositions that ultimately work not only to marginalize and indeed efface women in the urban context, but to create a hierarchy of visibility and textuality that reifies existing systematic inequities based on gender, race, and class in the urban context.

Archives are susceptible to analogous hierarchies and inequities. Indeed, archives are troublesome, especially for women and other Others. Though they are always already incomplete, and—inevitably—a bricolage of boxes and files, archives claim narrative power. One relies on the archive's authority to select fragments of a story. As Bonnie G. Smith notes, women's archives have a diasporic or supplemental relationship to "official" archives (181). What she means here is that women's history is rarely housed in a singular, central location. Rather, documents and artifacts, writings and relics have survived "in various places—the attics of suffragists, flea markets, dank basements, local libraries, crumbling chateaus [and] government repositories" (Smith 181). These women's archives are troublesome insofar as they preserve historical narratives that would otherwise be lost. They are necessary for filling in history's notorious inequities. Thus, while the archivist goes to the archive to find facts, pieces of a life that can be strung together, somewhere in the process facts are transmuted. They become absent referents left blank. The subjects of archival research always occupy a space just beyond one's grasp.

The archive itself is something virtually ungraspable. While one can of course visit the space of the archive, the archive as idea remains just beyond one's reach; it is both familiar and strange. The archive as *idea*, derived from Derrida's *Archive Fever*, strikes me as uncanny—something enticing but slightly *off kilter*, as though, in Freud's formulations, it should never see the light. Following Derrida's etymological route, we learn that the archive is a performance. "Archive" derives from *Arkhe*, which "names at once the *commencement* and the *commandment*

[*Arkhe*]...coordinates two principles in one: the principle according to nature or history, *there* where things *commence*...but also the principle according to law, *there* where men and gods *command*, *there* where authority and social orders are exercised" (1). The archive is paradoxical as both a concept and a concrete object; it is action in the same moment that it is a container, "commencement, as well as...commandment" (2). Like urban space, the space of the archive invites a shift in consciousness in order to examine the absent referents and read them into a rearticulated narrative of presence. Indeed, the contemporary word for archive is inflected with this imperative to shift consciousness. The word also derives from the Latin "*archivum*...a house, a domicile, an address, the residence of the superior magistrates, the *archons* those who commanded" (2). The *archons* were both speakers of the law, and guardians of it; laws were written and filed in their *archivum* (2). Derrida describes this twofold action as "*domiciliation*" of texts; it is in this domiciliation that "the concept of the archive shelters itself...it *shelters* itself from this memory which it shelters: which comes down to saying it forgets it" (2). In other words, in its very manifestation, the archive—as space and concept—effaces its origins as text *and* action. The archive, like the subject, loses sight of its own origins and, in this necessary act of self-blinding, the archive as concept loses sight of the things it shelters. Things get omitted or forgotten, and those *things* are generally unwieldy, ephemeral, or unmarked (Phelan 6).

Urban space functions like the archive: it presents an image that is partial, never fully revealing the layers and depths concealed in its neighbourhoods and alleyways. It is productive to read Quartermain's and Murakami's engagement with the urban through these complex understandings of the archive. Importantly, though, neither Quartermain nor Murakami simply talk back to the urban archive using its own tools. Instead, I read in their works a sustained engagement with embodied affect as well as textual history. For Diana Taylor, from whom I borrow the concept of the repertoire, disciplines are constructed and defined in their particular relationship to their object of study ("Performance and/as History" 68). This becomes a problem for the archive when it comes to unscripted or unmarked ways of knowing: "Since the Conquest, colonial epistemology has privileged writing to the extent that nonscripted forms of knowing have been equated with disappearance....The ethnographer's aim, both in the 16th and early 20th centuries, was to make visible—through writing—the ways of life that had disappeared from view, went unremarked, where there was no writing." (72) Writing, then, is evidence of existence. But privileging the text as a static document has obscured its performative potential. In other words, scripted forms of knowledge were reified as archivable documents, while unscripted forms of knowledge were abandoned outside the archive; without inscription there can be no conscription. Women's embodied experiences of urban space are too often left outside the archive because embodiment is unscripted. Or, as Murakami writes,

> we have no trouble invoking a royal tone or
> puns and where our sex goes is into a theory of language as though we live
> there on the limits of expression with the boys. ("Restrictions" 67)

So what might it mean to see the city as a living archive, when the ordinary affects of everyday citizens go un(re)marked? How can "expressive behavior transmit cultural memory and identity" (Taylor, *Archive and Repertoire* 11)?

The city is itself an archival space. It both builds and stores memory. Walking in the city thus becomes an act of negotiating cultural memory as well as creating it. As Kim Solga, D.J. Hopkins, and Shelley Orr note, "from Benjamin's *flâneur* to Guy Debord's deriviste, to the work of Michel de Certeau, the idea of 'walking' the city unconventionally as an effort to jam the maps of urban power has taken its practice from performance, but its theory from the all encompassing textuality of post-structuralism" (4). In other words, though there is a long critical history of walking in the city there is a tendency in those same histories to neglect the body. Solga et al. suggest conceiving of the city as textuality and performativity. They are "linked cultural practices" that work together to "shape the body of phenomenal, intellectual, psychic, and social encounters that frame a subject's experience of the city" (6). Thus, if one is to articulate the relationship of the subject to the space and memory of the city, one must rearticulate one's understanding of the city as an archive. As Quartermain puts it, what you see is not what you get, but rather "what you see / is what" (14). By leaving the statement unfinished Quartermain underscores the impossibility of fully representing the subject's relationship to the space and memory of the city. A city's history can be tracked and traced by archival material (Solga, Hopkins, and Orr 6), but there is much that exists outside the archive. "The city insists on the importance of remembered, embodied practices to fill in some of the gaps the archival records inevitably expose," explain Solga et al. (6–7). Those gaps can be addressed by looking to the spaces between.

What, then, is an alleyway, and how does it function as a conceptual tool for navigating urban space with a gendered consciousness? Literally, of course, it is the space between larger, more official streets and buildings. In older cities alleyways were used to connect foot traffic with the increasing amount of automobile traffic. In some contemporary urban planning, they are beginning to disappear in hopes of both speeding up traffic flow and decreasing street violence. In the language of layout, the alleyway is the space between two columns of text. Alleyways conceal the most ordinary of things: garbage, violence, a worker on a smoke break, a leap in logic from one poem to the next. Murakami demonstrates the theoretical and literal function of the alleyway in "Side." The "public-purse heroine cloisters" and "outside smokers" line the alley which is "stuccoed with dropped water / Emptied filters / Ensure drinkers" and bumps up against the gentrification of the "Eastern Starbuck border" (62). The poem is itself a concrete lyric. Its organization into five short three-line stanzas conveys the narrow alleyways of a city, while the terse verses remark the ordinary affects and events of the alleyway. The first line—"Our centre's healthier contract"—implicates both the speaker and the reader into the urban space being described. The effect of this concrete lyric draws attention from the streets into the alleyways and side streets where "Christian outreach stroll / Truth & candy handouts" (62) buttress one another and provide the scaffolding for the seen city.

In the remainder of this chapter, I explore how an alleyway might also function as a more theoretical interstice, a space between thoughts and images, bodies and buildings—a momentary connection between points that allows for the traffic of thought to move between them creating a third, unexpected space. I want to imagine how the alleyway may function as an affective archive for transformative citizenship and *communitas*. I should warn you, though, that this is an unfinished chapter. It opens onto or into an alleyway. It is, more properly, a collection of ordinary observations, an assemblage of "ordinary affects" (Stewart) collected first by two poets as they walk through their city, and then, later, represented by me here.

The ordinary is a shifting accumulation of "practices and practical knowledges, a scene of both liveness and exhaustion, a dream of escape or of the simple life" (Stewart 1). Ordinary affects, then, can be grasped by the mind as "the surging capacities to affect and to be affected that give everyday life the quality of a continual motion of relations, scenes, contingencies, and emergencies" (2). Kathleen Stewart likens ordinary affects to Raymond Williams's structures of feeling; these are "social experiences in a solution" that "do not have to await definition, classification, or rationalization before they exert palpable pressures" (2). Enter the witness, the walking woman as archivist of the alleyway. Enter the poets.

WOMEN, WALKING, HISTORY: QUARTERMAIN'S REPERTOIRE

The city is no stranger to scrutiny, though it is often *strange*. Richard Lehan sums up the strangeness urban space effects when he notes that "as Baudelaire demonstrated and Benjamin noted, the uncanny—the mysterious and eerie—is born out of the heterogeneous crowds, which is really to say that it is born out of the city; out of the stranger who steps from the crowd, out of the familiar becoming strange, out of the return of the repressed" (74). If, as Benjamin has suggested, the contemporary urban landscape is "an organ of historical awakening," then the solitary woman walking is the heart of these poetic revisionist histories. Whether she sees a sex worker on East Hastings Street or a window shopper on Commercial Drive, the gendered walker is an "interface" with her urban landscape and a witness to its ordinary affects (Grosz 104).[7] The way she carries her body, the places she chooses to frequent, her "pedestrian street acts" (de Certeau) inform her reader of the climate and culture of the city. Indeed, Quartermain and Murakami position their gendered consciousnesses in comparable but markedly different ways. Quartermain's woman walking scrutinizes urban space in order to retrieve lost or effaced histories. She "double[s] back—to search again" ("Ice-cream" 106). Murakami's speaker prowls the streets taking verbal snapshots of the space and the absent presence of the missing women. "Where were you," she demands of the reader, "when the lost woman stapled her photo to a phone pole" ("No Not Me" 69). The city is a unique, miniature representation of the nation that self-reflexively performs its own contradictions. Indeed, the female walker cannot shake off her "historical necrology" (van Herk 20); she is always already gendered as potential victim, as potential absent referent. Instead, in these texts, she finds new ways to negotiate it. The women of Quartermain's and Murakami's poems change the grammar of their cities daily.

In Quartermain's and Murakami's work, both the city and the subject are made strange to each other. Quartermain's collection, *Vancouver Walking*, catalogues non-sequential lyric observations that the poet makes as she walks through her city. These lyric observations peel back the dominant historical narratives of the city in order to reveal a layered and complex urban space built on kinesthetic memory. Already in conversation with an earlier woman walking (that would be Lisa Robertson of the *Office for Soft Architecture*),[8] Quartermain's poems embody what Daphne Marlatt refers to on the book's cover as *kinemas*, "walking memory tours." In addition to the stuff of historical markers and tour guides, there are the poet's own thoughts and observations—and these happen at street level. The poems, which start out scattered across the page, become increasingly uniform. The first section of *Vancouver Walking* literally meanders. Here is an excerpt from the opening poem, "Thanksgiving":

> Round the corner to the wide Hastings Street
>   Battle of 1066—
>   Men lugging grubby rucksacks.
> P U B (as in *p, u, b*). ATM Liquid Cash.
>   Drink your money.   Here.
> Mud-splattered windows and prison bars of the drug store—
> before the Weald, a grab-bag of English infantry
>   destitute of armour but for long-handled Danish axes—
> the Normans on Telham Hill with central phalanx and two wings,
>   archers, infantry, cavalry.
> Hastings and Main. The Royal Bank. Pillars, bell-tower,
>   of Carnegie Library.
>   People up and down the steps to the public toilets.
>
> Hastings and Main. Four Corners. Fair lady works shuttles—
> tripartite façade of the Ford Building—
>   marble balustrades at its light-wells
>   above Owl Drugs.
> And the Four Corners Community Savings
>   for welfare people, or what passes as wellness and fare.
> ("Thanksgiving" 3–4)

In this excerpt the poet's attention oscillates between the embodied images in her immediate sightline and historic events marked by place names. While the poem opens with a citation of the speaker—"a girl dreams of an ocean" (3)—the lyric *I* steps aside to make way for the layered histories of place. The sovereign self of the speaker is deliberately displaced to make way for the archival and repertoire histories of her trajectory. As she walks—as the poems progress—there is a constant tension between the seen and the unseen or, in Taylor's terms, the marked and the un(re)marked. However, rather than consign a static linear description of first one thing, then another, Quartermain's cadence calls attention to the discomfiting reminder that she is another solitary walking woman. As she walks literal alleyways, the alleyway between the columns of text on the page, between the images in poetico-historic mash-up is an uncanny image that calls attention to readers' normative assumptions while simultaneously exceeding its structural boundaries.

"Walk to commercial drive," also appears early in the collection. Unlike "Thanksgiving" this poem does not foreground a lyric *I*. Beginning with a declarative statement—"Freight train heading north to container docks"—the poem details the human cost of the construction of the Canadian National Railway:

> C.N. connector line
> down the gulch where they shot ducks offa back porches
>   in the tide-flood from the old lagoon.
> ...
> Git across on Hastings
>   (cyclist to the traffic backed up at the crossing)
> bridge over the gulch where the working girls hang
>   inked out in the night
> yellow flatbeds flanged wheels slow, then halt
>
> commercial drive
>   hacked our timber and stumps,
>   graded the bed pick and shovel
> barrowed the gravel—lock in ties
> $2 a day if white; $1 if Chinese
> ("Walk to commercial drive" 8)

In this excerpt the speaker moves the reader from wholly lyric expression into what Dorothy Livesay first termed the documentary long poem. In Livesay's account the documentary long poem indicates a "conscious attempt to create a dialectic between the objective facts and the subjective feelings of the poet" (267). Though Quartermain's speaker moves into the realm of the documentary long poem, she does not inhabit it entirely.[9] Pauline Butling and Susan Rudy describe the documentary long poem as "the preferred form for much experimental poetry in English-speaking Canada over the last three decades [which] can be linked to a liberatory model in the sense that its fluid, disjunctive, and often playful seriality continuously intercepts narrative systems and lyric closures" (31). Quartermain's catalogue of historical inequities, while certainly "fluid" and "disjunctive," does not engage in play. Instead, the speaker layers inequities of the past onto the landscape of her present. The reader's image of nineteenth-century Vancouver is interrupted by the parenthetical "(cyclist to the traffic backed up at the crossing)" who shouts directions to drivers. This layering of past and present continues throughout the poem. The reader encounters "600 Chinese killed in the Fraser Canyon— / land-slides, careless dynamite" alongside the poet's walk that leads from "Union Street and Vernon's drive" where she sees "Scarlet creeper twining up a telephone pole / at the Happy Planet juice factory" (11). Quartermain's catalogue integrates the quotidian sight of a juice factory with the immense number of Chinese worker casualties from the building of the Canadian National Railway. The speaker uses her historical consciousness as an interface between past and present, and her pedestrian speech acts—where she chooses to walk and remember—work to body forth the repertoire events that lie outside the archive of the everyday experience of Vancouver. Thus, while Quartermain is not working in the traditional documentary long poem genre, she is engaged in what Martin Kuester has termed the new documentary. As Kuester reminds us, the new documentary differs from the traditional insofar as it "recover[s] historical information while at the same time questioning the dominant media of historical representation such as photography, film, chronological narrative, and archival systems" (231). *Vancouver Walking* defamiliarizes the lyric *I* just enough to trouble the "dominant media of historical representation," and to bring it out of the alleyway where it cannot be avoided.

Quartermain troubles the alleyways of her poems as well. The formatting of the poems in *Vancouver Walking* changes as the collection progresses. But, while the meandering lines begin to hug the left margin, the observations remain layered and wandering. It is as though the poet has jettisoned the potentially distracting and innovative formatting in favour of an instantly recognizable form in order to draw attention to the layered images in the poet's line of sight. "Coast Starlight," the final poem of the collection, is comprised of three short left-justified stanzas:

the lighting under the edge
of the coast
where North America's a rug
and you can lift it
and see what's swept under
as in
her majesty

the lamps of reverie
nodding in lounge cars
on the trains of thought—
like it or not,
you're going to get caught

under the rug
in a velvet mantle
pinpricked
with glimmerings
(110)

Though the peripatetic line breaks have been organized, the woman poet watching and rearticulating urban space and memory remains. The west coast of Canada becomes an object of domestication ("North America's a rug") that is quickly exchanged for a criticism of the archive of cultural memory ("and you can lift it / and see what's swept under"). The trains whose tracks were built on the back of exploited Chinese labourers become "trains of thought—" that belong to the community, to the poet, to the readers, to those in the repertoire of history. For, though the trains move in a logical, regimented fashion, these trains of thought ensure that "like it or not, / you're going to get caught / under the rug."

The implication here seems clear: no one is safe from the movement of time; no one is guaranteed a permanent place in the cultural memory of a nation.

MOVING SIGHTLINES: MURAKAMI'S LYRIC INTERVENTIONS

Like Quartermain, Sachiko Murakami's *The Invisibility Exhibit* is a collection of poems that draws attention to the alleyways. Murakami's ordinary affects and poetic focus differs from Quartermain insofar as she attends less to historical myopia and more to a *civitas* that has lost sight of—or disavowed—certain of its citizens. As its title suggests, the collection draws attention to glaring absences. *The Invisibility Exhibit* focuses specifically on the poet negotiating the disappearance of women from the Downtown Eastside, though they are rarely mentioned by name. An exception to this would be "Portrait of Sonnet as Missing Woman," which is a sonnet comprised entirely of names of women known to be missing in Vancouver (66). The first stanza links lines of three names together with an ampersand. In the second stanza each line begins with an ampersand and continues to list names. The effect of naming without contextualizing, and linking with logogram rather than a conjunction, is a visual mash-up of the women. The list of names seems to go on and on yet, organized as it is into an octave and a sestet, there is an uncanny and systematic logic to the growing list of missing. Indeed, by using the form of the sonnet, Murakami not only suggests that there is a carefully orchestrated and long history of women going missing from urban space, she also refuses the traditional resolution that comes in the sestet. Instead, the reader is left to puzzle over these names that have been so consciously organized and represented.

Like Quartermain's collection, the women who are markedly un(re)marked in Murakami's poems are those who literally body the alleyways. They are, as Elizabeth Grosz puts it, *outside*: their absence is the condition by which the everyday of everybody else in the city persists. The collection figures the poet watching, waiting, looking, and demanding that others seek the same marginalized women whose absence she renders textually present. In poems such as "Portrait of It as Missing Woman" the poet performs the role of traditional *flâneur* from the alley—that marked, marginal, and menacing space. Murakami directs the reader's attention to what is missing and effaced, what is glossed over, and what is transformed from subject to uncanny object:

And now what you've been looking for,
it leaning against the back door of the Victory café.
Stroking its cheek with dirtier hand.
Head-to-toe red and redder where scabs haven't healed,
or would be if the photo weren't so black & white.
Its body emptied of the expected contents,
purse spilled on the road before it.
It did this for money to feed itself.
Look at it. Like it's about to cry
or crack. Don't concern yourself.
It can't look up to find your gaze. (64)

By inhabiting the voyeuristic position of the traditional *flâneur*, Murakami complicates the historical and gendered consciousness that the collection has been developing. Rather than exploring urban space in terms of "a fusion of empirical and imaginative purposes," as Parsons's new streetwalking woman does, Murakami's female poet puts on the skin of the detached *flâneur* and unflinchingly directs her reader's emotions towards an objectified woman in the alley.

Pronouns do much of the work to shift gendered consciousness. The first line inculcates the reader into a complicit relationship with the historical necrology of the solitary woman walking. Recall that for van Herk a solitary woman walking urban space cannot be separated from the historical attempts to control women's movement in urban space. As Janet Wolff suggests, women's movement in urban space is haunted with prior inscriptions of "women's complex negotiations of city life, real obstacles and constraints, and ideological constructions which attempt to fix and constrain them" ("Gender" 24). As I have glossed earlier, urban space has been gendered masculine. The solitary walking woman has historically taken on the "persona of the fallen woman" (Nord 365). But, as van Herk suggests, her relentless presence in the city—her transgression—challenges and changes urban space (24). "Portrait of It as Missing Woman" gestures to this historical necrology while drawing attention to its continued presence. By implicating the reader in the process of judging a woman on the street, Murakami suggests that there has been little change in the ways in which women can walk in urban space. Like Quartermain's later poems, "Portrait of It as Missing Woman" hugs the left margin like a well-behaved subject. The alignment bespeaks an imposed order, a glossing over of the archiviolithic, that which cannot be catalogued or contained because it isn't marked/remarked.

The tense figures hovering in the margins of Quartermain's poems are made explicit in Murakami's. By forcing the reader to encounter a woman as "It," Murakami marks the unmarked. Bodies are always absent in archives, as in other disciplines, but they remain the archive's "unspoken condition" (Grosz 19). Might we, as Hana Wirth-Nesher believes, learn more about *how we read bodies* by "paying attention to the detailed aspects of the urban setting...from widely divergent points of view" (3)? Put another way, what happens when we read from and towards the alleyway? How might another's everyday signs and sights begin to infuse the reader's syntax and sight?

For Joseph Roach certain signs and signifiers can perform the necessary actions to create these self-reflexive linguistic ruptures. He explains, for example, that when the word *effigy* is transformed from a noun into a verb it becomes a performative speech act whose aim is "to evoke an absence, *to body something forth*, especially something from the distant past" (36, emphasis added). The concept of effigy as a verb becomes performative insofar as "it fills by means of surrogation a vacancy created by the absence of an original" (36). The critical act of prying fictions from what looks to be a monolithic archive both reactivates them and troubles any easy relationship with them. One can no longer blindly accept the fictions of sex, gender, and the bodies they mark. Nor, however, can one be at ease with the unmarked absences they leave.

Roach argues that "performed effigies—those fabricated from human bodies *and the associations they evoke*—provide communities with a method of perpetuating themselves through specially negotiated mediums" (36). While a political figure, a memento mori, or an actor can all perform effigy, the most useful performing effigy is the corpse, due to its paradoxical and universal intensity: everyone recognizes and understands a dead body for what it is (36). What if a culture's collective memory—its collective *archive*—included the pre-symbolic experience of connectedness when conceiving of the Cartesian subject/action duality? Suddenly there would be a third, liminal, transitional, and experiential memory operating from the margins and rupturing heretofore stable discourses. In Roach's words, "This phenomenon [of performing effigy] operates in many different ways, but one pattern tends to recur: a contradictory push and pull develops as communities construct themselves by both expanding their boundaries and working back from them. They pull back by excluding or subordinating the peoples those large boundaries ostensibly embrace. Such contradictory intentions remain tolerable because the myth of coherence at the center requires a constantly visible yet constantly receding perimeter of difference" (39). Drawing from this, I would suggest that the third figure, the pre-symbolic experience of connectedness that exists within each of us yet is excluded from theoretical discourses on subjectivity, can be figured as what Derrida calls "the umbilical cord of the event," that moment of rupture in which the "*very possibility of knowledge* remain[s] suspended in the conditional" (37). In other words, the "archio-nomological event" of psychic rupture impresses itself on a subject, and that impression is perpetuated "*en abyme*" thus ensuring a collectively archived knowledge of experience (38). Put differently, "Portrait of It as Missing Woman" positions the absent referent—the missing woman—as the condition for a collective memory of urban space and community.

Community transformation is a central focus of *The Invisibility Exhibit*. Where *Vancouver Walking* relies on the embodied observations of the poet to revise and revision history, *The Invisibility Exhibit* is explicit in its implication of the reader. It is not enough for the reader to walk with the poet while she waits, rages, and frets. Murakami's poetics demand that the reader examine her own complicity in rendering the missing women unmarked. Again, syntax plays a crucial role in bridging between passive viewing and complicit engagement. "It's None of My Business" makes the danger of complicity clear:

> if someone says *Heroine*
>
> if it looks less like sacrifice
>
> if the alley were 30% cleaner
>
> if in Cordova's commuting quicksilver
>
> if south of Hastings
>
> if she appeared in a poem or a headline
>
> if a fight broke out there
>
> if laughter
>
> (63)

Each line relies on the conditional conjunction "if" to complete the sentence begun by the title. Unlike the majority of the poems in the collection, the typography of "It's None of My Business" relies on double spacing between the lines. The space silos the statements, creates space for pause between them, and ultimately makes it impossible to gloss over the individual utterances. When put together, the lines become a litany of excuses for not paying attention to the missing women or the state of the alleyway ("It's none of my business if she appeared in a poem or a headline" [63]). The syntax of the poem refuses the reader relief; if you are reading this, it suggests, you are part of this community.

"We've Seen Little of Her Life and Less of Her Death" is the final poem of the collection. The poem moves from urban space where "toe-scuffed dirt / forms a woman's profile" and a downtown theatre where "an artist projects / an armless Venus onto a dancer's gown" to the country where "sifting through earth, a man finds / a false fingernail" (*Invisibility Exhibit* 80). Locating the life and narrative of the woman requires a laboratory and the "gentleness we muster now, to lift DNA" (80). The false fingernail is an imperfect and concrete fragment, something that would sustain being catalogued and contained in the archive, but that can do nothing but emptily gesture to the body to which it belonged. The archival item thus becomes an impossible remainder, a performative gesture that bodies forth the woman whose life was left unseen and unremarked when she was living. Murakami shifts the focus of the reader from the street to the alleyway and further, out into the darkness, but she leaves the reader with the ethical decision of whether or not she will continue to look.

The works of Quartermain and Murakami refigure urban space through their individual instantiations of gendered consciousness. Quartermain uses the embodied affect of a woman walking in urban space to trouble the historical memory of the city and the nation. Murakami's lyric interventions reorient the reader's eye from the streets to the alleyways, and in so doing demands that the reader acknowledge her own complicity in the unremarked bodies that people the spaces between. The language of the poets acts as a kinesthetic and performative invective to look, to trouble the archive, and, perhaps, to bear witness to the alleyway.

NOTES

1. Specifically, Agamben considers the relationship between the witness/survivor of Nazi concentration camps, and historical memory and testimony that become the archival material that forms and informs attempts to encounter those atrocities. For Agamben, who draws primarily on the writing of Primo Levi, the impossible remainder of Auschwitz is born by the witness who attempts to give testimony. By speaking the impossible, the witness hovers in the interstices between human and inhuman. As I will go on to argue, Murakami's and Quartermain's walking women poets enact a concomitant witnessing that necessarily works with and within the space between. Given that they are interested in the gendered space of the city, I refer to this space between as an alleyway.
2. An archiviolithic force is an unmarked force, one that exists outside the archive, silent insofar as it is unscripted. Poetic language, *chora*, performative writing, and performance are all rife with archiviolithic potential. Their very function is to destroy the monolithic archive. Texts and performances—languages—that are archiviolithic defy consignation and in so doing rupture normative discourse. The archiviolithic works in the past, present, and future tenses and is a valuable, if speculative, tool.
3. Performance scholar Diana Taylor differentiates between the archive, which stores concrete textual material, and the repertoire. The repertoire, which is composed of all these objects-in-the-world in an enactment of "embodied memory" (*Archive and Repertoire* 20) pulls into the present all those performances and events that I generally understand to be contextual and transitory. The repertoire bodies forth its ghosts, and interaction with the repertoire requires that the reader, critic, and poet speak with these ghosts in the alleyways.
4. Amber Dean and Anne Stone, as well as Shawna Ferris, have written on the ways in which the media perniciously reduces the Vancouver Missing Women to their marginalized status, thereby relegating them to victims of their own life choices.
5. In my PhD dissertation I considered the Vancouver Missing Women as absent referents that allow for the public mourning of the women murdered at Montreal's École Polytechnique. "Absent referent" is a term coined by Carol Adams and used throughout her landmark text *The Sexual Politics of Meat*. In this text Adams examines North America's relationship with animals raised as food and deciphers myriad disturbing connections to society's parallel relationship with women. In order to begin to decipher the vertiginous reaches of misogyny, the cultural relationship between animals and meat eating needs to be examined. She maintains that cultural understandings of meat can be directly linked to the status and value of women through "an overlap of cultural images of violence against women and the fragmentation and dismemberment of nature and the body in Western culture" (51). For Adams, the literal butchering of an animal for food sets the stage for a metonymic shift: "Through butchering, animals become absent referents. Animals in name and body are made absent *as animals* for meat to exist. Animals' lives precede and enable the existence of meat. If animals are alive they cannot be meat. Thus a dead body replaces the live animal. Without animals there would be no meat eating, yet they are absent from the act of eating meat because they have been transformed into food. Animals are made absent through language that renames dead bodies as food" (51 italics original). She goes on to theorize the way that the subject (in Adams's analysis this is the animal) becomes an absent referent though metaphor (53). "As the absent referent becomes metaphor," says Adams, "its

meaning is lifted to a 'higher' or more imaginative function that its own existence might merit or reveal" (53).

6. See, for example van Herk, Pollock, Wolff, Bowlby, Buck-Morss, and Feldman.
7. Grosz's term "interface" is especially useful when considering the gendered consciousness of the city. Grosz uses *interface* to indicate the ways in which a body is marked by architecture in the urban space: both self-made and made by the world, the body operates as a "hinge" between the two (109). It is interesting to note that in her consideration of Meredith Quartermain's *Vancouver Walking* and Lisa Robertson's *Office for Soft Architecture*, Maia Joseph also turns to Grosz's concept of interface to consider the relationship between gender, embodiment, and urban space.
8. Quartermain's use of Robertson's text is important insofar as it undermines the historical figure of the wholly solitary—and thus vulnerable—woman walking. By citing Robertson's earlier text, Quartermain establishes a critical genealogy of women walking and writing Vancouver.
9. The documentary long poem occupies an important place in Canadian literary and cultural production. In addition to Livesay's essay, Smaro Kamboureli's *On the Edge of Genre: The Contemporary Canadian Long Poem* and Manina Jones's *That Art of Difference: "Documentary-Collage" and English Canadian Writing* mark a critical focus on the genre. Moreover, canonical works such as bpNichol's *The Martyrology*, Robert Kroetsch's *Field Notes*, and Roy Kiyooka's *Pacific Rim Letters* bespeak the importance of the genre in Canada.

WORKS CITED

Adams, Carol J. *The Sexual Politics of Meat: A Feminist Vegetarian Critical Theory*. 1990. New York: Continuum, 2000.

Agamben, Giorgio. *Remnants of Auschwitz: The Witness and the Archive*. Trans. Daniel Heller-Roazen. New York: Zone Books, 2002.

Alexander, Heather. "Vancouver's 'Dirty Little Secret.'" *BBC World News*, 14 Feb. 2007.

Arendt, Hannah. "Reflections: Walter Benjamin." *The New Yorker*, 19 Oct. 1968, 102. Republished as "Introduction." *Illuminations: Essays and Reflections*, by Walter Benjamin. Ed. Hannah Arendt. Trans. Harry Zohn. New York: Shocken, 1969. 1–55.

Baudelaire. Charles. *Parisian Prowler*. Trans. Edward K. Kaplan. Athens: U of Georgia P, 1989.

Benjamin, Walter. *The Arcades Project*. Trans. Howard Eiland and Kevin McLaughlin. Cambridge, MA: Harvard UP, 1999.

Bowlby, Rachel. *Just Looking: Consumer Culture in Deiser, Gissing, and Zola*. New York: Methuen, 1985.

Buck-Morss, Susan. *The Dialectics of Seeing: Walter Benjamin and the Arcades Project*. Cambridge, MA: MIT P, 1989.

Butling, Pauline, and Susan Rudy. *Writing in Our Time: Canada's Radical Poetries in English* (1957–2003). Waterloo, ON: Wilfrid Laurier UP, 2005.

Carson, Anne. *Eros the Bittersweet: An Essay*. Princeton, NJ: Princeton UP, 1998.

Certeau, Michel de. *The Practice of Everyday Life*. Trans. Steven Rendall. Berkeley: U of California P, 1984.

Clarkes, Lincoln. *Heroines*. Vancouver: Anvil P, 1998.

Dean, Amber, and Anne Stone. "Introduction." *Representations of Murdered and Missing Women*, ed. Amber Dean and Anne Stone, special issue of *West Coast Line* 53 (Sept. 2007): 5–13.

Derrida, Jacques. *Archive Fever: A Freudian Impression*. Trans. Eric Prenowitz. Chicago: U of Chicago P, 1996.

Edwards, Justin D., and Douglas Ivison, eds. *Downtown Canada: Writing Canadian Cities*. Toronto: U of Toronto P, 2005.

Feldman, Judith. *Gender on the Divide: The Dandy in Modernist Literature*. Ithaca, NY: Cornell UP, 1993.

Ferris, Shawna. "'The Lone Streetwalker': Missing Women and Sex-Work-Related News in Mainstream Canadian Media." *Representations of Murdered and Missing Women*, ed. Amber Dean and Anne Stone, special issue of *West Coast Line* 53 (Sept. 2007): 14–25.

Grosz, Elizabeth. *Architecture from the Outside: Essays on Virtual and Real Space*. Cambridge, MA: MIT P, 2001.

The Guardian. "Macabre Lead in Mass Killing." 11 Feb. 2002. www.theguardian.com/world/2002/feb/11/worlddispatch.

Jacobs, Jane. *The Death and Life of Great American Cities*. London: Penguin, 1994.

Jameson, Fredric. *Postmodernism, or the Logic of Late Capitalism*. New York: Verso, 1991.

Jones, Manina. *That Art of Difference: "Documentary-Collage" and English Canadian Writing*. Toronto: U of Toronto P, 1993.

Joseph, Maia. "The Afterlife of the City: Reconsidering Urban Poetic Practice." *Studies in Canadian Literature / Études en littérature canadienne* 34.2 (2009): 152–78.

Kamboureli, Smaro. *On the Edge of Genre: The Contemporary Canadian Long Poem*. Toronto: U of Toronto P, 1991.

Kiyooka, Roy. *Pacific Rim Letters*. Ed. Smaro Kamboureli. Edmonton, AB: NeWest P, 2005.

Kroetsch, Robert. *Field Notes: The Collected Poetry*. Ann Arbor, MI: Spectrum, 1981.

Kuester, Martin. "Civil Unrest: Larissa Lai and Rita Wong's *Sybil Unrest* and the Canadian Long Poem Tradition." *Reading(s) from a Distance: European Critics on Canadian Women's Writing*. Ed. Charlotte Sturgess and Martin Kuester. Augsburg: Wißner, 2008. 229–38.

Livesay, Dorothy. "The Documentary Poem: A Canadian Genre." *Contexts of Canadian Criticism*. Ed. Eli Mandel. Chicago: U of Chicago P, 1971. 267–81.

Le Corbusier. *The City of Tomorrow and Its Planning*. 1924. Trans. Frederick Etchells. Cambridge, MA: MIT P, 1971.

Lehan, Richard. *The City in Literature: An Intellectual and Cultural History*. Berkeley: U of California P, 1998.

Murakami, Sachiko. *The Invisibility Exhibit*. Vancouver: Talonbooks, 2008.

Nichol, bp. *The Martyrology*. Toronto: Coach House, 1998. www.bpnichol.ca/archive/documents/martyrology-books-1-2.

Nord, Deborah. *Walking the Victorian Streets: Women, Representation, and the City*. Ithaca, NY: Cornell UP, 1985.

Parsons, Deborah L. *Streetwalking the Metropolis: Women, the City, and Modernity*. Oxford: Oxford UP, 2000.

Phelan, Peggy. *Unmarked: The Politics of Performance*. New York: Routledge, 1993.

Pollock, Griselda. *Vision and Difference: Femininity, Feminism and the Histories of Art*. London: Routledge, 1988.

Quartermain, Meredith. *Vancouver Walking*. Edmonton, AB: NeWest P, 2005.

Roach, Joseph. *Cities of the Dead: Circum-Atlantic Performance*. New York: Columbia UP, 1996.

Robertson, Lisa. *Occasional Work and Seven Walks from the Office for Soft Architecture*. Toronto: Coach House, 2003.

Smith, Bonnie G. *The Gender of History: Men, Women, and Historical Practice*. Cambridge, MA: Harvard UP, 1998.

Solga, Kim, with D.J. Hopkins and Shelley Orr. "Introduction: City/Text/Performance." *Performance and the City*. Ed. Kim Solga, D.J. Hopkins, and Shelley Orr. New York: Palgrave, 2011. 1–9.

Stewart, Kathleen. *Ordinary Affects*. Durham, NC: Duke UP, 2007.

Taylor, Diana. *The Archive and the Repertoire: Performing Cultural Memory in the Americas*. Durham, NC: Duke UP, 2003.

———. "Performance and/as History." *TDR/The Drama Review* 50.1 (2006): 67–86.

van Herk, Aritha. "Street Walking: The New Flâneuse in the New City." *Western Humanities Review* 61.3 (2007): 20–33.

Williams, Raymond. *Marxism and Literature*. Oxford: Oxford UP, 1995.

Wirth-Nesher, Hana. *City Codes: Reading the Modern Urban Novel*. Cambridge: Cambridge UP, 1996.

Wolff, Janet. "Gender and the Haunting of Cities (or, the Retirement of the *Flâneur*)." *The Invisible Flâneuse?: Gender, Public Space, and Visual Culture in Nineteenth-Century Paris*. Eds. Aruna D'Souza and Tom McDonough. Manchester and New York: Manchester UP, 2006, 18–31.

———. "The Invisible Flâneuse: Women and the Literature of Modernity." *Theory, Culture and Society* 2–3 (1985): 37–46.

3

URBAN SPACE AND THE MAKING OF A READER

MARGARET MACKEY

The idea of a space is an abstraction, but, of course, we experience space concretely and singularly. Clifford Geertz points out that "no one lives in the world in general. Everybody, even the exiled, the drifting, the diasporic, or the perpetually moving, lives in some confined and limited stretch of it—'the world around here'" (262). And so, I begin this consideration of the role of space in reader development with a look at "the world around" a particular reader at a specific time in a named and local place.

The singularity of this account is intensified by the fact that the reader whose growth I am investigating is myself. The risk of an implosion of solipsism is very great, and I have called on technology to help me open up some of the details of my own experience for the purposes of more general contemplation. A bespoke app will enable me to discuss some of the world around me that shaped my developing literacy. Having established particular and relevant features of that world with its help, I then move on to a consideration of the role of a singular sense of place in the more general and abstract accomplishment of literary development.

My app, *Play Spaces*, was created for the iPad by Logan Gilmour, an undergraduate student in the Department of Computing Science at the University of Alberta who was working with Eleni Stroulia, a professor in that department. It takes advantage of many of the affordances of this multimedia opportunity in order to open a play space that is also a literacy space. My description will allow you to consider some of the advantages of being able to present complex data in this way, but it will not allow you to savour the "felt" pleasures of opening up new textual worlds with a march of the fingers around a map on the iPad screen. Words are a poor stand-in on this occasion, and I have added some still images to convey a further sense of this new vehicle.

THE APP

Here is what the app presents: initially, the iPad screen is filled with a 1946 insurance map of a corner of St. John's, Newfoundland (Fire Insurance). The view is of the Ayre Athletic Grounds, bounded on the south by Pennywell Road, on the east by Linscott Street, on the north by Freshwater Road, and on the west by O'Dea's Lane, which has since been renamed Adams Avenue. Because it is an insurance map, all the buildings are accurately located, and a few labels add extra data.

Touch the screen anywhere and the focus zooms in on the lower quadrant of this map, while a text box opens above, and a blue dot appears beside a building standing in relative isolation in the southeast corner of the Athletic Grounds. The text box explains that this building is a two-apartment house, 106 and 108 Pennywell Road. From 1951 to 1959, I lived in the upper flat, #106. We entered by a door in the east side of the building and immediately climbed a flight of stairs to our apartment.

The opening screen.

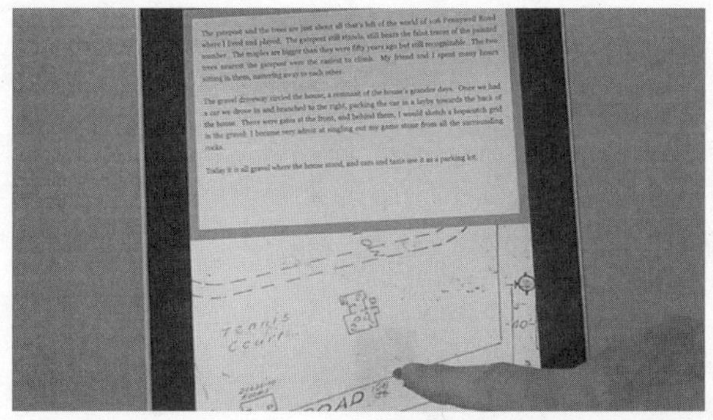

Moving in on the map and adding a text box.

The blue dot begs to be touched. A quick press does three things: it adds some illustrative information to the map; it changes the words in the text box to describe the new scenario; and it leads to the appearance of another blue dot. If you answer the invitation to "follow the dots," you are led on a tour around the outside of the building, with the graphic content gradually filling in cumulatively. If you press any blue dot and keep pressing, you activate an audio voiceover that provides an abridged account of the information in the current text box. The voice is mine, as it logically must be, not only because this is my story but also because my own personal cadence is an essential ingredient in the phenomenology of my literate development.

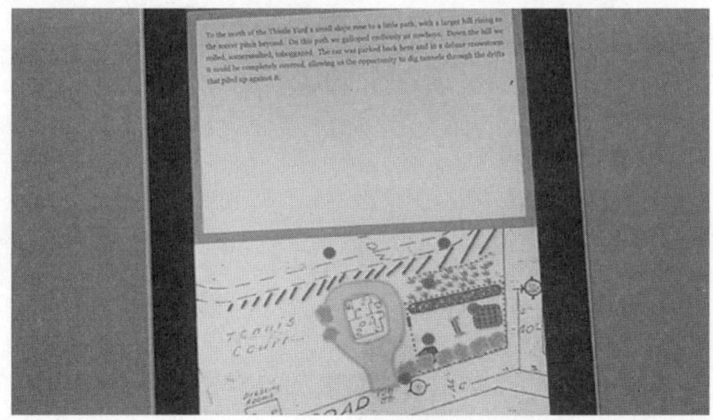

Gradually filling in the graphics.

A tour of nine dots takes you from the front gatepost past the fenced-in lawn area and a wilder patch we called the thistle yard, along the edge of a slope up to the soccer pitch, behind the house to the west where a dilapidated ashphalted area bears the anachronistic label of tennis court, round the changing rooms equally grandly named as the pavilion, and back to the east side of the house to our "front" door.

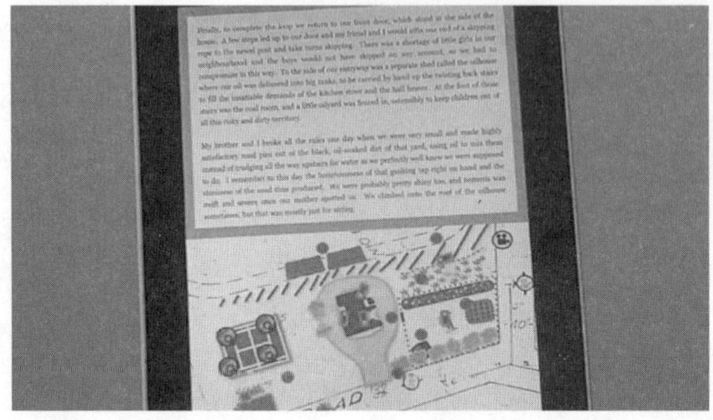

Added icons (cameras, links, film).

At this point, the graphic infilling is overlaid by little icons. Touch any camera and the words in the text box are replaced by a photograph; the aspect of the camera itself orients you to the direction from which the picture was taken. There is a family shot of the house taken from the east side, our point of entry; a historic picture of the house in grander times when a farm occupied the land that became the Ayre Athletic Grounds; a total of three snaps of the lawn area taken from the house and the hill by me at the age of nine; and a couple of artistic photos my mother took of the apple trees that separated us from the tennis court, covered with blossom and covered with snow.

Text box becomes picture box.

Four little globe icons appear on the tennis court. Touch these and you are connected to live websites describing each of four playground games that we played in this area. Finally, as the pièce de résistance, you can touch the icon of a film camera located at the base of the hill, where we played our cowboy games. Because this is still a private app, being used largely for personal study, so that copyright is not a serious concern, it contains a YouTube clip of the opening credits of *The Roy Rogers Show*. It is important to have some such representation in this space because my literate development certainly included a significant role for television. I was representative of the last generation in the West that learned to read before ever seeing a TV screen. I was seven when I first looked at a television program and it really was my first exposure to the moving image. (St. John's was short on cinemas, and entirely deficient in the kind of salubrious and sanitized cinema my mother would have permitted a child to attend.)

As I describe this app, at perhaps wearisome length, I am able to enforce the undoubted fact that this multimodal extravaganza outlines one child's personal play space. It is striking, however, that when I show this app to other people, it instantly takes on a much more protean quality. People look at the details of Pennywell Road but what they really see is their own childhood play space. They admire the fact that this little prototype offers many affordances (map, text, still and moving images, audio, live hyperlink) but what they really see is potential. No matter how lofty the scholarly venue, the immediate response of nearly everyone who has seen this app is, "I want one."

What is the source of this appeal? And what does this app let us say or think about the role of location in reading development that is more difficult to express in words? These two questions will guide the remainder of this chapter.

THE PERSONAL AND THE UNIVERSAL

This app represents one element of a large project (see Mackey, *One Child Reading*). On the grounds that developing literacy is most often explored through a single-theme lens (for example, through an investigation of basal readers or children's literature or television programming), I set out several years ago to develop something much more akin to a 360-degree picture of one child's literate development. I was more interested in the virtues of particularity than in the potential of a personal memoir, but there was no question that only one child's history was available to me in anything like the terms of range and scope that I needed: that child, of course, was myself.

I became literate in the 1950s in St. John's, Newfoundland, and initially that fact was just a matter of background detail. I set out to re-acquire as full a set as possible of the materials in many media with which I learned about reading. It is worth detailing some of the process by which I re-possessed a large number of documents, some instantly resonant to me, some strangely unfamiliar. I owned a few books from my childhood, and my parents had held on to a few more; I either borrowed their copy or bought one for myself, second-hand. Some family heirlooms (books from my mother's and my grandmother's childhoods that I read in my own youth) also came my way. Memorial University has a magnificent archive of school textbooks that gave me access to just about every schoolbook I ever used. The University of Alberta has a very strong collection of old children's series books. At the CBC Radio Archives in Toronto, I heard *Kindergarten of the Air* again for the first time in many decades. I visited both the national archives of the United Church of Canada also in Toronto and the local historical collection held at Gower Street United Church in St. John's, and acquired a wealth of Sunday-school images and back-up information. I scoured online second-hand book sites for remembered titles, both children's books and adult ones. I acquired selected issues of American magazines, particularly the children's magazine *Jack and Jill*, and examples of the women's magazines that probably constituted my first adult reading: *Ladies' Home Journal*, *Better Homes and Gardens*, and *Good Housekeeping*. I own my grandmother's copy of the church hymnbook (*The Hymnary*) and I re-acquired a copy of the *Canadian Youth Hymnal* that featured in school assembly every day (all education in Newfoundland at that time was organized by Christian denomination). I chased information about the museum exhibits that I visited regularly, and looked at such acquisition records as remain of the children's collection at the Gosling Memorial Library.

So I gradually built up a broadly representative sample of the collected materials on which I cut my literary teeth. In the initial stages of this project, my descriptions of these items would concentrate on the text, with a tag line thrown in somewhere, "that I read in St. John's, Newfoundland, in the 1950s." But as I enlarged my collection and paid ever more detailed attention to the texts of my youth, an unexpected synergy began to emerge. The importance of St. John's,

Newfoundland, the significance of the 1950s, began to take on a more primary role in my analysis. I was not just a child learning to read with these materials; I was a child situated in time and space, making sense of all this panoply of reading in terms that I negotiated in the context of my known world. The one was not separable from the other.

My interest in this project from the beginning has been not so much to create a personal memoir as to develop a twofold set of perspectives: I hope to gain the advantages of the particularities of a singular story, and I want to investigate those deeply individual elements of reading that reside tacitly inside the black box of a single person's brain. It is impossible to talk or even think about what you are doing *as you read*. You are either reading *or* you are thinking or talking *about* it. The bottleneck of human attention is so narrow that we are not able to do both at the same time. This physiological and psychological fact limits our real-time access to someone else's reading; for some insights, only reflection on our own internal processes offers any form of illumination.

Since the 1990s, I have observed and interviewed dozens of readers about how they perceive their own reading processes. As a consequence, I am well aware of the huge variability of reading behaviours that all actually look much the same from the outside. I am profoundly aware that I cannot explore my own reading past and consider it as any kind of template for what all readers do. Yet I have also learned that many elements of what we put together in our minds when we read are so tacit and unconsidered that it is almost impossible for an external observer to retrieve a coherent account of them. For this aspect of reading, I really have to look inside my own head. My perspective of the internal is necessarily singular, but such singularity is an essential and important element of everybody's reading. To this extent, the personal is the only route to the universal.

So in what ways did my own personal and idiosyncratic forms of reading, of making sense of abstract black marks on white paper, arise from my local circumstances? The answers to that question range from the simple to the complex to the primal. At a surface level, the juxtaposition of available materials was itself a local phenomenon. As a Canadian Newfoundlander (born in Halifax but with no memory of any home but St. John's, where I moved at the age of twenty months), I encountered a mix of American and British materials, with a small subset of Canadian novels (mostly by L.M. Montgomery) and virtually no Newfoundland writing except for a school textbook or two and the local reporting in the two daily newspapers. The accession records for the Gosling Memorial Library in St. John's are still available for the years 1936 to 1939, and they register multiple streams of material from what were then three foreign countries, Canada, the United States, and Great Britain. The accession lists are quite promiscuous in tallying the books in order of accession. Some prices are listed in dollars and some in pounds and shillings, and there is no distinction between Canadian and American dollars; presumably the accounts department just paid up in whichever currency was called for.

Textual and intertextual possibilities for me to sample were thus both organized and curtailed by the specific decisions of the St. John's librarians, the Newfoundland textbook selectors, the Sunday-school superintendant, and the children's buyer at the local bookstore, Dicks & Co. My reading was grounded in the selections made available to me. But my reading was profoundly local far beyond what was established by the limits of these local selections. Children learn to read in the context of their own developing schemas; they have no other way to proceed. What does that mean for their reading?

READING THE WORLD AND THE WORD

"Recapturing distant childhood as far back as I can trust my memory, trying to understand my act of *reading* the particular world in which I moved, was absolutely significant for me" (Freire and Macedo 30). Paulo Freire is famous for pointing out that all readers bring their interpretation of the world to their understanding of the word, an undertaking that begins with their earliest attempts to make some sense of how their own local universe is organized.

David Malouf suggests that we develop robust schemas from our earliest encounters with the world and carry these ideas with us for the rest of our lives. "The elements of a place and our inner lives cross and illuminate one another...We interpret space and in so doing make our first maps of reality...We mythologize spaces and through that mythology (a good deal of it inherited) find our way into a culture" (3). Our "first place" helps to develop the kind of lens through which we perceive the world; Malouf describes it as "the only place I know from inside, from my body outwards" (3).

My app instantiates my own "first place" through the codes of map, words, and a variety of images. Of course, even its multimodal potential cannot live up to the lived experience of roaming through the Ayre Athletic Grounds. I have an enormous set of memories of this area, all established "from my body outward." To take a random few in no particular order, I recall the physical feel of climbing up the slope to the soccer pitch, grabbing at the grassy clumps to haul myself up. I remember the vertigo of rolling over and over down that same slope, feeling the dampness seep from the dirt through my clothes. That hill felt and behaved very differently when it was covered with snow, and we raced down it on our sleds or organized icy chutes for speeding down on our leggings-clad backsides. The app generally portrays the world of the Ayre Athletic Grounds as right-side up, but I spent many hours looking at it from an upside-down perspective as I suspended and rotated myself on the railings that surrounded the soccer pitch. The air was most often damp and salty and it smelled of the sea, sometimes with a whiff of the fish that still, in those days, were laid out to dry in the Battery, a couple of miles away—and sometimes redolent of fog that was blowing in from the east.

These and many more physical phenomena are, of course, not accessible through the app. Yet the app does provide its own satisfactions, at least for me. One of its major virtues is that, although it can never reproduce the fullness of a lived life, it does represent complexity *over time*. The necessity of touching the blue dots to make the screen unfold its secrets does replicate some elements of the "felt" nature of life. The interaction of your fingers with the map does involve some interaction with the space—all highly stylized but nevertheless an incarnate experience, *shaped* by the dimensions of the land and occurring over time as the user's hand moves around the map and causes the filling in of graphic details.

The role of the records that are opened up on this app varies. The *Roy Rogers* clip actually supplies a key rhythm of my childhood experience, reproduced exactly as I heard it, week after week. (Ironically, therefore, one of the most public items on this app offers perhaps the moment of most truly intimate recall of a brief and repeated span of time—for me, but also for many others who view this document.) The websites presenting the playground games *evoke* certain rhythms of the body but they are silent—no children chanting in the background, for example. In some ways this absence is the better alternative, because it is unlikely that any children recorded for the web would have the appropriate St. John's accent. Even my own voiceovers—the best available option—provide an echo-chamber not only for the life I lived in St. John's in the 1950s but also for the lives I have lived since, in other places, so that other accents have impinged on my own original way of speaking, and altered some of the most intimate and unconsidered rhythms of my existence.

The websites bear an oblique relationship to our actual games that exemplifies what we know about the oral culture of playgrounds. Our games were clearly versions of those described on these sites but not exactly the same. A St. John's child would probably call the game labelled as "Grandmother's Footsteps" by a different name, "Giant Steps." My recollection of playing "Old Mother Witch" is hazy, so I am not sure that our game incorporated every detail described on this site. But that oblique relationship to oral culture is actually part of what makes it dynamic and live; a reader of this app other than myself who thought that we played these games exactly as written would be mistaken, in ways that are both trivial in terms of game details, and also, at the same time, essential to the nature of playground knowledge.

I very much regret the complete lack of audio recordings from my childhood, but the situation with the photographs is more promising. Photos from three sources appear on this app: three taken by my mother, three by me (with the very basic camera that I got for Christmas the year I turned nine), and one historic picture of our home in its previous incarnation as a farmhouse.

These details matter when we consider what is embodied in the cumulative record presented by this app: moving from the perspectives of the child and the mother, through the reiteration of the domesticated cadences of the *Roy Rogers* introduction, through the more detached information supplied by the map and the more impersonal and abstract content of the websites. The historic photograph (which I am very sorry I did not see as a child) serves as a reminder that the life of the house began long before I arrived there.

What does such a gathering of perspectives and modalities allow us to consider in terms of the developing literacy of a child? At least two answers occur to me: the app provides a way for us to contemplate the local nature of literacy, and it also provides a route to activating some of the affective considerations that we tacitly invest into our own reading.

THE LEGIBLE ENVIRONMENT

Kevin Lynch makes a direct connection between the physical environment and the page of print: "Just as this printed page, if it is legible, can be visually grasped as a related pattern of recognizable symbols, so a legible city would be one whose districts or landmarks or pathways are easily identifiable and are easily grouped into an overall pattern" (3). Lynch describes cities as more or less legible according to their disposition of five key ingredients: paths, nodes, districts, landmarks, and edges. On this basis, St. John's is an extremely legible city, and the Ayre Atheletic Grounds offered a very readable playground. Our local environment was rich in the patterns Lynch describes. Different paths twined in many directions—along the base of the hill, through a little planting of pine trees, behind the pavilion, or up to the higher soccer pitch. We children could readily identify nodes (which are created when two paths meet), even though they may have been invisible to adult eyes. Districts formed where children gathered, particularly in the fenced-in yard and on the tennis court, the two sites where the collective games were mostly played. Landmarks were humble but useful: the swings in the garden space, the bleachers on the edge of the soccer pitch, the pavilion. And our little territory was clearly bounded by the four streets; there was never any question about where the edge lay.

Similarly, St. John's itself is a highly readable city. Like all cities, it offers paths and nodes and districts. The edge of the North Atlantic Ocean could hardly be more definitive. Its landmarks are striking, particularly Cabot Tower standing on top of Signal Hill, which looms to the east of the city, sheltering it from the worst brutalities of the Atlantic winds. Cabot Tower was always in my sightlines during my daily walk to school. At the same time, the physical layout of a hilly city offers children vantage points from which it is possible to see their paths, nodes, and districts from the alternative perspective of viewing from above. Looking out from Signal Hill, we recalibrated our local knowledge of the city. Not every environment provides such a clear-cut opportunity for variable points of view, clearly comprehensible even to very young children. Malouf argues that such a "first place" would have a significant impact on how a child learns to think about the world, and I am inclined to agree.

In this environment, I developed my first mental scripts and schemas about how the world works. As I learned to read, I necessarily activated the text with these locally developed understandings; I had no other equipment that I could bring to bear on the words. In Wolfgang Iser's terms, I was filling in the blanks in the text with my own assumptions about how the world normally works, working to "initiate an interaction whereby the hollow form of the text is filled by the mental images of the reader" (225). In Christopher Collins's terms, I was supplying peripheral background to the abstract marks on the page. Collins says, "When we enter the imaginary space of a [written] text, we don't know where we are. We orient ourselves only in reference to the few landmarks we are given—nouns situated in a void...Not having actually perceived this scene ourselves, we have no peripheral field in which to detect and target an object as our next image" (151). As we learn to process these "nouns in a void," we fill in the background or peripheral field with our own visual settings, verbal rhythms, ambient soundtracks. Readers will vary, perhaps substantially, in the degree of visual or aural specificity that they instill into their texts. Nevertheless, for all readers, to some extent the life we infuse into the abstract marks on the page is necessarily rooted in our own daily experience.

At the same time, the child growing into literacy may also import some of that black-and-white austerity of the words on the page into her perception of the world around her. The fictional eye is a selective eye, as no less a figure than Alice Munro reminds us. In a fascinating and perceptive personal memoir about her childhood as Alice Laidlaw, growing up on a fur farm, Munro observes,

> There was quite a lot of killing going on, when I come to think of it. The horses had to be turned into meat and the fur-bearing animals culled every fall to leave just the breeders. But I was used to this and could easily ignore it, constructing for myself a scene that was purified to resemble something out of the books I liked, such as "Anne of Green Gables" or "Pat of Silver Bush"... There was always fresh manure around, but I ignored it, as Anne must have done at Green Gables. (42)

Even as I brought my own embodied awareness of my world—its rugged sights, its sharp smells, its cutting winds, its urban/maritime soundscape—into my interpretation of fiction, I learned the inverse skill, how to import that selective fictional eye into the way I looked around me. With my three younger brothers, I played cowboys along the base of the hill, with thistles standing in nicely for cacti (see Mackey, "The Embedded," for further discussion of the overlap of fiction, history, ideology, and identity that "played out" in these games of cowboys). Alternatively, playing alone, I shaped out my private rendering of the luxurious world of the Abbey Girls (Oxenham, *Abbey Girls*; *Two Queens*) in the south of England, demarcating otherwise indistinguishable and certainly undistinguished ground behind my house as the stately home and the romantic ruined Abbey. There I revelled in a world where girls owned property, made thrilling historical discoveries, and did not have to bother much with boys, a situation very much unlike the realities of my own daily existence. The contingencies and limitations of my lived world could be evacuated from that layer of my life where fiction overlay reality (and vice versa), much as Anne of Green Gables and little Alice Laidlaw alike eliminated the cowpats from their conscious attention. I learned to read my fictions *into* my own real-life surroundings—though I was always, and sometimes resentfully, aware that I had to modulate my own mundane environment out of all recognition in order to make a setting worthy of my imagined stories.

THE EMOTIONAL VALENCES OF A KNOWN LANDSCAPE

My childhood was not particularly adventurous, though I was certainly fortunate in having this relatively complex landscape available for my exploration. But the most ordinary childhood will layer up experiences onto any setting. For example, that innocuous space known to us as the tennis court one year supplied me with an experience of the rawest terror. It was Sports Day on the Ayre Athletic Grounds, with races and high jumps and pole vaults being organized on the two soccer pitches. On the tennis court, tents were pitched to sell refreshments. At the end of the day, my friend Ruthie and I, aged about five, were lurking about as the tents were dismantled. Ruthie, for reasons best known to herself, told me that she could hear Killer Ducks moving about in the sinister folds of collapsing canvas, and she managed to produce some threatening noises, which completely persuaded me that we were in immediate peril. I cannot write these words now without smiling, but at the time I was utterly convinced that my life was about to end. I ran home screaming across the tennis court, past the apple trees, round the back of the house, and up our stairs, collapsing in sobs in the kitchen. My parents, as soon as they could get out of me what the problem was, were heartless enough to roar with laughter. The sense that I had made a fool of myself was not as bad as fearing for my life—I remember making that comparison very explicitly—but it was not pleasant. For years, my father would torment me with jeers about the Killer Ducks, and I can certainly see now why he found the temptation so irresistible. But from that silly incident I acquired a deep, embodied, and situated understanding of terror and betrayal (for I could never feel quite the same about Ruthie ever again)—and resentment too, because I found my father's delight in my gullibility to be very galling, even years after I came to terms with the fact that Killer Ducks are indeed inherently amusing.

I offer this humble anecdote as a reminder that much of our emotional understanding also develops out of local contingencies. Every detail of those few moments it took me to fly home from the tennis court is available for me to use in activating a deep and vivid understanding of certain fictional scenes. The sense of sudden and utter terror in the midst of a known and loved landscape is part of the experiential repertoire I bring to fiction. Overlaid on those emotions is my contemporary regret for the loss of that territory, now laid waste as a gravel parking lot. And overlaid again today is pleasure in the affordances of the app that brings this little world back to a semblance of life again.

What David Gelernter calls "affect linking" (28), our mind's capacity to connect unlike scenes that are edged with a common emotional nuance, makes all these layered feelings available as a form of physical understanding, which I can bring to bear on fictions that at first glance may bear no resemblance to my flight from the Killer Ducks. When I talk (as I rarely do!) about this experience, it is most often in terms of the more abstract emotions of fear and anger. When I think about it, however, the physicality and situatedness of that horrible moment take pride of place. These sensations always factor in, if only in subtle ways, when I draw on my personal experience as an affect link, an emotional vivification, that will help me *make sense* of a story in which very similar feelings play out in different circumstances and a different setting.

MULTIPLE AND SINGULAR SITUATIONS

Although I was born in Nova Scotia and very occasionally went there to visit family, my childhood generally was singularly situated. Obviously not all children are so rooted in one known place. Nor do all children grow up in an urban setting that offers them such a useful mix of paths, nodes, and the like (though I suspect almost all children who are given the chance to play outside actually do learn the paths, nodes, districts, landmarks, and edges of their territory, whether it is urban or rural). Peripatetic children, who live in a variety of settings, still need to develop schemas about the way the world works, and my suspicion is that they accumulate a sequence of local understandings, some multilayered with experience of a variety of places, but many specifically rooted in the one place where they first developed a particular awareness. Their schemas are thus multiply sited when viewed collectively, but many an individual script or schema is clearly located in a singular and specified place.

Even children whose lives are solidly situated in one place for the most part have access to some plurality. Grandma's house or a friend's home may operate on scripts that vary slightly or radically from those that apply in the child's own domestic setting. School will almost certainly supply new ways of being in the world.

In any case, as the child learns to read, her books begin to infill new scripts and schemas. In a city as idiosyncratic as St. John's, on an island as removed from the mainstream as Newfoundland was in the 1950s, I quickly learned that I was more likely to be able to make sense of a book by importing an understanding from a different book. Much of my understanding was intertextually developed.

Yet, at the same time, my own world inflected my mental incarnation of the story as surely as my inner voice merged the cadences of the written word with my own local accent. As Harold Brodkey has pointed out, reading is "an intimate act" (1) because you think the thoughts of another person inside your own head. As a result you also shape those alien thoughts with the rhythms of your own breath and pulse. In a remarkably literal version of the old phrase, "it's all in the way you hold your mouth," your own facial muscles, shaped by years of speaking a particular dialect, inflect the words you bring alive in your mind. Even as we are transported, we remain embodied, and so do the words we animate inside our silent heads. And we can never be embodied in any but local ways.

In other words, the realities that are encapsulated in my app not only affected the specific texts that I played in that space: the cowboy games imported from our television viewing, the playground games inherited from an ageless oral culture. The realities of the fenced-in garden, the thistle yard, the slope to the soccer pitch, the tennis court, and so forth—all these known spaces also infiltrate my reading in subtler and more nebulous ways because they are the best repertoire I have for bringing to life in my head *any* reading about childhood or home or a known landscape, to take just a few examples. The emotions associated with this space, from the breathless suspense of a game of hide-and-seek to the more distilled terror of the afternoon of the Killer Ducks, have all left traces in my mind that are reactivated by reading certain words, that bring life (my life) to these words inside my own head.

CONCLUSION

My story is necessarily personal, but its particularities are relevant to all readers through transference into their own individual settings. Thus all literacy is local. The weft of our texts may introduce elements from the whole wide world into our thinking. The warp, however, is developed out of concrete and specific local circumstances, as we learn to understand them and to abstract them into scripts and schemas, and as we apply these homegrown interpretations to vivify our reading experience.

The app offers us the opportunity to display and thereby consider, discuss, and extend our understanding of the place of the local in reading behaviour. We become readers, not only through our developing skills of decoding but also through our capacity to step into the "as-if" and make it our own. The resultant hybrid understanding comes from the meshing of someone else's thoughts (in the words before us) with our own personal "reading" of a particular world. We *make* our own sense of a text, through our own situated awareness of the world. The local may go underground (so to speak) as we become more sophisticated readers, but it can never be subtracted. We may study ways of disembedding our reading from its local roots, but the initial impetus of imaginatively lifting the words off the page is fueled by the situated understandings with which we originally came to grips with "the world around here." In this sense, all reading is local at heart.

AUTHOR'S NOTE

With thanks for the support of the Social Sciences and Humanities Research Council of Canada and with great gratitude to Logan Gilmour for bringing the app to life.

WORKS CITED

Brodkey, Harold. "Reading, the Most Dangerous Game." *New York Times Book Review*, 24 Nov. 1985, A1.

Collins, Christopher. *The Poetics of the Mind's Eye: Literature and the Psychology of Imagination*. Philadelphia: U of Pennsylvania P, 1991.

Fire Insurance Atlas of St. John's, Newfoundland. (Collection of maps). Prepared by Charles R. Goad and Company. 1946.

Freire, Paulo, and Donaldo Macedo. *Literacy: Reading the Word and the World*. Westport, CT: Bergin & Garvey, 1987.

Geertz, Clifford. "Afterword." *Senses of Place*. Ed. Steven Feld and Keith H. Basso. Santa Fe, NM: School of American Research P, 1996. 259–62.

Gelernter, David. *The Muse in the Machine: Computers and Creative Thought*. London: Fourth Estate, 1994.

Iser, Wolfgang. *The Act of Reading: A Theory of Aesthetic Response*. Baltimore, MD: Johns Hopkins UP, 1978.

Lynch, Kevin. *The Image of the City*. Cambridge, MA: MIT P, 1960.

Mackey, Margaret. "The Embedded and Embodied Literacies of a Young Reader." *Children's Literature in Education* 42.4 (2011): 289–307.

———. *One Child Reading: My Auto-Bibliography*. Edmonton: U of Alberta P, 2016.

Malouf, David. "A First Place: The Mapping of a World." *Southerly: A Review of Australian Literature* 45.1 (1985): 3–10.

Munro, Alice. "Dear Life." *The New Yorker*, 19 Sept. 2011. 40–47.

Oxenham, Elsie J. *The Abbey Girls*. London: Collins, 1920.

———. *Two Queens at the Abbey*. London: Collins, 1959.

TWO

DIASPORIC MEMORIES / MÉMOIRES DIASPORIQUES

4

UNFORGETTING AND REMEMBERING ON DEMAND
Diasporic Memory in Rawi Hage's *Cockroach*

SMARO KAMBOURELI

ADMINISTERING COLLECTIVE MEMORY: THE DUTY TO REMEMBER

There is no history without memory, and there is no nation-state that has not instrumentalized the acts of remembering, forgetting, and misremembering in constructing its nationhood. Most scholars writing about history and the nation-state, irrespective of their ideological and methodological differences, would agree with this caveat. The epistemological function of memory in the making of nation-states, as Tamar Ashuri says, "interprets the nation's past as a coherent and meaningful entity" (424). But this coherence is not an element inherent in the act of remembering itself; it is the product of various contingencies, of how forgetting and misremembering are embodied in a nation-state's subjects in the form of collective memory, an embodiment that reflects the ideological and instrumentalist machinations of national pedagogy. Collective memory, a concept first introduced in 1925 by the French statistician, philosopher, and sociologist of knowledge Maurice Halbwachs, is itself a construct that depends on the "frameworks" within which people live (43). While Halbwachs argues that collective memory depends on "a coherent body of people," he also acknowledges that "it is individuals as group members that remember" (48). This latter point suggests that the remembering, interpretation, and representation of collective memory is never quite stable, that it lacks a constant referent. Despite its indeterminacy, collective memory, as Lewis Coser says in his introduction to Halbwachs's book, relies on the perceived need for historical continuity (Coser in Halbwachs 26). As he puts it, "collective historical memory has both cumulative and presentist aspects. It shows at least partial continuity as well as new readings of the past in terms of the present" (26).

Remembering can militate belonging, and thus forge a sense of participatory citizenship, but it does not as a matter of course activate an agreed-upon memory. It may demonstrate the "will" and "wish" (20) that, as Ernest Renan writes, capture the "soul" of a nation (19), but it also shows that "Forgetting... [as] a crucial factor in the creation of a nation" (11) does not necessarily produce the kind of "large-scale solidarity" (19) Renan argues it does. That a nation-state is often constituted of diverse communities that may remember or forget different things about its past suggests that cultural memory is not necessarily structured according to a singular "syntax of forgetting" (Bhabha 310). If what constitutes for Renan one's membership in a nation is the "'obligation to forget'" (Renan 11; Bhabha 310), then how a citizen practises this obligation depends on that citizen's subject position within the nation-state. Performing this responsibility for some members of the citizenry would imply acquiescence to the nation-state's history of exclusionary and/or assimilationist policies that had subjugated them in the first place, a scenario that Renan's argument remains oblivious to. It seems that to be in a position to forget—that is, overcome or suppress—particular memories of the "brutality" (Renan 11) that is almost invariably an integral part of a nation's agonistic history a subject must occupy by default a dominant, if not complicitous, position, a condition that exemplifies "the 'splitting' of the national subject" (Bhabha 298). This kind of ambivalent, if not impossible, position exposes both the belatedness of the putative coherence of collective memory and the various kinds of temporality within which cultural memory circulates. Moreover, the diachronic and synchronic circulation of particular collective memories shows that, if collective memory is, in part, a reparative response to a wound suffered by a given community, its circulation has the capacity to cause a wound in those others that it insists on forgetting.

The citizen's positionality in relation to cultural memory draws attention to the interactional function of collective and individual memories. Far from being entirely different, they are often produced within the same space and through identical events; what renders them different in this instance depends on the meaning an event is granted, as well as on how it is instrumentalized by the nation-state or embodied by the subjects experiencing it.[1]

Renan expects his readers to make a distinction between nation and state, but he does not explicitly define one in relation to the other. It is only his rhetorical questions, "How is it that Switzerland, which has three languages, two religions, and three or four races, is a nation, when Tuscany, which is so homogeneous, is not one? Why is Austria a state and not a nation?" (12), that suggest what the difference between the two might be. Nevertheless, while his argument is clearly concerned with the former, the act of forgetting that constitutes "the essence of a nation" (11), and which often "historical enquiry" exposes to be "deeds of violence" (11), cannot take place without the apparatuses of the state or national pedagogy. It is the state as a political organ, together with its various institutions, that determines to a considerable extent what should be commemorated about the nation,[2] how memories should circulate, and what acts of forgetting are to be restored.

As relatively recent Canadian events, notably the Canadian government's apology and redress for the Chinese Head Tax in June 2006 and its apology for "the treatment of children in Indian Residential Schools" on June 11, 2008, have shown,[3] Canada, beginning with the Japanese Canadians' redress movement in the 1980s, has entered a period of redress, reconciliation, and apology, a period of intensive politics and negotiations that revolve around a differently inflected understanding of the duty to remember discussed so far. To offer here an extensive analysis of the complex ironies and political interests that mark such acts of apology in relation to memory would take me too far afield.[4] Suffice it to say, there is lot at stake when a government takes it upon itself to remember what it has taken pains to forget. Still, apology by itself is not a corrective. Rather, it relates to the contingencies that generate the need for an apology, which involve various political modalities, including intentionality and expediency. In this context, duty concerns the need to remember what was deliberately forgotten and to apologize for such acts of erasure, thus involving a remedial revision of collective memory. The events that surround such acts of redress, including the formation of bodies such as the Truth and Reconciliation Commission of Canada,[5] do not revolve only around the complex contingencies of digging into the past to elicit traumatic truths, disowning painful and offensive events or policies, or issuing an apology; they also operate as meta-memory events in that, by bringing to the surface memories previously repressed and/or not acknowledged by the state, engaging with their impact, and devising whenever possible compensatory measures, they problematize the structure and contents of the existing repository of collective memory, the result being an augmented body of collective memory that includes its history and revisions. The belatedness that always marks such acts of redress is a reminder that offering restitution for historical errors always runs the risk of committing new errors.

Renan's Sorbonne lecture "What Is a Nation?" does not concern itself with either how collective memory is mediated or with how it is to be revised. While his non-naturalist definition of nation (not aligning nation with language or what he calls "race") acknowledges that "nations are not something eternal," there is a noticeable slippage in his argument when, in a fleeting moment that shows the scholar, prophet-like, gesturing toward the future, he says that a "European confederation will very probably replace" the nation-states of his time (20). Such a confederation, be it conceived in ways that anticipate the European Union or otherwise, would not result from nations as such but through elaborate political and socioeconomic gestures that are performed by nation-states. Renan's Romantic concept of the nation, then, as "a spiritual principle" (19) cannot singlehandedly act in a fashion that can realign a nation's structure. That national "change," for Renan, is part of "the condition of progress" (16) not only speaks to the Enlightenment values that imbue his views but also points to his truncated sense of a nation's modernity, for it skips the fundamental, albeit vexing, relationship between nation and state. Despite this, progress for Renan maintains its linear directionality—as Francisco J. Ayala argues, progress "occurs when there is directional change toward a better change or condition" (109)—and thus reflects the particular historical culture within which his views are situated. The horizontal advancement of progress makes it complicit with the positivism that accompanied the civilizing missions undertaken in the name of Enlightenment values, and more specifically modernity. But we know better now than to accept the eighteenth-, nineteenth-, twentieth-, and twenty-first-century histories of progress without at least a modicum of repudiation. Progress did not operate in those imperialist and commercial expeditions as a "seamless web"; by valorizing particular "cultural heritage[s]" (Young 97), progress was exported and implemented through a vast number of what Renan calls "historical error[s]" (11).

Indeed, in rereading Renan's essay this time, I kept stumbling at his use of the word "error" and its synonym "mistake," which occur four times at key moments in what is a relatively short essay. If, for Renan, as I have already mentioned, forgetting is a natural condition of "the creation of a nation," this forgetting, he tells us, is equivalent to committing a "historical error" (11). This is a crucial qualification, but one that Renan refrains from elaborating on. Still, the ostensible neutrality and casualness with which this phrase occurs implies a naturalness or inevitability about it, namely that committing a historical error, as is often the case with "orphaned memories" (R. Chambers), is not to be attributed to a particular historian or historical discourse, or a set of precise institutional forces. The difficulty of attribution suggests that errancy is a condition of history. As Martin Heidegger says in "The Anaximander Fragment," "Error is the space in which history unfolds." If "Beings come to pass in that errancy which they circumvent Being and establish the realm of error" (26), then erring—and forgetting can be seen as a form of erring—is indeed an essential aspect of how we construct history. As Heidegger goes on to say, "whatever unfolds historically is necessarily misinterpreted" (26). It is in this context that forgetting is a necessary condition of history and identity, be it that of a nation or that of an individual. From the Heideggerian perspective of truth as *a-letheia*, which literally means un-forgetting and in the Heideggerian lexicon un-concealment, forgetting is not just a synonym of a failure to remember; it also encompasses the intentionality that lies behind concealment. For Renan, then, history is inevitably bound with oblivion. But oblivion, it should be stressed, is not a pathological state that can be cured by remembering what has been concealed. Instead, if we think of truth as *a-letheia*, then unforgetting an event not only means to remember that we have forgotten but also to acknowledge that forgetting is ineluctable. "Without errancy," Heidegger writes, "there would be no history" (26). This errant condition, far from bounding history and the human subject in a destiny from which they cannot escape, prevents closure. Errancy is not to be understood here as the opposite of truth or as the hierarchically subordinate term in the binary of truth/falsehood; instead, as

William Spanos states, "it *belongs with* truth in strife" (87), and thus speaks to the continuous agonistic relationship between the two. Errancy, then, emerges from a particular understanding of forgetting, the kind that moves beyond sameness to introduce difference. "In order to become different we forget what is the same" (Ambrose 91).

But what does errancy tell us about how unforgetting and remembering relate to the way history is written? What are the differences between a historical discourse that commits these errors and a historical discourse that exposes them? What conditions would lead to the recognition of such errors? Situating this kind of error in the context of historical discourse exemplifies Ricoeur's notion of "declarative memory," the kind of memory that emerges at the point when "the temporal mark" of memory is "raised to the level of language" (16) and narrative. It also introduces a remedial discourse mobilized by the ethical imperative to restitute past wrongs and bring justice. As Ricoeur writes, "Extracting the exemplary value from traumatic memories, it is justice that turns memory into a project; and it is the same project of justice that gives the form of the future and of the imperative to the duty of memory" (88). But here Ricoeur is not concerned with a project of justice in relation to a nation-state or a people; or to be more precise, now he discusses "the duty of memory...formulated as a task" in relation to psychoanalytic work whereby remembering is part of "the therapeutic cure" (87) and thus concerns individual memory, now he sees this "duty to do justice, through memories, to an other than the self" (89). Though in this part of his truly magisterial study of memory he engages with Pierre Nora, whose own project of memory directly involves the history of France, the slippage here from collective to individual memory and vice-versa leaves the nation-state outside his argument's terms of reference but, nevertheless, proposes a link between collective and individual memory.

If as human subjects we are constituted by what we remember, then our memories partake of the living archive of memories that is shared by collectivities, and thus defines us as citizens or, depending on our particular locations and histories, as citizens *manqué*, as others; but the personal function of memory remains specific to the ontology of individual subjects. While there are many differences and overlaps between the epistemology of collective memory and the ontology of personal memory, one thing they both share is the ambivalent relationship all memory work has with truth. We valorize certain memories and deprivilege others because of the perceived access, or lack of, they give us to the past, and the knowledge the past offers us about ourselves, as well as the nation-states within which we live. But the persistent appeals to memory "in determining the truth of the past," be it that of a nation-state or that of a human subject, are invariably problematic, for they show that "memory as a tool of truth" (Hodgkin and Radstone 2) cannot be taken for granted, that it throws into doubt its own claims for veracity. As Michael Lambek writes, "in making 'memory' the object of study, we run the risk of naturalizing the very phenomenon whose heightened presence and salience is in need of investigation" (211). The danger of naturalizing, and often fetishizing, memory is that we forget that errancy is always already embedded in what memory reveals. This risk is all the more pronounced when our object of investigation demands that we situate our discourse in the intersections of collective (or public) memory and personal memory, especially so when the overlapping of these memories happens to be administered by the state.

Does memory play the same role for the state and the human subject? Do remembering and unforgetting operate the same way for both the state and individuals? Are willful forgetfulness or misremembering and repression of memories governed by the same logic? Do nation-states and people deal with traumatic memories in the same fashion? How is memory produced? And more specifically, what does the production of memory entail when it involves collaboration between the public and the personal? While I could not possibly deal with all these questions, in what follows I would like to tease out some of their implications by engaging with Rawi Hage's *Cockroach*.

DIASPORA AND THE RIGHT TO FORGET

As a condition that relies on collective links and memories that are embodied and performed in the interstices and intersections of different nation sites, diaspora brings into relief what transpires when diasporic subjects—subjects often inhabiting the liminal space of otherness—are compelled or forced to remember *and* un-remember. There is no shortage of scholarship that affirms the interrelationship of diaspora and memory, but for some critics and for the general Canadian public diasporic memory is assumed to preserve a more or less unadulterated notion of origins or reflect a sense of belonging that drives a wedge between the present and past of diasporic subjects. My primary concern here is as much with diasporic memory as with the instrumentalist role memory is assigned in *Cockroach* when its diasporic protagonist is caught between the imperative to remember and his own desire, also an imperative of sorts, to come to terms with the abjection he experiences by unforgetting. For Hage's protagonist unforgetting registers the dynamic process of remembering what has been forgotten or is misremembered as a mode of recollection that is subjected to mediation.

Rawi Hage's novel is narrated by a Lebanese Arab in Montreal whose name we never find out but whose deep desire to become a cockroach we become privy to from the first page of the text. His first-person narrative opens with a declaration of love; but if the universalism of the narrator's confession suggests a moving outward toward a beloved other, what follows immediately after defies any expectations we might have about the novel being a conventional love story:

> I am in love with Shohreh. But I don't trust my emotions anymore. I've neither lived with a woman nor properly courted one. And I've often wondered about my need to seduce and possess every female of the species that comes my way.
>
> When I see a woman, I feel my teeth getting thinner, longer, pointed. My back hunches and my forehead sprouts two antennae that sway in the air, flagging a need for attention. I want to crawl under the feet of the women I meet and admire from below their upright posture, their delicate ankles. I also feel repulsed—not embarrassed, but repulsed—by slimy feelings of cunning and need. It is a bizarre mix of emotions and instinct that comes over me, compelling me to approach these women like a hunchback in the presence of schoolgirls.
>
> Perhaps it's time to see my therapist again, because lately this feeling has been weighing on me. (3)

Not only is his disclosure of love for Shohreh immediately accompanied by his admission that his love for her does not necessarily curtail his desire for other women but he also divulges his self-disgust and lack of trustworthiness. Perhaps, then, it does not come as a surprise when he also admits that he has a therapist. Someone who confesses to such proclivities as self-loathing, imagining being a bug, and being in love with a woman while crawling under the feet of other women and wanting to possess them all surely is in need of therapy, or such would be the instantaneous response in many of today's Western societies. It is his relationship with his therapist I intend to focus on, but first I would like to situate the narrative to better contextualize its trope of therapy.

One of the significant aspects of the protagonist undergoing therapy is that it is not a volitional act. It is the court system of the province of Quebec that has stipulated that he must go to therapy, and it is the various kinds of alienation that he experiences as an immigrant in multicultural Canada and in Quebec specifically that has brought the narrator to this point. Having lost his job as a dishwasher at an upscale French restaurant (28), and thus unemployed and on welfare, he is a ward of the state. Destitute, unable to buy food, let alone toilet paper (22), and thus constantly on the edge of starvation—welfare cheques don't go far enough—and having a hard time locating Shohreh—her Iranian compatriot won't give the narrator her phone number because, as he says, "I have to protect her from dirty Arabs like you" (15)—he "curse[s his] luck. [He] curse[s] the plane that has brought [him] to this harsh terrain" (8). He realizes that in order to survive in Montreal "The exotic has to be modified...—not too authentic, not too spicy or too smelly, just enough of it to remind others of a fantasy elsewhere" (20). But he is not one to follow this recipe for moderation and acculturation. If anything, he unabashedly expresses his contempt as much for those who attempt to adjust as for those not interested in doing so.

His realization that being who he is can fuel the exoticization and marginalization of immigrants comes after he learns firsthand what happens when cultural paradigms clash. When he does in Montreal what "millions of people in countless planets do," that is, "climb up to some roof and watch the neighbourhood from above...look around and smoke, hang the laundry, and contemplate," "it t[akes] two minutes for the police to come" and tell him that, "Well, here people do not look at each other from their roofs" (277). What would be natural in Lebanon and elsewhere in the Middle East or the Mediterranean basin, the narrator discovers, is an aberration in Montreal. But the novel is not just intent on drawing attention to the alienation of immigrants and the difficulties they encounter in trying to integrate or assimilate into an environment that constantly reminds them they are foreign to it. It also offers a trenchant critique of a host of other issues, ranging from nostalgia for one's homeland to class consciousness and capitalism, from multiculturalism to governmentality.

Though the narrator moves among other immigrants and refugees—all of them from the Middle East—he is not affiliated with any diasporic community in Montreal. Against the conventional diasporic paradigm that assumes an immigrant like him would be immediately drawn toward his ethnic community for support and solace, he disavows belonging altogether (210). In this respect, Hage's protagonist has very little in common with the array of diasporic characters in Canadian literature who strive to be accepted in a society that rarely fails to remind them they are Others. He does not seek the putative comfort of belonging, for belonging incites a forgetting of the compromises involved in the process, and forecloses alterity. Thus he wants to "exist and not to belong" (210), to "forget and forgive humanity" (226). His forgetting, however, does not help build any solidarity between him and his immediate environment, as Renan would have it. Instead, it works in tandem with the various instances of unnaming in the novel. Withholding his name and at the same time that of his country of origins—we can infer he is an Arab of Christian background from Beirut only via the names of his family members and such references as those to the war in Beirut and the city's port—is a double act of concealment and disclosure that both dissembles his identity and reveals his difference. Despite his desire to un-belong, his first-person narrative account of himself situates him in a relational field. "When the 'I' seeks to give an account of itself," Judith Butler writes, "it can start with itself, but it will find that this self is already implicated in a social temporality that exceeds its own capacities for narration;... The reason for this," she goes on to say, "is that the 'I' has no story of its own that is not also the story of a relation—or a set of relations" (*Giving an Account* 7–8). In this context, his various denunciations of belonging transform his forgetting into unforgetting.

Unforgetting accentuates his radical alterity in terms of both the dislocation he experiences and the ways in which he positions himself. It discloses the various acts of violence he commits—theft, lying, voyeurism, invasion of private property, killing—as the direct result of his vulnerability but also dramatizes that he is, to quote Roy Kiyooka, "athwarted" (in Miki 71), a subject subjected to a perpetual state of liminality. Thus drawn into the underground—the underground as a counterculture trope that encompasses literal and figural spaces—and identifying with cockroaches not only reflects his precarity but also functions as an act of dissent inviting the reader to ask who or what is human. To put this in Butler's terms, "Who counts as human? Whose lives count as lives?" (*Precarious Life* 20). The narrator's unforgetting then is his way of practising agency as both a precarious and dissenting subject; it grants him a degree of autonomy exercised in the form of critical memory, for it brings about an epistemological shift by speaking truths otherwise left untold, truth as *a-letheia*, the un-concealment of what the Western tradition has rendered into oblivion. His insistence on escaping the sun, a figure that stands for transparency and clarity, for the Enlightenment, reveals his recognition that he has been deconstituted as human, become a spectral figure relegated to the shadows. If truth, as Mark Taylor says, "always carries a shadow in the midst of its lighting" (51), then the narrator's statement that "It is precisely because I exist that the light is still there" (33) exposes how othered subjects like him are instrumentally employed by the powers to be to uphold their kind of truth. His attempt to "cease to exist" (33), then, is not so much an act of self-effacement as it is an act of resistance against the regimes of truth that degrade him.

The irony that marks his account of his suicide attempt, along with the fact that it is thwarted, reinforces the ambivalence of his character. When he acknowledges that he is "split between two planes and aware of two existences" (119), he does not echo the conventional binarism of diasporic subjectivity—the "there" and "then" and the "here" and "now." Nor is his the double consciousness of W.E.B. Du Bois or that of "metropolitan" hybrid subjects (Radhakrishnan 159). Instead, he posits himself as "only half human," calling his other half a "cockroach" (245). This double condition encapsulates his profound sense of abjection and the disjunctive tension he experiences throughout the narrative. Having failed to kill himself—he is hailed, as it were, back to life by the police—he dons the persona and mannerisms of cockroaches,[6] and so he "crawls." This verb, that punctuates the text with disturbing frequency, speaks to his willful transformation but also dehumanization, his desire to crawl in the underground but also his vision "that a grand change is coming, a fatal one that is brewing from underneath the earth" (117). The underground, at once hiding place and refuge, a space that stands for disempowerment but also for revolt and general upheaval, is the equivocal ground the protagonist occupies. It is as a cockroach, along with the skills that he has learned as a tutored thief, that he gains the agility that allows him to move in spaces where he is not supposed to be, constantly violating boundaries of property and propriety.

In this regard, not surprisingly, Hage's novel has nothing in common with the "sense of collective optimism, celebration, and exultation" that Layla Al Maleh says epitomizes the literature of "the first Anglophone Arab writers," a "jubilation" that comes from their ability to maintain "their balance amidst the disjunctions of temporal and spatial distance and to...[preserve] their dual allegiance" (4);[7] and, though Hage's writing certainly reflects the "psychological and social alienation (at home and abroad)" that recurs in anglophone Arab writing in the 1960s, his novel does not take on the equally prominent theme in this body of writing, "'the return of the exile'" (Al Maleh 8); nor does it share in the desire of anglophone Arab writers since the 1970s to offer a rebuttal to the demonization of Arabs in the West post 9/11 (Al Maleh 25), even though, along with them, he does offer a critique of various kinds of politics in the homeland. In keeping with his desire to un-belong, *Cockroach*'s protagonist states, "I do not want to be part of anything because I am afraid I will become an invader who would make little boys hunger, who would watch them die with an empty stomach" (210). His allusion to humanitarian crises, along with other such references in the text that invariably point to the violence incurred by famines, ethnic conflicts, decolonization, nationalism, totalitarianism, and terrorism, ascribe to the narrative a global consciousness that goes beyond the binarism characterizing most approaches to diaspora. The novel, then, invites us to consider its protagonist's diasporic experience and the living conditions of racialized immigrants in Montreal as much in the context of Canadian mores and multicultural politics as in transnational and global settings. Thus, to do justice to *Cockroach*, rather than situating its narrative exclusively within traditional diasporic frameworks, or seeing its protagonist as a character shaped by dual consciousness, we should read the novel in tension with the familiar configurations of diaspora. While pursuing this line of inquiry in detail here would take me too far afield, my reading, I hope, suggests how the novel can serve as a conduit both for recalibrating the relationship of diaspora to the nation-state and for situating diasporic subjectivities within a context that critiques the formation of the Western subject.

The protagonist's "mutant urge" (31) to become a cockroach is a manifestation of this critique. The performative ways in which he actualizes this compulsion by operating as an "unbecoming" subject, a subject that is "formed and undone in relations to others and norms" (Thiem 78), reveals an agency that produces actions of excess and resistance. The cockroaches that emerge in the dark of his apartment at night are not just steady companions, a telling sign of his living conditions, but become his Virgilean guides in the underground: "You are one of us. You are part cockroach. But the worst part of it is that you are also human. Look at you how you strive to be worshipped by women, like those jealous, vain gods. Now go and be human, but remember you are always welcome. You know how to find us. Just keep your eyes on what is going on down in the underground" (203). As creatures that arouse disgust, and thus the urge to exterminate them, cockroaches stand for the lowest denominator of life. (During the Rwandan genocide the Hutus' moniker for the Tutsis was Cockroaches.) Yet their pervasiveness, along with their ability to reside both under and above ground, grants them a remarkable tenacity: they are creatures on the fringe but they are also invaders. Like the narrator, who is neither fully human nor fully cockroach, they encapsulate the tension between un-belonging and unforgetting.

AGAINST MEMORY AND THE TROPE OF THERAPY

Halbwachs writes that "most people have an interest in losing memory" (22). Significantly, the anonymous narrator's interest in oblivion is not a desire to eliminate the past but rather the result of the pressing need he feels to exit the temporality of his present. Forgetting as a means of survival but also as a sign of his condition of un-belonging operates, as I have already suggested, as a radical tactic designed to recalibrate the narrator's situatedness. His desire to forget is thus an injunction against the cultural imperative to remember. His first-person dystopian narrative makes it abundantly clear that memory, far from being an "energizing antidote" (Huyssen 7) to the ravages of history, is itself part of the problem. The novel, then, unmasks memory—and more specifically the preoccupation with memory—as a guileful condition that sustains the teleological and horizontal conception of history; along the same lines, the narrator's aversion to the high-commodity culture that some of his Québécois acquaintances represent cautions against the ways in which the commodity form prevalent in our time freezes memory, as Adorno has shown in his incisive critique of commodity fetishism.[8] Hage's narrative, then, both alerts us to the risks of fetishizing memory and operates as a powerful indictment against the fetishization of memory. More specifically, the narrator's sessions with his therapist compel us to take stock of the ways in which we have become immune to the affect of mnemonic events, of the fact that the violence recorded in the archive of memories we collectively possess appears to be synchronous with the violence characterizing the present we inhabit today. In effect, the narrator's various counteractions to his therapist's insistence on remembering are his weapon against, to echo Walter Benjamin, the homogeneous time he inhabits. How then to remember to forget and un-forget?

The protagonist's weekly sessions with Genevieve, his therapist, constitute one of the most important parts of the narrative for two reasons: first, they provide the structural device that reveals parts of the narrator's life story and, second, they afford him the opportunity to exercise his agency despite the fact that he is not a free agent. As occasions authorized by the state, on which he is expected both to explain his suicide attempt and be rid of the desire to kill himself, these sessions are not, then, just an instance of simple life-telling, of the narrator remembering at will. That he is accountable to the state's mental health system is symptomatic of his pathologized condition as an immigrant, and as an Arab at that. Indeed, the outcome of the therapy sessions will determine the narrator's life course as he could be returned to the mental hospital where he was taken immediately after his suicide attempt. Genevieve's comment that his therapy is paid by taxpayers' dollars is an unambiguous reminder that he is beholden to the various technologies of power that comprise the genealogy of his subjectification. As a subjected subject, constituted by the governmentality of the state, he represents expenditure. His agency, then, is curtailed by the pressure on him to prove his use-value as commodity in the economic and social sphere of immigrant politics. Thus, while he is free to come and go, and, if he so chooses, he can discontinue his therapy, he is not entirely a free agent.

The trope of therapy, then, is emblematic as much of the abject condition of immigrants like him as of the governmentality the state exercises in dealing with others. Genevieve, a white middle-class woman, embodies the putative benevolence of the Canadian state. A young woman who holds a PhD but who insists that her client call her Genevieve, her device to create controlled intimacy that eventually backfires, she stands for the liberalism of official multiculturalism. As is typical of such therapy, Genevieve's goal is to help the narrator retrieve those elements of his past that in their own time could not enter into the economy of signification and were therefore excluded or repressed, that is, forgotten. Not quite Freudian in approach, the sessions nevertheless rely on the talking cure, a cure to be effected via remembering. Helping the narrator remember and come to terms with his past is Genevieve's method. But there is a big difference between what he wants to remember and what the state expects him to recall. It soon becomes apparent that the therapy sessions enact a scene that we might call *psychomachia*, a clash between Genevieve's positivism and need for transparency and the narrator's remembering of his past through a re-telling process that consists of embellishments, revisions, and ostensible lies, ostensible because they speak the kind of truth that is always already inscribed in the desire or need to lie.

Here is an example of how memory work operates in these therapy sessions, specifically what transpires when Genevieve asks the narrator to recall "a happy incident" with his mother:

> Genevieve, I said. Well, if you give me some time for a long walk, maybe in the park across the street, among the trees, I will...consult with the pigeons...[and] I might be inspired and be able to get back to you next time with wonderful stories.
>
> Was your mother nourishing? Genevieve asked.
>
> With food, you mean?
>
> Well, okay, food. Let's talk about food.
>
> I like food, I said. Though I worry about food shortages lately.
>
> Did you have enough food in your youth? For now I am interested in your past. (48–49)

The narrator is not promising here to remember, but rather to come up with "wonderful stories." There is a difference between "narrative memory"—"created images and constructed memories" that substitute for "real memories" (Schmidt 2)—and his intentional invention of stories. The play between "wonderful stories" and memories of "happy incidents," and between a "nourishing" mother and a mother who provided "food," dramatizes the therapist's and the narrator's different, if not contradictory, discourses, as well as the latter's method of exercising his agency. Moreover, Genevieve's lack of interest in his near-starvation condition in the present brings into relief her mode of retrieving information. Despite the fact that she is "compassionate" (47) and patient, she follows the diagnostic and cultural scripts of her profession too blindly to detect that this particular patient's case calls for a radical epistemic shift if she is to understand why he tried to kill himself. As he confesses to the reader, "I had tried many times to tell her that my suicide attempt was only my way of trying to escape the permanence of the sun....I tried to explain to her that I had attempted suicide out of a kind of curiosity, or maybe as a challenge to nature, to the cosmos itself, to the recurring light. I felt oppressed by it all. The question of existence consumed me." But "For her, everything was about [his] relations with women" (4–5), his "hidden anger" (4), the traumas in his past, in other words, his repository of family history. The result of this conflict of epistemologies and ontologies is that the narrator obliges his therapist's need for memories, albeit in a fashion that employs veiling as a strategy that paradoxically illuminates what is hidden or forgotten by displacing what is visible. What he produces for her is thus a string of hybrid narratives consisting of countermemories whereby the past she believes can be retrieved on demand and in an uncontaminated mode is revealed as a translation, or a remembering, of his present that repudiates her intention to know his past. Thus, the difference between his past and present is rendered non-representable. While, as Mieke Bal argues, the present is saturated with the past (xi), when the narrator performs his memory work it is the past that becomes inflected by the present.

Consider the following encounter between therapist and "patient" that, in many ways, can be read as playing the role of the Freudian primal scene in this novel.

> Tell me about your childhood, the shrink asks me.
>
> In my youth I was an insect.
>
> What kind of insect? she asked.
>
> A cockroach, I said.
>
> Why?
>
> Because my sister made me one.
>
> What did your sister do?
>
> Come, my sister said to me. Let's play. And she lifted her skirt, laid the back of my head between her legs, raised her heels in the air, and swayed her legs over me slowly. Look, open your eyes, she said, and she touched me. This is your face, those are your teeth, and my legs are your long, long whiskers. We laughed, and crawled below her sheets, and nibbled on each other's faces. Let's block the light, she said. Let's seal that quilt to the bed, tight, so there won't be any light. Let's play underground.
>
> Interesting, the therapist said. (5–6)

Though Genevieve's response, "Interesting," may suggest non-committal, the narrator knows he has described a scene that is bound to intrigue her. Full of sexual innuendo, and thus rife with the kind of meaning that a therapist is trained to interpret, it is also a truthful, if a little slanted, rendering of his present mutant existence. Part of the siblings' make-believe play, his transformation into an insect here operates as a form of social rehearsal that anticipates his future "mutant urge." That it is uncertain whether this "happy incident" is an actual or invented memory speaks to the performativity of the narrator's memory work, his unforgetting, but also suspends causality, sabotaging the therapist's intention to determine the roots of his condition. The visibility / invisibility, light / darkness / underground aspects of the game, together with the notion of game itself, further undermine the therapeutic and disciplinary aspects of this therapy session. The dramatic irony characterizing their exchange, in that as readers we have privileged knowledge that allows us to see in this (re)constituted event more than the therapist can, renders this scene into one where the narrator's act of co-operation, in reality the result of coercion, turns into an act of resistance. In effect, he is telling the truth by lying, yet another instance of his practice of unforgetting. And lest we are troubled as readers for not being able to determine the veracity of his memory-construct, we should keep in mind Edward S. Casey's statement: "Every single act of remembering...comes saturated with social and collective aspects, as well as with cultural and public determinants" (21). Casey, who rejects the notion of collective memory, goes on to say that "However idiosyncratic and personal a given act of remembering may be...and despite the fact that all remembering takes place *in* an individual...each such act has certain formal dimensions that exceed any individual's contribution" (21). In this sense, as I suggested earlier, collective and individual memories are produced as a result of their collaboration with each other. Here collaboration is to be understood in its double sense as the process of working together with others toward a common goal and as the process of working as a traitor with one's own enemy. It is in the double spirit of collaboration that the narrator participates in these therapy sessions. Recognizing this therapy process as a trope, he himself tropes toward the diagnosis Genevieve is after in a manner in which he both reveals and conceals, remembers to forget and un-forgets.

If Genevieve as a representative of the state embodies the duty to gather and assess collective memories, to redeem the narrator from what she takes to be his pitiful existence and thus save him from himself and turn him into a productive, that is, commodified, member of the civic society, then collective memory in this instance "monumentalize[s] 'mistaken identit[y]'" (Bal xiii). The belatedness that characterizes Genevieve's interference in the narrator's life speaks to the inescapable belated nature of collective memory. Collective memory always comes *after*; it is marked by the *post*, the same prepositional mark that is prevalent in our late capitalist era—postmodernity, postcoloniality, post-capitalism, post-feminism—asserting itself as the neuralgic node where we experience the knotting of time past and time present. If Genevieve represents the deferred action that collective remembering entails, then the privileging of collective memory, the "*mnemonic* economy," to borrow a phrase from Richard Terdiman's *Present Past* (12), that our culture today is obsessed with signals a crisis as much about the opacity of the past as about our ambivalent relationship to remembering and forgetting. Because the trajectory to truth traverses the same path as that of unforgetting, memory work as "the mechanism by which ideology materializes itself" (Terdiman 33) figures both as threat and deliverance.

In this same context, for the narrator, who embodies "the desperation of the displaced, the stateless, the miserable and stranded in corridors of bureaucracy and immigration" (13), the memory work he is expected to perform serves as a disciplinary procedure that reifies his abject condition. If he feels more at home in the underground world of cockroaches, if his crawling suggests not his acquiescence with "the oppressive power in the world that [he] can neither participate in nor control" (5) but, instead, his resistance tactics and a trenchant critique of the humanistic Western subject, then when he remembers on command he does so as a commodified subject. Marx and Lukacs have shown that the theory of commodity fetishism is "pertinent" to "the opacity in mnemonic [function]" (Terdiman 12). As Terdiman puts this, "To understand what we have made, we have to be able to *remember* it. Because commodities suppress the memory" of their production, they also overturn "the *mnemonic* economy" (12). The narrator exemplifies—and again I am borrowing from Terdiman—that "*the enigma of the commodity is a memory disorder*" (12). His practice of unforgetting enables him to resist the state's restricted economy. He may be bound to the state, but the tropes of excess he employs speak to his ability to return its gaze, to bear witness to, as well as disrupt, its attempts to contain him.

AUTHOR'S NOTE

An earlier version of this chapter appeared in *Towards Critical Multiculturalism: Dialogues Between / Among Canadian Diasporas*, ed. Ewelina Bujnowska, Marcin Gabryś, and Tomasz Sikora. Katowice (Poland: Agencja Artystyczna PARA, 2011), 134–53.

NOTES

1. For a thorough discussion of how cultural memory signifies differently for different subjects and communities, see my chapter, "Memory under Siege: Archive Fever in Theo Angelopoulos' *Ulysses' Gaze*," in *The Cinema of Theo Angelopoulos*, ed. Angelos Koutsourakis and Mark Steven, with a foreword by Alexander Kluge (Edinburgh: Edinburgh UP, 2015), 249–63.
2. Consider, for example, Historica Canada, "an organization dedicated to enhancing awareness of Canadian history and citizenship" through, among other things, short videos of reconstructed moments of Canadian personages and events. Refer to www.historicacanada.ca/heritageminutes.
3. See "Chinese-Canadian Community Projects" (www.cic.gc.ca/english/multiculturalism/programs/chinese.asp) and Stephen Harper's "Statement of apology to former students of Indian Residential Schools" (www.ainc-inac.gc.ca/ai/rqpi/apo/index-eng.asp).
4. See, for example, Roy Miki's *Redress: Inside the Japanese Canadian Call for Justice* (Vancouver: Raincoast Books, 2004), Kirsten Emiko McAllister's *Terrain of Memory: A Japanese Canadian Memorial Project* (Vancouver: UBC P, 2010), Jennifer Henderson and Pauline Wakeham's "Colonial Reckoning, National Reconciliation?: First Peoples and the Culture of Redress in Canada," Introduction to a special issue, *English Studies in Canada* 35.1 (March 2009): 1–26, as well as their co-edited volume, *Reconciling Canada: Critical Perspectives on the Culture of Redress* (Toronto: U of Toronto P, 2013).
5. The mandate of the TRC, a "component of the Indian Residential Schools Settlement Agreement" between the federal government and Indigenous people in Canada, "is to inform all Canadians about what happened in Indian Residential Schools," and, among other things, to "Acknowledge Residential School experiences, impacts and consequences," and to "Provide a holistic, culturally appropriate and safe setting for former students, their families and communities." See "Our Mandate," Truth and Reconciliation Commission of Canada, www.trc.ca/websites/trcinstitution/index.php?p=7, accessed 11 January 2017. See also the *Truth and Reconciliation Commission of Canada: Calls to Action*, accessed 11 January 2017, www.trc.ca/websites/trcinstitution/File/2015/Findings/Calls_to_Action_English2.pdf.
6. Though he mostly identifies with cockroaches, following an encounter early in the novel with two "Jehovah's Witness ladies" who tell him, "Only the cockroaches shall survive to rule the earth" (7), he also takes on the features of other animals. For example, he hears "the

floor creaking under [his] paws" when he imagines himself a panther (225), and "crawl[ed] on [his] hands and feet like a skunk" (91).

7. The writers Al Maleh has in mind here include Gibran Kahlil Gibran, Abraham Mitrie Rihbanyu, Mikhail Naimy, and Ameen Rihani.
8. See Theodor W. Adorno, *The Culture Industry: Selected Essays on Mass Culture*, ed. and intro. J.M. Bernstein (New York: Routledge, 1991).

WORKS CITED

Al Maleh, Layla. "Anglophone Arab Literature: An Overview." *Arab Voices in Diaspora: Critical Perspectives on Anglophone Arab Literature*. Ed. Layla Al Maleh. Amsterdam: Rodopi, 2009. 1–63.

Ambrose, Timothy. "Juan Ramón, Jiménez, Martin Heidegger, and Maharishi Vedic Science: The Experience of Being." *Modern Science and Vedic Science* 10.1 (2000): 76–100.

Ashuri, Tamar. "The Nation Remembers: National Identity and Shared Memory in Television Documentaries." *Nations and Nationalism* 11.3 (2005): 423–42.

Ayala, Francisco J. "The Evolutionary Concept of Progress." *Progress and Its Discontents*. Eds. Gabriel A. Almond, Marvin Chodorow, and Roy Harvey Pearce. Berkeley: U of California P, 1982. 106–24.

Bal, Mieke. "Introduction." *Acts of Memory: Cultural Recall in the Present*. Eds. Mieke Bal, Jonathan Crewe, and Leo Spitzer. Hanover, Dartmouth College: UP of New England, 1999. vi–xvii.

Bhabha, Homi K. "DissemiNation: Time, Narrative, and the Margins of the Modern Nation." *Nation and Narration*. Ed. Homi K. Bhabha. New York: Routledge, 1990. 292–322.

Butler, Judith. *Giving an Account of Oneself*. New York: Fordham UP, 2005.

———. *Precarious Life: The Powers of Mourning and Violence*. London and New York: Verso, 2004.

Casey, Edward S. "Public Memory in Place and Time." *Framing Public Memory*. Ed. Kendall R. Phillips. Tuscaloosa: U of Alabama P, 2004. 17–44.

Chambers, Ross. "Orphaned Memories, Foster-Writing, Phantom Pain: The *Fragments* Affair." *Extremities: Trauma, Testimony, and Community*. Eds. Nancy K. Miller and Jason Daniel Tougaw. Urbana: U of Illinois P, 2002. 92–111.

Freud, Sigmund. *Beyond the Pleasure Principle*. London: Penguin Books, 2003.

Hage, Rawi. *Cockroach*. Toronto: Anansi, 2008.

Halbwachs, Maurice. *On Collective Memory*. 1925 Ed. and trans. Lewis A. Coser. Chicago: U of Chicago P, 1992.

Heidegger, Martin. "The Anaximander Fragment." *Early Greek Thinking*. Trans. D.F. Krell and F.A. Capuzzi. New York: Harper and Row, 1975. 13–58.

Hodgkin, Katharine, and Susannah Radstone. "Introduction: Contested Pasts." *Memory, History, Nation: Contested Pasts*. Eds. Katharine Hodgkin and Susannah Radstone. Edison, NJ: Transaction Publishers, 2005. 1–22.

Huyssen, Andreas. *Twilight Memories: Marking Time in a Culture of Amnesia*. New York: Routledge, 1995.

Lambek, Michael. "Memory in a Maussian Universe." *Memory Cultures: Memory, Subjectivity, and Recognition*. Eds. Susannah Radstone and Katharine Hodgkin. New Brunswick, NJ: Transaction Publishers, 2005. 202–16.

Miki, Roy. "Interface: Roy Kiyooka's Writing, A Commentary/Interview." *Broken Entries: Race Subjectivity Writing*. Toronto: Mercury, 1998. 54–76.

Radhakrishnan, Rajagopalan. *Diasporan Mediations: Between Home and Location*. Minneapolis: U of Minnesota P, 1996.

Renan, Ernest. "What Is a Nation?" *Nation and Narration*. Ed. Homi K. Bhabha. New York: Routledge, 1990. 8–22.

Ricoeur, Paul. *Memory, History, Forgetting*. Trans. Kathleen Blamey and David Pellauer. Chicago: U of Chicago P, 2004.

Schmidt, Michael. *Narrative Memory and the Impact of Trauma on Individuals with Reference to One Short Sequence from "Memento."* Norderstedt, Germany: Druck und Bindung, 2004.

Spanos, William V. *The Errant Art of Moby-Dick: The Canon, the Cold War, and the Struggle for American Studies*. Durham, NC: Duke UP, 1995.

Terdiman, Richard. *Present Past: Modernity and the Memory Crisis*. Ithaca, NY: Cornell UP, 1993.

Thiem, Annika. *Unbecoming Subjects: Judith Butler, Moral Philosophy, and Critical Responsibility*. New York: Fordham UP, 2008.

Young, Crawford. "Ideas of Progress in the Third World." *Progress and Its Discontents*. Eds. Gabriel A. Almond, Marvin Chodorow, and Roy Harvey Pearce. Berkeley: U of California P, 1982. 83–105.

5

MOVED BY THE PAST
Canadian Family Memoir and the Story of Genealogy

JENNIFER BOWERING DELISLE

In her family memoir *Honey and Ashes*, second-generation Canadian Janice Kulyk Keefer traces her maternal roots to Ukraine, feeling that on her journey into the past she is being "pulled by something tough yet slender as a runner root" (217). This chapter is about this notion of being "pulled" by this "something" that is powerful and yet expressible only through simile. I see this feeling running through many Canadian family memoirs: Michael Ondaatje's *Running in the Family*, Denise Chong's *The Concubine's Children*, Judy Fong Bates's *The Year of Finding Memory*, and others. For all of these writers there is a similarly mysterious "pull" of roots, a pull that seems to demand not only genealogical investigation but the artistry of literary creation.

In this chapter I want to look not at the stories of family that are gathered and recounted in these books, but at the story of genealogy itself. As these authors tell the stories of their ancestors, they also tell us about the process of discovery, including the research involved and their own feelings about the past. In his influential work *How Our Lives Become Stories*, Paul John Eakin coins the phrase "the story of the story" (58–59) to refer to such elements of meta-autobiography or meta-memoir that often appear in life writing texts. The "story of the story" is the story of the author gathering the material for the book, and of transforming that material into the text we are reading. For Eakin, this is an important feature of what he calls "relational autobiography" (55), a mode which emphasizes how personal identity is informed by our relationships with the important "proximate others" (85) in our lives, including our parents. The "narrative structure in these cases," he writes, "is telling us something fundamental about the relational structure of the autobiographer's identity, about its roots and involvement in another's life and story" (60). In other words, while often focused on the life of another, these texts are essentially *auto*biographies because they reveal the extent to which our lives are intertwined with those of our loved ones. In these texts, then, the research process is not hidden behind the scenes, but rather becomes a fundamental aspect of the narrative, even, Eakin suggests, taking the "upper hand" (60). What I want to explore here is the emotion that is caught up in the story of the story as it appears in family memoir. The narratives such memoirs tell are full of emotion—fear, enchantment, horror, grief. But this is not what I am referring to; I argue that the story of the story, of the process of genealogy, is itself profoundly moving. In this chapter I show how feelings of what I term "genealogical nostalgia" are inextricably intertwined with each step in the process of constructing family memoir: the act of searching, the moments of discovery, and the work of writing itself. There is an emotional tenor to the genealogical process that plays out in both the content and the aesthetics of the memoir.

By "emotional" I mean that genealogy generates from and is generative of feelings that are at once conscious and unbidden, at once cognitive and registered in bodily sensations. I am thus avoiding discussions that attempt to separate "affect" and "emotion" in terms of sensation versus feeling, or biological responses versus cultural ones. Such distinctions have been inconsistent across existing scholarship, and as Sara Ahmed notes, risk "cutting emotions off from the lived experiences of being and having a body" (40). Rather than engaging in debates about the semantics and indeed the psychology and physiology of emotion, what I want to explore here is the way that second-generation experience is often accompanied by feelings of nostalgia that are felt in both the cultural sphere and in intimate personal emotions registered or conceptualized in bodily sensations.

SEARCHING

I would like to begin where the authors begin—with simply the desire to search into their families' pasts. All of these writers reflect on the origins of this genealogical interest in emotional terms, ranging from simple "curiosity" to an almost desperate longing. Chong and Fong Bates locate the beginning of their searches in material objects from the past. For Chong, a life-long fascination with her grandparents' pasts begins with old family photographs she looked at as a child. Each one was "intimate enough to be a powerfully suggestive voice from the past, but also distant enough to stir curiosity" (ix). Fong Bates's memoir begins with an old box that contains documents, including her father's head tax certificate, which she discovers after his suicide. The discovery brings to the surface a range of emotions connected to her father's death, such as rage and grief. But it also evokes a complex longing: "A lump grew in my throat and I struggled to swallow. For as long as I had known my father, he had been an old man. But here he was, a youth, staring at me across time itself. At that moment it seemed as if we both had our lives ahead of us. If only I could find a way into the past and warn him" (6). Linear time seems to collapse here as her longing to save her father becomes inextricable from her longing to understand his past.

For Ondaatje and Kulyk Keefer, the searches begin in the realm of the imagination. Ondaatje, who was born in Ceylon and left at the age of eleven, has planned a journey back. But he realizes that the pull of Asia is not just the desire to return to the country of his birth but a desire to venture into the stories of his ancestry. He writes, "I would be travelling back to the family I had grown from—those relations from my parents' generation who stood in my memory like frozen opera. I wanted to touch them into words. A perverse and solitary desire" (16). Kulyk Keefer imagines her genealogy on the edge of a river, the river that ran past her mother's village of Staromischyna in Ukraine—"the old place." She writes,

> Seventy years divide me from that child I can still glimpse across the water; the child my mother once was. I see the vanished world where she grew up as if I were looking through the wrong end of a telescope: a world brilliant, precise, impossibly small. Yet when I was a child, I stood with my mother on that distant shore, or walked with her up the road...To the village where she was born, and her mother before her; all other mothers, all the befores that ever were. (3)

Kulyk Keefer has never been to this place; her account of walking with her mother as a child is of the power of story and imagination to transport her across that river, across the distance of time and space. As an adult, such a crossing is not as easy as it once was, yet still she longs to be there—not just the village in Ukraine but in the space of story itself, where imagination makes connection and belonging possible.

I have termed this longing "genealogical nostalgia," a longing for the times and places of our ancestors' stories, a nostalgia drawn not out of direct experience but out of the very gaps between personal memory and genealogical legacies (Delisle). I find the word *nostalgia* helpful for the way that it at once embodies the pain of loss and the fondness of longing—the glimpses of another world that is both, in Kulyk Keefer's words, "brilliant" and "impossibly small." By nostalgia I do not mean sentimental idealization, then, though idealization can play a role, but rather a deeply felt emotional yearning to recover what has been lost to the distance of time and space. This nostalgia is not without reflexivity; rather it is a self-conscious, often ambivalent feeling—in Ondaatje's terms "a perverse and solitary desire."

It is, crucially, a desire generated by a sense of loss. In all of these works there is a sense that the present is deficient in some way, that there is something missing—whether it be knowledge, a feeling of comfort or connection, or an aspect of identity itself. These authors do not necessarily long to live in the past, but recognizing its loss they long to understand it. Kulyk Keefer identifies her mother's village, and the cellar that she imagines from her mother's stories, as "that place where she comes from, where she's never been" (162). This paradox, this feeling that she comes from somewhere that she has never physically been, articulates the peculiar losses of the second generation. Dominick LaCapra effectively differentiates between absence and loss, arguing that "one may not lose what one never had" (701). Kulyk Keefer's longing here is certainly a longing for that which she never had. Nevertheless, I argue that what these writers draw on here *is* a kind of loss. In LaCapra's terms, "absence is not an event and does not imply tenses (past, present, or future). By contrast, the historical past is the scene of losses that may be narrated as well as of specific possibilities that may conceivably be reactivated, reconfigured, and transformed in the present or future. Something of the past always remains, if only as a haunting presence or revenant" (701). "Haunting" indeed is a word that recurs throughout these texts, a word that suggests the pressure that the past can impose and the urgency of investigation. For Fong Bates, "the story of my family is filled with ghosts, their presence resonating from beyond the grave" (259). Her ancestors are at once present and absent, generating a peculiar sense of haunting, a feeling exacerbated by her own distance from a China she barely remembers. These authors, then, are doubly moved by genealogical nostalgia—moved in the sense of being emotionally engaged by longing and loss, and moved to action, spurred to begin searches into their ancestries and attempt to recover what has been lost.

This nostalgia is manifested in both the mind and the body. It is useful to recall that the term *nostalgia* initially referred to a medical condition, coined by Johannes Hofer in a 1688 dissertation. The homesick soldiers that Hofer observed manifested their homesickness in what seemed to be a physical ailment. Doctors identified fever, heart palpitations, and insomnia among its symptoms (Ritivoi 15–17). More than a quaint trace of the fumblings of early medicine, what this history points to is the way that nostalgia is often conceptualized or represented in terms of embodied responses. In her book *The Senses Still*, C. Nadia Seremetakis expands on the Greek etymology of *nostalgia*: "*Alghó* means I feel pain, I ache for, and the noun álghos characterizes one's pain in soul and body, burning pain (*kaimós*). Thus *nostalghía* is the desire or longing with burning pain to journey. It also evokes the sensory dimension of memory in exile and estrangement; it mixes bodily and emotional pain" (4). If nostalgia is evoked by the physical absence of the object of your longing, then it is by definition an emotion that is rooted in the body, in the body's distance from what it desires.

The words that writers use in the story of the story to describe the draw of the past are telling—as Fong Bates gets glimpses of her mother's history she begins to "thirst" for new information and stories (132). She likens it to a basic physical need. A little later she writes of her "aching" to know her parents (26). This is more than just metaphor—it speaks to the way that we conceptualize feelings that we find difficult to articulate or even justify yet feel in our very bodies. Accompanying her partner to China for his work, Chong finds that "a feeling that I had to stand on the same soil [as her mother's lost sisters] dogged me." "I didn't know why I wanted to," she writes, "only that I could not leave China without going to the village of my grandfather's birth" (272). For Chong, her need is even less articulable, but is also experienced as an embodied need; it is a need not just for knowledge but to physically stand on the village soil. As our genealogy is evidenced in our bodies—in our inherited physical features, our DNA—our emotional response to the search for genealogy is also evidenced there.

Nostalgia's bodily connotations are useful here for the way that they reference the physical displacement of the diasporic body in particular. These writers are moved by nostalgia, but they also have a sense that they have been physically moved, displaced from their homelands. For Kulyk Keefer, Chong, Fong Bates, and Ondaatje, genealogical investigation and writing family memoir involve a physical return to the homelands of their parents' stories. It is as if the feeling of loss is mapped onto spatial rather than temporal distance, as if physical movements will fulfill the feelings of desire that they experience. While I believe that genealogical nostalgia also occurs in writing that is focused on Canadian contexts,[1] these writers do locate their nostalgia as part of their own identities as the children or grandchildren of immigrants, or in the case of Ondaatje and Fong Bates, immigrant-children.[2] Fong Bates continually emphasizes the division that she feels from her parents and her own Chineseness. She writes "my relatives' shared sense of belonging extended back many centuries, if not several millennia, whereas I belonged to a country inhabited by people who had left their homelands in order to make a new start, old grievances supposedly set aside. All the same, I sometimes longed for this kind of connection, even if it did occasionally ring untrue" (127). While skeptical of her family's untroubled sense of ancient belonging, she nevertheless feels a longing for the kind of connection that for her is not possible in Canada. The way in which she is moved by this relationship to the past is informed then by literal movement—the way that she was moved across the globe as a very young child, destined to have a hybrid immigrant identity.

Fong Bates's childhood experiences of racism and ethnic difference, then, intensify the genealogical nostalgia that she feels. She describes how she felt humiliated when neighbourhood children knocked down the bok choy brining in the yard, with taunts of "Chinky Chinky Chinaman" directed at her father. Yet humiliation turned to ambivalence, even pride, as she tasted her mother's soup with its rich Chinese flavours. This is not to say that Fong Bates's genealogical nostalgia is fueled entirely by racial marginalization, by a turning away from an alienating Canada towards the pleasures of Chinese culture; rather, race and diaspora contribute to a complex relationship to home in *The Year of Finding Memory*. Reflecting on her parents' lives, she writes,

> It is true what people say: that you need to be away from your homeland to really understand its hold on you. As a child I had wanted so much to fit in. And to a degree I had succeeded. But I knew even then that no matter how hard I tried, complete acceptance was impossible. I was a Chinese girl living in a white world...And yet, since the day that propeller airplane touched down on this soil, this country has been my home. (148)

One might read the statement that she was "a Chinese girl living in a white world" as the reason why she felt the "hold" that her homeland had on her. Yet I read "homeland" here as Canada, not China, as a synonym for "home" rather than a separate distinction. She continues: "What must it have been like for my parents not just to be homesick but to be marginalized decade after decade?" (148). In this moment of contemplation she seems to be contrasting her parents' homesickness with her own feeling of being at home in Canada, and locates her interest in her Chinese genealogy not in her own marginalization, but in an acknowledgement of their losses. The experience of liminality and racial discrimination is central to Fong Bates's identity as a post-immigrant Canadian. Yet to conflate genealogical nostalgia with the desire for connection amidst racial or ethnic marginalization would be to oversimplify the complex emotions and desires that accompany genealogical research, and to overdetermine the role of racism in the construction of identity and the preservation of familial and cultural bonds. Racism or alienation can become an important aspect of the experience of genealogical nostalgia, but does so alongside other complex forces.[3]

Nostalgia is, nevertheless, powerfully connected to the construction of these authors' own identities. As Andreea Ritivoi argues, by connecting present longing with a distant past, nostalgia contributes to one's continuous narrative of self; nostalgia can thus play a key role in the construction of identity. Remembering the past enables the construction of a life in an unbroken chronology. In these memoirs, this concept is extended to the next generation; the narrative of self does not begin and end with each generation but rather connects children to their parents in a continuous narrative. Thus, Chong writes that "a mother's stories to her daughter ultimately stirred a feeling in me that the life we lead begins before, and continues after, our time" (301). The family memoir is built upon the notion that the lives of our ancestors are part of our own stories. As Nancy K. Miller puts it in *Bequest and Betrayal*, "most children desire to uncover their parents' truth.

Wanting to know their story is central to the desire for self-knowledge that also drives the autobiographical project: How can I know who I am if I don't know who they are" (107)? While the focus of the family memoir appears to be the stories of others, ultimately the "story of the story" emphasizes the relation between the author and the subject, making family memoir a form of autobiography. The second generation, having inherited the stories, postmemories, and ethnic culture that ties them to another place, is compelled to mend the breach of diaspora, the breach between their home and their "homeland," by building a collective narrative that includes their own experience.

In this sense their nostalgia goes beyond the longing for place—rather it is longing for narrative itself. Chong remembers listening to her mother's stories when she was a girl, reliving alongside her both the happiness and the terror (252). Even after her memoir is complete, she still finds herself "steal[ing] time to ask ever more questions of my mother" (xv); the longing for story is never-ending. Ondaatje finds his parents' generation wrapped up in "codes" that he cannot break (42); stories and gossip hide the truth of personal relationships. He asks himself, "why do I want to know of this privacy? After the cups of tea, coffee, public conversations...I want to sit down with someone and talk with utter directness, want to talk to all the lost history like that deserving lover" (43, ellipsis original). To render history as a lover points to the depth of desire that accompanies genealogical nostalgia. But here this desire is for the intimacy of talk, for stories unbound by the secrets and social codes that he cannot penetrate. All of these writers identify the power of story as the force behind their nostalgia. Their journeys are not just made in response to racism, nor are they made in an attempt to recover some sort of ethnic essence, to validate an absolute identity or generate some kind of cultural capital within multicultural Canadian society. Rather, their longing is spurred by a fascination with the stories of the world before their births.

DISCOVERING

But as these authors undertake their research, moments of discovery seem to intensify rather than resolve this nostalgia. The most intimate moments of genealogical discovery, those moments when we hold the traces of the past up close to our faces, make loss felt most profoundly. Ondaatje captures the moment of discovering the traces of his ancestors in a church in Colombo:

> by the communion rail, I see it—cut across the stone floor. To kneel on the floors of a church built in 1650 and see your name chiseled in huge letters so that it stretches from your fingertips to your elbow in some strange way removes vanity, eliminates the personal. It makes your own story a lyric. So the sound which came immediately out of my mouth as I half-gasped and called my sister spoke all that excitement of smallness, of being overpowered by stone. (55)

This moving moment of discovery is again embodied; it is experienced as the physical response of the gasp, rather than the articulation of words. His excitement at this discovery is strikingly not the excitement of knowledge, but simply of recognizing his "smallness" within the broad scope of his family lineage. It is not a discovery that resolves the emotional qualities of his desire but rather seems to intensify the overwhelming feeling of being "overpowered" by the weight of history. After leaving the church Ondaatje transcribes the names and dates into a notebook, observing that "when I finish there will be that eerie moment when I wash my hands and see very clearly the deep grey colour of old paper dust going down the drain" (57). He is at once marked by the discovery of the past, and literally watching it run down the drain, slipping away from him.

Kulyk Keefer experiences a moment of discovery that is similarly physical. In a museum in Ukraine she comes upon a thatch-roofed house that would have been similar to the one in which her mother grew up: "I step inside, and then I can't move; it's as though the air I'm breathing is the solid glass of paperweights. Out of time, out of place, I've found my grandmother's house, the very room where my mother was born. What I've always longed for, a desire like the small stones we pick up on a beach and carry in our pockets till their weight comes to feel part of our bones" (*Honey and Ashes* 255). Longing here has become so natural that it seems to be a part of her very body. Yet when this longing may be fulfilled she is rendered breathless, immobile. As she explores the house she begins to imagine her mother's childhood, the stories that she was told: she approaches a window, and "lean[s] out into an orchard, cherry and plum trees fenced off with interlacing willow boughs. A small girl falls through the leaves, her skirt caught on a broken bough...I turn back to the room, but I can't tell anymore what is really here and what I am imagining" (255). In this moment she is compelled to walk barefoot on the clay floor, as if to feel that connection not only in her mind but in her very body. And then she finds that "I am in the Old Place, just as when I was a child, when words alone, the timbre of a loved voice, could make what I imagined real for me. This is no imagining: this is here and then, there and now, all at once; no borders anymore" (256). The physical touch of foot to floor makes the fantasy and the emotions it evokes a concrete experience of bodily sensation. Kulyk Keefer, here, feels grounded because of the way that her nostalgia becomes intertwined with bodily sensation rather than abstract longing.

But this coming together of imagination and reality is fleeting. Kulyk Keefer becomes painfully aware of the difference between imagination and reality when she finally gets to her mother's village, and finds no trace of the lives that she had envisioned there. She reflects,

> Those stories told throughout my childhood—I never stopped to ask myself, are they true? By being stories, they were the truest things I knew...To listen to my family's stories round a dinner table, or in a chance moment on a streetcar ride, was to enter an endless enchantment of words; my life was braided into the lives of my ancestors with no mark of beginning or end. But now, standing at the edge of this blank and shrunken river, where reality seems to confound or abolish memory, enchantment stops. (299)

As she leaves she is "afflicted...by panic" generated "by everything I know and don't know: by all there is to understand" (303). Kulyk Keefer's journey into the past reveals a more profound longing because it emphasizes that the place she imagines as a kind of home has been lost not only through the distance of space but also the distance of time. Her nostalgia has degenerated into something much more visceral—panic—because of the recognition that physical movement cannot resolve her longing.

RECORDING

The process of recording itself, then, of ordering, processing, and writing genealogy, is also caught up in an insatiable nostalgia. Genealogy is not just a process of searching, but is a process of documenting information and stories—whether in names and dates on a family tree, or in the literary art of memoir. There is a strong sense in these works that posterity is important: in the preface to the second edition of *The Concubine's Children*, Chong writes that "the obligatory shoeboxes of photographs and mementos still gather under the bed, but the ambitions are clear: to order, to add to a record that you hope might speak across the generations" (xv). Similarly, Kulyk Keefer opens her book with the assertion that "it was time to write down the stories that had so obsessed me—write them down for my children, who are strangers to the Old Place, and for the dead, whose lives would otherwise become invisible as air" (4). There is a sense that material documentation is both a means of honouring and commemorating the lives of their ancestors, and preserving these stories for future generations.

In an article on immigrant Canadian literature Kulyk Keefer analyzes her own relationship to her immigrant heritage. She draws a distinction between "actual" and "conceptual" immigrants: "those who can still feel the weight of their suitcases in their hands, and those who reflect on what that weight must have been like, or who hear, and perhaps write down the stories that describe that weight so that it becomes palpably real to others" ("'Sacredness'" 100). It is these conceptual immigrants, the second and third generation, who publicly articulate the experience of immigration on their parents' behalf—"weaving together fragments of ancestral stories, memories of other people's memories, and their own awareness of their fractured, hyphenated, multiple selves into a text" (101). Kulyk Keefer sees artistic production then as a kind of swaying suspension bridge, connecting immigrants with their children, while continually calling awareness to the chasm of separation. "What this swaying bridge facilitates," she writes, "is movement. It is the product of the writer's ability to travel, through imagination and memory, across time and space, to represent or reinvent the experience of long-dead or long-silent family" (101). The image of the bridge, then, or the desire to build it, to cross it, is a symbolic embodiment of genealogical nostalgia, a metaphorical spatialization of the story of the story.

This metaphor of the bridge is lived out in *Honey and Ashes*, a book that begins with Kulyk Keefer's desire to cross the metaphorical river that divides her from her mother's past. But it is also troubled. Upon visiting the village Kulyk Keefer discovers that the once raging river of her mother's stories, the Zbruch, has been rendered a "thin seam of water" by local industry. "It seems to me that

I could walk across the Zbruch as if it were still and shallow as paper," she writes. "And that all I'd find when I crossed the water would be the same shore where I'm sitting now" (299). Walking across the river now would not mean finding her mother's past—rather this history has slipped so far into the past that the very landscape has changed. Even her swaying bridge is not possible, for there is nothing left to bridge. She concludes, in her epilogue, that "perhaps home is only this: inhabiting uncertainty, the arguments fear pricks with desire. Not belonging, but longing" (328).

This nostalgia, then, is also genealogical in the Foucauldian sense of that word. In "Nietzsche, Genealogy, History," Foucault rejects "traditional history" in favour of a Nietzschean genealogy that "opposes itself to the search for origins" (140). "The purpose of history, guided by genealogy," Foucault writes, "is not to discover the roots of our identity but to commit itself to its dissipation. It does not seek to define our unique threshold of emergence, the homeland to which metaphysicians promise a return; it seeks to make visible all of those discontinuities that cross us" (162). While these authors are in a sense searching for homelands and "origins," they recognize—or discover—that these origins are elusive, that history cannot be perfectly reconstructed or the "roots of identity" perfectly mapped. They recognize that return to the homeland is ultimately impossible. The memoirs are constituted by not only memories and stories but by the gaps and "discontinuities" between them. The "story of the story" ultimately is the story of tales full of holes, imagined fictions, and unresolved endings—of the very "dissipation" of ancestral identity.

The authors emphasize these gaps and constructions, moreover, as a means of conveying the emotional reality of post-immigrant identity and genealogy as a process: the nostalgia that they feel towards this history that can never be resolved. Towards the end of his book, Ondaatje admits that when it comes to his father, "there is so much to know and we can only guess. Guess around him. To know him from these stray actions I am told about by those who loved him. And yet, he is still one of those books we long to read whose pages remain uncut" (171). The metaphor of the book is powerful here—a means of acknowledging that the parent's life cannot ever be fully known or understood by the child. The metaphor of the book also, on the next page, extends to Ondaatje's own book, the one that we are in the midst of reading. Reflecting on his own writing process, he addresses his dead father directly: "But the book again is incomplete. In the end all your children move among the scattered acts and memories with no more clues" (172). Ondaatje's father is an incomplete book; *Running in the Family* is itself an incomplete book. Yet it is this "incompleteness," and the feelings of nostalgia that accompany it, that lie at the heart of these memoirs, for what they have to tell us about the experiences of post-immigrant identity and the process of genealogy.

Chong's reflections in the preface to the second edition of her book, published twelve years after the first, articulate the importance of these Foucauldian imperfections. *The Concubine's Children* is the least self-reflective of the four memoirs I have discussed here; the majority of the book employs an omniscient narrator to tell the straightforward tale of Chong's grandparents. Yet the prefaces to both editions use the "story of the story" to undercut the apparent authority of the narrative voice that follows, highlighting the interpretation and reconstruction that has occurred. In the first preface, Chong explains, "I approached it as one might approach the task of restoring a painting—the original canvas was someone else's" (xi). Offered the opportunity to correct the errata of which she had become aware since the first publication, Chong resolves in the second preface that "to rewrite the story would have called into question the integrity of memoir itself. To extend the metaphor I used in my original preface of a canvas, to rewrite would have been to overpaint. Even to update the story would be to invalidate the authenticity of the first telling. As I see it, the 'truth' that is brought to the telling of memoir is born of a time" (xiii). Here, Chong values the "truth" of her own telling, rather than historical fact, demonstrating that the existence of errata itself has much to tell us about the memoir form and particularly about post-immigrant identity and experience. Such errata point to the distance that the post-immigrant generations feel from their heritage. This is a "truth" shaded by the emotional relationship we bear to the distant past. The genealogical nostalgia can never be resolved.

Kulyk Keefer writes of being "pulled" by something "tough yet slender as a runner root." In my mind I have an image of a root wrapped around an ankle, *pulling* her down into the past, into another ground. Genealogical nostalgia is not static, it involves a kind of motion. To be moved by genealogy is to be moved to search, and to write. It is to be moved literally—to make journeys of discovery and return. It is to be moved emotionally, by everything we uncover, and everything we do not know.

NOTES

1. See, for example, Warren Cariou's memoir *Lake of the Prairies* (Toronto: Anchor, 2003) or some of the stories in Alice Munro's autobiographical collection *The View from Castle Rock* (New York: Alfred A. Knopf, 2006). Works such as Wayson Choy's *Paper Shadows* (Toronto: Penguin, 1999) and Fred Wah's *Diamond Grill* (Edmonton, AB: NeWest P, 1996) demonstrate genealogical nostalgia that is informed by a post-immigrant perspective but that concentrates on the immigrant spaces of Chinatown and the rural Chinese café rather than China itself.
2. While some social scientists use the term "1.5 generation" to refer to immigrants who arrive as children, others include them in the category of the "second generation" in order to highlight the experiences they share with those born in Canada (or other "receiving" countries) (see, for example, Kobayashi). As Lorna Jantzen points out, this practice raises questions about what age should provide the cut off between the first and second generations. Here I use the term "post-immigrant generation" to avoid the problems of numeric categorization, and to enable what I hope is a productive comparison of experience within a heterogenous group whose socialization in Canada has been coloured by the dominating stories of various elsewheres.
3. For her part, Chong dismisses the role that racism has played in her own life, writing that racial taunts and bullying in childhood soon gave way to "acceptance and friendship," and that "we ourselves soon forgot that we were any different from our white playmates" (251). For Kulyk Keefer, as a young woman ethnic marginalization fueled a desire to flee her heritage, rather than turn to it.

WORKS CITED

Ahmed, Sara. *The Cultural Politics of Emotion*. New York: Routledge, 2004.

Chong, Denise. *The Concubine's Children*. 1994. Toronto: Penguin, 2006.

Delisle, Jennifer Bowering. "'Genealogical Nostalgia': Second-Generation Memory and Return in Caterina Edwards' *Finding Rosa*." *Memory Studies* 5.2 (2012): 131–44.

Eakin, Paul John. *How Our Lives Become Stories: Making Selves*. Ithaca, NY: Cornell UP, 1999.

Fong Bates, Judy. *The Year of Finding Memory*. Toronto: Vintage, 2010.

Foucault, Michel. "Nietzche, Genealogy, History." *Language, Counter-Memory, Practice: Selected Essays and Interviews with Michel Foucault*. Ed. Donald F. Bouchard. Ithaca, NY: Cornell UP, 1977. 139–64.

Jantzen, Lorna. "Who Is the Second Generation?: A Description of Their Ethnic Origins and Visible Minority Composition by Age." *Canadian Diversity* 6.2 (2008): 7–12.

Kobayashi, Audrey. "Introduction: A Research and Policy Agenda for Second Generation Canadians." *Canadian Diversity* 6.2 (2008): 3–6.

Kulyk Keefer, Janice. *Honey and Ashes*. Toronto: HarperCollins, 1998.

———. "'The Sacredness of Bridges': Writing the Immigrant Experience." *Literary Pluralities*. Ed. Christl Verduyn. Peterborough, ON: Broadview, 1998. 97–110.

LaCapra, Dominick. "Trauma, Absence, Loss." *Critical Inquiry* 25.4 (1999): 696–727.

Miller, Nancy K. *Bequest and Betrayal: Memoirs of a Parent's Death*. Bloomington: Indiana UP, 2000.

Ondaatje, Michael. *Running in the Family*. Toronto: McClelland and Stewart, 1993.

Ritivoi, Andreea Deciu. *Yesterday's Self: Nostalgia and the Immigrant Identity*. Lanham, MD: Rowman and Littlefield, 2002.

Seremetakis, C. Nadia. *The Senses Still: Perception and Memory as Material Culture in Modernity*. Chicago: U of Chicago P, 1996.

6

DIASPORA, LOSS, AND MELANCHOLIC AGENCY

Mapping the Fields between Susanna Moodie and Dionne Brand

L. CAMILLE VAN DER MAREL

Postcolonial analyses of Canadian literature demonstrate how settler-colonialism's possessive notions of land and calculated deployments of remembrance (and forgetting) overdetermine the nation's physical and ideological boundaries; transnational critique examines how community, as prescribed by citizenship in the modern Canadian state, yokes identity to geography in ways that obscure, contort, and ultimately exclude. Both fields show that "we produce space, we produce its meanings, and we work very hard to make geography what it is" (McKittrick xi). Despite shared concerns with Canadian geography's culturally derived meanings, settler-colonial and transnational texts are rarely perceived as participating in similar territorial processes and infrequently placed in critical dialogue. Instead, these categories carry implicit temporal, spatial, and racial boundaries. Despite their disciplinary functions, these critical categories effect their own elisions and are causing a critical gap to grow in Canadian literary studies: with the transnational turn away from the language and theory of the postcolonial, Canada's settler-colonial legacies are distanced from this nation's reimagining as a site of transnational or global consciousness.

Amidst these disciplinary shifts, literary studies "has to take account of the problematic consonance of periodization with space making that constitutes the literary and aesthetic objects of study" (Quayson 345). Canadian literary studies may be unintentionally stiffening historical boundaries of its own making by cleaving Canada's colonial past from its transnational present. Likewise, rather than imagining the colonial, postcolonial, and transnational as distinct temporal moments arranged in an orderly and teleologic progression, much Canadian literature suggests a more radical entanglement of colonialism, postcolonialism, and globalism as concurrent ideological trajectories. This chapter accordingly turns to two autobiographic works that help measure the messy distances, upheavals, and borderlands between the settler-colonial and the transnational. Susanna Moodie's *Roughing It in the Bush* (1852) is a largely linear autobiography that chronicles Suffolk-born Moodie's immigration from England and her experiences homesteading in rural Upper Canada (now Ontario) between 1832 and 1839. An anchor of the Canadian literary canon (Peterman viii), *Roughing It* is both held up and cast down as exemplifying settler-colonial representational traditions, though such normalizing readings tend to obscure Moodie's ambivalence and gendered experience of diaspora. Dionne Brand's *A Map to the Door of No Return: Notes to Belonging* (2001) likewise frequents Canadian literature syllabi, but unlike *Roughing It*'s realist emphasis and sequential logic, *Map* travels peripatetically via the facts and fictions of diaspora that collectively (dis)locate Brand as a queer black subject in contemporary Canada. In particular, Brand's reflections hold "place and placelessness in tension, through imagination and materiality, and therefore respatializes Canada on what might be unfamiliar terms," (McKittrick 106) questioning the role land's possession plays in establishing the social recognition that remains elusive for racialized individuals in Canada.

The differences between these works are self-evident, but their pairing here is methodologically intentional. Subtle but pervasive critical narratives that distance the settler-colonial from the transnational or diasporic are not benign as such breaks leave settler-colonialism's diasporic origins underexplored and fail to consider how settler-colonial ideologies have adapted to transnational vectors. Additionally, racialized diasporic subjects' occupation of Indigenous territory remains a fraught critical lacuna. As an alternative to critical narratives predicated on clear breaks and distinctions, Paul Gilroy describes the possibilities of a re-politicized "planetary humanism," one that blurs rather than accentuates racial, ethnic, and cultural differences in his *Postcolonial Melancholia*: "We need to consider whether the scale upon which sameness and difference are calculated might be altered productively so that the strangeness of strangers goes out of focus and other dimensions of basic sameness can be acknowledged and made significant" (3). Diaspora theorist James Clifford similarly describes contemporary diasporas as offering new possibilities for "nonexclusive practices of community, politics and difference" (302), but this potential arguably results from the shrinking spatial-temporal distances between *contemporaries* and *contemporary diasporas*. What of the distances that separate non-synchronous or transgenerational communities? Does globalization's shifting time scales help us imagine community *across* historical boundaries, or do these shifts only reaffirm distinctions between past and present? These questions are particularly concerning for settler-colonial societies, where discourses of globalization and transnationalism break the present off from its constitutive colonial pasts. When understood as signalling a radical historical break, discourses of globalization help settler-colonial nations distance themselves from their simultaneously diasporic and genocidal origins. Accordingly, Gilroy's call to bring sameness into focus while blearing strangeness brings a unique challenge to Canadian literary scholarship: in addition to discussing the critical lenses we read through, we must also consider our focal ratio, the f-stop or relative aperture that focalize what we read (and what we read for) across a dynamic temporal range. In short, we have to question our existing scales of sameness and difference if we wish to exceed the boundaries and elisions periodization imposes on the study of Canadian literature.

Literary scholarship often discusses Moodie and Brand as representative of Canada's colonial and transnational moments, but "Canada" is an unstable signifier in both works: Moodie describes immigrating fifteen years prior to the nation's federation and Brand writes after "the power and autonomy of the nation-state itself gets called into question by transnational forces that threaten its demise" (Jay 47–48). These works' categorizations as colonial or transnational belie the transnationalism of Canada's past and the neocolonialism of its present. Further, Moodie and Brand write about their respective moments as female subjects whose representativeness is never total or totalizing. Their pairing highlights how minority voices both historically and presently define the oscillating, unstable categories of Canada and Canadian literature. Rather than attributing the nation-state's ideological instability to revelations arising from the academic turn towards trans- or post-national critique, these writers' pairing helps demonstrate that the Canadian nation's conceptual instability has deeper roots that originate the settler-subject's own ambivalences. Read individually, *Roughing It* and *Map* chart diasporic women's struggles to claim space and legitimize belonging during and after Europe's colonizing projects. Read together, they map the growing critical gap that separates Canada's settler-colonial history and the nation's popular and academic reimagining as a site of transnational consciousness.

It proves increasingly difficult to examine the structurally paradoxical idea of transnational Canadian literature without returning to Canada's settler-invader narratives, those that establish the socioeconomic disparities and national mythologies that much racialized, diasporic, and Indigenous literature impugns. Rinaldo Walcott summarizes that "settler colonies can be characterized by their struggles over race and space" (43). As this collection asks us to read for space and memory's conceptual repetitions and slippages in individual texts *and* across the conceptual breadth and historical depth of CanLit, Walcott's observation offers a valuable limit. Studies of Canadian literature demarcate not only geographic territories but time itself according to racial distinctions. Ato Quayson has recently observed that categories such as "the postcolonial" contain "mutually reinforcing periodizing and spatial functions," as "the most common ideas that circulate in the field, such as colonial encounter, neocolonialism, nationalism and post-nationalism, hegemony, transnationalism, diasporas, and globalization, are organized around often unacknowledged spatial motifs" (342). Collectively, Walcott and Quayson remind us that the distances between colony and nation, rural and urban, local and global are never purely geographic, but additionally a question of community: "colonial space making is first and foremost the projection of a series of sociopolitical dimensions onto geographic space...dimensions [that] involve not just society and politics but also economy, culture, and a wide range of symbolic and discursive practices" (Quayson 344).

Like Canada's settler-colonial history and transnational present, Moodie and Brand appear connected by *gesellschaft*, "the more formal, more abstract, and more instrumental relationships of the state" (Williams 76), but hardly, it seems, *gemeinschaft*, "the more direct, more total, and therefore more significant relationships of community" (Williams 76). Their shared concerns with women's claims to space and belonging, however, offer common ground between the white settler-colonial and racialzed transnational communities that literary studies uses them to represent. What solidifies these works' pairing, what originally brought them together in my thinking, is *Roughing It* and *Map*'s common depictions of diasporic loss, mourning, and hauntings by colonialism's ghosts. Moodie and Brand are indisputably disparate in their valuations of land, nation, and citizenship, yet each autobiography explores how loss roots diasporic women to land. Experiences of loss provide each diasporic author a unique affective platform from which to self-identify. More theoretically, Moodie's and Brand's autobiographies record their respective deployments of "melancholic agency," a concept Judith Butler lights on in her conclusion to David Eng and David Kazanjian's collection *Loss: The Politics of Mourning* (468). Here, Butler writes that while the subject of mourning/melancholia "cannot know its history as the past, cannot capture its history through chronology" (468), such totalizing losses can unexpectedly help re-establish agency and identity: "a fractured horizon looms in which to make one's way as a spectral agency, one for whom a full 'recovery' is impossible, one for whom *the irrecoverable becomes, paradoxically, the condition of a new political agency*" (467, emphasis added).[1] Amidst their spatial and social dislocations, Moodie and Brand use melancholic agency to locate themselves within and against the Canadian state. In *Roughing It*, the women of Canada's settlement gain "Canadian" identity through experiences of loss. Melancholic agency links the female mourner to the nation, and allows her to claim belonging as well as land. Brand complicates these colonizing deployments of melancholic agency in *Map* by questioning the nation-state's capacity to console or legitimate contemporary subjects. Resisting nationalism's violent histories and proscribed identities, Brand uses melancholic agency to establish an alternative and self-identifying community based on shared experiences of dispossession. I use these authors' common deployments of "melancholic agency," an agency "animated precisely by what is not recoverable" (Butler 468) in narratives of diasporic loss, to draw a transhistorical community akin to the Latin *communitatem*, "a community of relations or feelings" (Williams 75), between Brand and Moodie.[2] Butler describes melancholic agency as arising from losses that are never exclusively psychic, but social, political, and aesthetic. In turn, these losses foster a "sense of belatedness, of coming after, and of being thus fundamentally determined by a past that continues to inform it" (468). Her description here is strikingly evocative of life after diaspora. This present study brings Canadian literature's colonial and transnational lineages, intersections, and gulfs into relief by examining how loss is located—and helps locate the female, disaporic subject—in Canadian space.

Here, it helps to briefly clarify some key terms. *Diaspora*, like mourning and melancholia, is difficult to deploy to everyone's satisfaction. My decision to approach Moodie as a diasporic subject counters the racial othering and minoritization that is central to certain iterations of diaspora studies. Rogers Brubaker, for example, contends that "if everyone is diasporic, then no one is distinctively so. The term loses its discriminatory power—its ability to pick out phenomena, to make distinctions" (3). As discussed, blurring of difference in order to refocus on similarity is largely the point here, because it allows us to pick out other phenomena—common practices of melancholic agency, for instance—that are overlooked in analytical paradigms organized around difference. In this chapter, then, diaspora denotes a cultural identity that defies singular definitions, embodiments, or temporalities, and is "a matter of 'becoming' as well as of 'being.' It belongs to the future as much as to the past. It is not something which already exists, transcending place, time, history and culture" (Hall 225).

I also read Brand and *all* non-Indigenous Canadians as potential settler-subjects, though I am cautiously aware of the sleight of hand, the displacement of white privilege, this categorization risks. Existing scholarship remains genuinely unsettled on how to theorize diasporic and Indigenous communities' intersections in Canada. Amidst these uncertainties, I follow Glen Sean Coulthard, who encourages scholars to approach settler-colonialism not as a singular past-tense event, but an ongoing system of relational practices "where power—in this case interrelated discursive and nondiscursive facets of economic, gendered, racial, and state power—has been structured into a relatively secure or sedimented set of hierarchical social relations that continue to facilitate the *dispossession* of Indigenous peoples of their lands and self determining authority" (6–7). Beyond being inextricably situated within these structures and relational practices, Brand's works test what happens when sites of Indigenous colonization are re-territorialized to allow for the enunciation of trans- or post-national subjectivities: what, her works ask, does it mean to give up on land or nation when that land is simultaneously nationalized space and Indigenous territory?

Anne Anlin Cheng's arguments from *The Melancholy of Race: Psychoanalysis, Assimilation, and Hidden Grief* further inform this reading: racial melancholia, she observes, shapes white and non-white identifications alike as the experience of melancholic loss is not limited to any one racial group (xi). Common, not identical, experiences of diasporic loss connect Brand and Moodie across their respective geographic displacements and temporal distinctions. In turn, these diasporic women's literary representations make academic studies' shifting relationship with space, race, and memory visible. Drawing on their autobiographic texts allows this chapter to chart unmapped conceptual territory that distances the settler-colonial and the racialized transnational in studies of Canadian cultural production.

WOMEN'S WORK: CULTIVATING MELANCHOLIC AGENCY FROM DIASPORIC LOSS

Though they arrive at different conclusions about land's role in establishing and legitimizing identity, Moodie and Brand both chronicle how acts of mourning allow diasporic women to establish "imaginary coherence" (Hall 224) with the Canadian landscapes they inhabit. To begin, it is important to consider how settler-colonial women's relationship with land differs in complex ways from their male counterparts. D.M.R. Bentley identifies three socially recognized means for making land claims in colonial Canada: "(1) the right of first discovery; (2) the right of first possession; and (3) the right of annexation through labour" (47). Just as the acts used to claim land in Canada were inherently racialized—Bentley observes that Indigenous peoples were precluded from the "relevant consensual community" (48) of these principles—they are gendered in ways that prevent women from exacting similar claims: women were mostly absent from moments of first discovery and first possession, and their domestic labour constitutes a separate economy from the Lockean acts of agrarian husbandry that secured men's land claims.

These observations demonstrate that "the settler" is far from unified, and gender is a significant site of difference within this category. Alan Lawson observes that Canada's European settlers "[enunciate] the authority that is in colonial discourse on behalf of the imperial enterprise that *he—and sometimes she*—represents," (156) adding that men and women embody colonial authority differently: "The settler subject represents, but also mimics, the authentic imperial culture from which *he—and, more problematically, she*—is separated" (156, emphasis added). Desires for land—or, more tangibly, representations of these desires—split along gendered lines: "The settler subject also exercises authority over the Indigene and the land while translating his (but rarely her) desire for the Indigene and the land into a desire for Native authenticity in a long series of narratives of psychic encounter and indigenization" (156). Female settlers did, of course, desire land, the Indigene, and Native authenticity, but their representations of this desire cannot (or can only uncomfortably) deploy the sexualized tropes of penetrating and exploring feminized landscapes, those Anne McClintock discusses throughout *Imperial Leather*. Less clear, then, is how the women of Canada's colonization represented and established their imagined coherence with, and their indigenization to, the land they occupied.

While—or perhaps because—the rhetorical and legal strategies that established men's land claims largely precluded female settlers, women forged alternative mechanisms to imagine belonging in Canada.[3] In *Roughing It*, mourning is one such mechanism: throughout, women's experiences of loss provide the basis for both formal and rhetorical claims to land and, consequently foster the indigenization of female settlers. After arriving in Montreal from England in 1832, the Moodies—then Susanna, her husband John, and daughter Katie—booked passage on a steamer across Lake Ontario to Cobourg, site of their first settlement. Aboard, they encounter a Scottish couple "struggling with intense grief" (39) as "their only son...had died that day of the cholera" (40). The mother wails "Ah, for a place where I might [greave]" (40),[4] which Moodie interprets as both a cry for privacy and a lamentation that underscores the mother's non-belonging in Canada: "all their hopes for the future were buried in his grave. For his sake they had sought a home in this far land; and here, on the very outset of their new career, the fell disease had taken him from them for ever" (40). Physically removed from the graveside, the Scottish mother appears to have no future in Canada without her son.

Roughing It is Moodie's retrospective reflections on her past and it incorporates the perspective she gained during the approximately twenty years between her immigration and her writing. The trip to Cobourg provides Moodie one such retrospective opportunity. She voices her melancholic homesickness, "my whole soul yielded itself up to a strong and overpowering grief" (60), but pairs her initial despair with ex post facto reflections that arc the narrative away from diasporic loss: "Now, when not only reconciled to Canada, but loving it...I often look back and laugh at the feelings with which I then regarded this noble country" (61). *Roughing It*, then, charts not only the family's geographic relocations but Moodie's own course away from diasporic melancholia and towards indigenization as she overcomes her sense of homesickness and un-belonging.

The family's arrival at Cobourg, however, provides little comfort. Unable to move directly into the homestead John purchased, the Moodies rent a "miserable hut" and "untenable tenement" (61) adjacent to their new home as they wait for the original "American" owners, the Harris family, to depart. Moodie describes her neighbours as "odious squatters...ignorant as savages, without their courtesy and kindness" (58). Her interactions with the Harrises are all more complex given their implied African origins: "although rarely discussed by CanLit critics, a number of black characters appear in *Roughing It*, making palpable a black presence in Upper Canada from the earliest waves of settlement....The most substantial and significant black presence in Moodie's text is, arguably, the H— family" (Medovarski 99).[5] While Moodie dwells on the squatting family's impositions and intrusions, Andrea Medovarski alternatively presents the Moodies as exploitative and appropriative in their interactions with the Harrises: "the H—family's presence on the land, which predates that of the Moodies by a full generation, illustrates that Canadian settlement was neither peaceful nor benign. While the myth of the empty lands usually speaks to the erasure of Canada's Native inhabitants, colonial hegemonisation is revealed, in this instance of black displacement, to be an even more complex process" (103). It remains difficult to assert whether the Harrises were in fact African American or what their legal rights to the Cobourg property were, but their very presence in *Roughing It* troubles critical and popular narratives that present Canadian colonization as the exclusive project of white European subjects.[6]

Moodie resents the Harrises, but is nonetheless moved by the family matriarch's attachment to the land. Upon their eventual eviction, Moodie recounts Mrs. Harris's parting reflections: "my children and husband are dead, and their bones rest beneath the turf in the burying-ground....It is hard, very hard, that I must leave their graves to be turned by the plough of a stranger" (89). Here, an economy of women's mourning enters the text: beyond the affective purchase these losses gain with Moodie, Mrs. Harris additionally uses loss to parlay her otherwise tenuous possession of the Cobourg property into socially acknowledged proprietary rights. In negotiations steeped in the language and symbolism of female mourning, Mr. Clarke, the Moodie's unscrupulous land speculator, initially offers Mrs. Harris a "black silk dress" (89) in exchange for her family's departure from the Cobourg property. Mrs. Harris refuses his "shroud" (89) but agrees to sell her dower for an additional twenty dollars (90). The loss of male relatives—the death of Mrs. Harris's husband, for example—was one means for women to acquire property in colonial Canada. Unexpectedly, these affective losses are accounted for in land's value: the Moodies agree to pay Mrs. Harris an additional settlement to rent her cabin on the already-purchased land.[7] Further, after this protracted departure, the Harrises reappear on the Moodie's property only once. They do so to bury Phoebe Harris, the family's eldest daughter, who had requested she be interred there before she passed (113–14). Though acts of mourning and loss, the Harris women maintain a claim to the Cobourg property, occupying it even in death.

Just as Mrs. Harris uses melancholic agency to tender a currency of loss, Moodie similarly deploys this agency to establish her own land claims. With her repeatedly frustrated desires to legally own property ("How I wish those odious people would give us possession of the home which has for some time been our own!" [86]), Moodie learns to perform the affective land claims other women extend on behalf of their losses. This process is most evident in passages where Moodie questions her own belonging: "my love for Canada was a feeling very nearly allied to that which the condemned criminal entertains for his cell—his only hope of escape being through the portals of the grave" (91). This and similar claims could be dismissed as a hyperbolic warning for potential immigrants. Ironically, though, the events that cause Moodie to explicitly identify with Canada are the separate losses of two sons, George Arthur and John Strickland. Neither son's death occurs within the seven years described in *Roughing It*, but Moodie proleptically announces their passing to her reader: "I will and do love thee, land of my adoption, and of my children's birth; and, oh, dearer still to a mother heart—land of their graves!" (49). Moodie's melancholic claims help her both establish and assert a sense of belonging in the land she occupies. Loss, in turn, tethers the female mourner to the physical land *and* the settler-colonial nation. The loss of her sons has an indigenizing and nationalizing effect on Moodie, who validates land claims like Mrs. Harris's by performing her own on George Arthur and John Strickland's behalf.[8] Alluded to in *Roughing It*'s epigraph, such losses effectively indigenize the female settler: "I sketch from Nature, and the picture's true; / Whate'er the subject, whether grave or gay, / Painful experience in a distant land / Made it my own." Indeed, the link between mourning and national belonging comforts Moodie, and presents an alternative to those, such as the Scottish mother, who drift without place, only space, in which to mourn.

Drifting unanchored across national space and desires for territorial possessions are prevalent themes in Brand's *Map* as well, yet their associations are starkly different. This non-linear autobiography is initiated and sustained by a need to mourn the Middle Passage and its dilated consequences in the globalized present. The Door of No Return, Brand's name for the Middle Passage and its resulting diasporas, is described as a simultaneously physical and psychic dislocation: "Though few of us have seen it, or consciously attach importance to it, this door in its historical connectedness was the point of departure, not only physical departure but psychic renting, of our ancestors" (21). Living in the aftermath of this profound loss, Brand explores the role land plays in establishing belonging and community. As with *Roughing It*, the desire for imagined coherence after diaspora is palpable in Brand's autobiography, yet she refuses to claim anchorage to any nation or national identity. Rather than participating in acts of mourning that afford indigenization through affective land claims, Brand uses melancholic agency to establish a deterritoralized social site, a new community, from which to critique national histories and colonial dispossessions.

The black diaspora's manifold geographical, cultural, and psychic losses are the condition from which Brand articulates her emergent postnational politics. Marlene Goldman argues that Brand's autobiography evinces a "politics and aesthetics of drifting" (22) that "offers an alternative to the boundedness of home and...underscores the inadequacies of the nation-state, particularly in its responses to demands for social justice in a global era and in its long-standing practices of exclusion" (13). Here, a politics of drift begets ethical deterritorializations of the Canadian nation-state. Maia Joseph, alternatively, focuses on Brand's "landings," "which [suggest] an ongoing process and [indicate] that she is not interested in mapping a static, universalized landscape" (77). Joseph's "landings" characterize the diasporic and non-nationalized individual as representing an emergent and critical ontology that helps expose the fallibility and weaknesses of the nation-state. Whether drift or landing is emphasized, both analyses contend that *Map* strategically disavows nationalism. The contemporary nation-state, its implied inclusions and exclusions, and its colonial origins are the focus of Brand's critique.

The Door of No Return, Brand writes, is "no place at all but a metaphor for place. Ironically, or perhaps suitably, it is no one place but a collection of places" (18). Through this central metaphor, *Map* substantiates the impossibility of geographically locating the black diaspora's losses in any one location, let alone a singular nation: "I know many nationalists along this journey....There are flags and anthems, even a real love for each place—the ways and objects and events which collect into nations. But the Door of No Return opens all nationalisms to their imaginative void" (49). McKittrick argues the work "simultaneously offers no return and a return to different forms of spatial occupation and domination" (106). This difference, this new form of spatial occupation, is born of Brand's own deployments of melancholic agency. Despite land and belonging's powerful pull, especially for marginalized and displaced subjects, Brand remains skeptical of how nation-state's territorial possessions force certain identifications and communities into being: "Some of us in the Diaspora long so for nation—some continuous thread of biological or communal association, some bloodline or legacy that will cement our rights to the place we live. The problem of course is even if those existed—and they do, even if in the human contraband which we represent in the romance—they do not guarantee nation for Blacks in the Diaspora" (67). At worst, national belonging has the potential to cause the black diaspora to forget the Middle Passage and its resulting losses: "We were not from the place where we lived and we could not remember where we were from or who we were" (5); at best, national belonging offers no consolation: "our grief remains unassuageable at a profound level. No seeing can truly verify the door, no real place can actualize the lost place. Not in any personal sense" (26).

Diana Brydon contends that the work of contemporary black Canadian writers "redefines, rather than abandons, the category of nation" (120). I would add that Brand's works, especially *Map*, reimagines the role possessions—particularly territorial possessions—play in establishing identity and community. Aware that diasporic subject's losses can be channelled into national sentiments, Brand remains cautious about what such sublimations do to and for this subject given that the desire for national belonging is so closely linked to colonialism's atrocities: "Belonging does not interest me. I had once thought that it did. Until I examined the underpinnings. One is misled when one looks at the sails and majesty of tall ships instead of their cargo" (*Map* 85). Given Brand's skepticism of national belonging, Brydon additionally suggests that diaspora "constitutes her only country" (115). Although a valuable reminder that the nation-state is not the only vector for belonging, community, or nation, *Map* is clear that loss and displacement does not render diasporic communities inherently politicized or progressive social bodies that willingly accept Brand, her postnational and anticapitalist politics, or her queer identity.[9] Rather than identifying with any and all diasporic subjects, *Map* focuses on dispossessed subjects, those that have impermanent, non-possessive relations with the places they inhabit.

In turn, Brand imagines alternative non-national communities. These communities are not founded on common origins or race, but on shared feelings of loss and dispossession. *Map* focuses on characters that rent apartments or are homeless in a Toronto Brand refers to as "this parking lot of a civilization" (107). She even goes so far as to write, "I am the citizen of the parking lot" (110), identifying with impermanence and temporary occupations of space. Her "Ruttier for the Marooned in the Diaspora" (212–18) describes a community of dispossessed subjects who "disinherit answers. They owe, own nothing" (213): "These spirits are tenants of nothing jointly...rent[ing] rooms that disappear...These people are un-people, de-people until they jump overboard, hijack buildings and planes. They disinhabit unvisited walls...These shake with dispossession and bargain, then change their minds...They are bony with hope, muscular with grief possession" (214–16). The Canadian nation's unjust (dis)possession of Indigenous land repudiates acts of mourning such as Moodie's that comfort the diasporic subject by tethering her to the nation-state. Dispossession becomes *the* condition for imagined community and belonging in *Map*. Brand identifies her community by its members' dispossessions: their dispossession of land, dispossession of national identity, and dispossession of the illusions of belonging that come with both.

(UN)SETTLED GROUND AND THE SPECTRES OF CANADA'S COLONIAL HISTORY

This search for Raymond Williams's *communitatem* between Moodie and Brand initially arrives at an account of difference: if Moodie's *Roughing It* is a map that plots a route for the indigenization of (women) settler-invaders through the consolations offered by land's possession, then *Map* bushwhacks its own path around nation and questions the comfort that comes from possessing land or a nationalized identity. At this seeming impasse, Butler's reflections on melancholic agency are instructive. Here, melancholic agency arises from loss precisely because loss establishes new communities of belonging:

> Perhaps this is a place where belonging now takes place in and through a common sense of loss (which does not mean that all these losses are the same). Loss becomes condition and necessity for a certain sense of community, where community does not overcome loss, where community cannot overcome loss without losing the very sense of itself as community. And if we say this second truth about the place where belonging is possible, then pathos is not negated, but it turns out to be oddly fecund, paradoxically productive. (468)

Incongruously, loss of land and belonging becomes a site for self-identification and community formation, a process demonstrated in both Moodie's and Brand's autobiographic works. Diasporic loss and negated claims to land are common social sites from which Moodie and Brand challenge the axes of hegemonic belonging that define the Canadian nation from their respective historical moments. Their transhistorical community is not necessarily a condition of shared temporality or even affiliation so much as a corollary of common affect. Community, here, is based on common experiences using melancholic agency to position the self in Canada's geography—whether physical or social—from which both diasporic women are excluded, precluded, and denied access.

Butler's description of community as "a place where belonging now takes place in and through a common sense of loss" does not anticipate the transhistorical communities this chapter posits, but does suggest that acknowledging Moodie's and Brand's common appeal to melancholic agency need not draw some false equivalency between these diasporic women or their respective losses. The risk such transhistorical communities pose, however, concerns the implied value of literary lineages that link Brand and Moodie. Such connections could re-cover (as opposed to recover) black histories in Canada by presenting these histories as derivative of paternalistic—here maternalistic—white colonial origins. Walcott's discussion of Negro Road's renaming in *Black Like Who?* (43–49) and Camille Turner's (a.k.a. Miss Canadiana) walking tours of Toronto's Grange district challenge the geographic and embodied conceptions of Canadian places/faces as zones of whiteness. They demonstrate how black histories are so easily occluded by Canada's national narratives that overwrite (and over-white) the presence of racial Others. These ongoing erasures of Canada's racialized past are a testament to settler-colonialism's contemporary force, as the exclusion of black geographies and histories from national memory both rewrites Canada's racialized past and codes Canada's black communities as recent arrivals.

Because settler-colonial power often results from its occlusions, we have to consider how contemporary critique situates Brand within Canada's cultural lineages, those in which Moodie acts as a literary matriarch. In doing so, we find a tradition rife with metaphorical hauntings: Eva-Marie Kröller suggests that Moodie and the women writers of Canada's settlement have "assumed the stature of literary ghosts...They shaped models for a confrontation between Canadian women and their natural environment" (45). Likewise, Margaret Atwood describes (and effectively prescribes) Susanna Moodie as "the spirit of the land she once hated" (64). A critique that maintains differences between Canada's colonial past and transnational present is available here: depictions of a wraith-like Moodie haunting Canada's writers overlooks that not all Canadians will experience—or accept—hauntings by the same spectres of history. Here is where we begin to feel an uncomfortable pull against our search for Gilroy's fundamental commonality between Moodie and Brand: Atwood may accept Moodie's haunting and comfortably reproduce her confrontations with hostile natural landscapes, but it is more difficult to assert Brand's connection to national literary lineages that originate in settler-colonialism and its understandings of space, land, and nation. Alternatively, dismissing Atwood's and Kröller's generalizations as irrelevant in "transnational times" risks implying that racialized diasporic subjects have no relationship with Canada's settler-colonization.

Here it is important to remember the Harrises: Medovarski argues that "whether literal or discursive, the removal of a black woman such as Mrs. H— from the landscape to make room for white middle-class English settlement has profound symbolic resonances...To consider the racialization and displacement of Mrs. H— is to throw the dominant discourses of CanLit, and its presumed origins in a white settler tradition, into chaos" (102). The Harris family highlights uncertainties contemporary scholarship has about extending the settler-colonial label to non-white subjects, which, as Medovarski argues, radically expands the chronologies of Canada's settlement and disrupts narratives of the nation's teleologic progress from European colony to multiracial transnational polity. This uncertainty and discomfort ultimately occlude non-Indigenous but otherwise racialized presences and their participation in Canada's colonial settlement, past *and* present.

Butler's reflections on melancholic agency offer one further insight: the transhistorical community formed by Moodie and Brand's common deployments of melancholic agency helps deconstruct the spatiotemporal distinctions that falsely historicize black diasporas as exclusively contemporary phenomena and separate from the nation's colonial history, while contesting the discursive indigenization of white settler-invader subjects. Loss, Butler observes, has the unique capacity to insist on the presence of the past in the present. This does not, however, free melancholic agency from its constitutive processes: "let us be clear about what this productivity is....It cannot constitute a rewriting of the past or a redemption that would successfully reconstitute its meaning from and as the present. Whatever is produced from this condition of loss will bear the trace of loss" (468–69). Melancholic agency, then, has the potential to recreate the very constellations of power that engendered loss in the first place. Mourning affords Moodie and the women she encounters in Canada a socially recognized claim to the land they occupy; while their deployments of melancholic agency deterritorialize pre-existing claims predicated on masculine labour, they ultimately reaffirm and replicate colonial systems where belonging and identity is rooted to possessive individualism.

Reactive re-inscriptions of loss are explicitly clear in Moodie's indigenizing deployments of melancholic agency, but more problematically abstruse in Brand's postnational ones. Melancholic agency's reactivity, the trace of its constitutive losses, becomes more clear if we consider the role hauntings play within—and between—these autobiographic works. Settler-colonialism's appropriation of Indigenous land is not an exclusively physical process, but also a rhetorical one (Johnson and Lawson 364) that indigenizes settler-subjects while evacuating the land of Indigenous and otherwise racialized presences (Medovarski 103). *Roughing It* provides Canadian literature scholars with an infamous example of such evacuations. After a series of failed financial ventures, Susanna and John abandon their homestead in Cobourg and secure new land in the village of Douro, outside of Peterborough. This is a largely happy relocation: Catharine Parr Traill, Susanna's sister, lived nearby, and the Moodie's new lot was already cleared—and clearing the land proved a repeated source of frustration and financial loss in Cobourg.

While travelling to Douro, however, Moodie grows scared, especially while passing through the woods at night. Her driver, Mr. D—, calms her by stating: "There are no ghosts in Canada! The country is too new for ghosts...It is more than probable that no person ever ended his days in this forest, so that it would be folly to think of seeing his ghost" (178–79). This claim, Shelly Kulperger argues, evacuates the land of Indigenous inhabitants, living and dead, as well as their history, and "provides a lasting blueprint by which Canadians have been able to comfortably affirm the lack of ghosts or atrocities within the borders of their home" (100). The above quote from *Roughing It*, often falsely attributed to Moodie, has come to exemplify the rhetorical erasure of Indigenous peoples from Canadian land, but it seems a slight misreading to argue Moodie believes there are no ghosts (or atrocities) in Canada. Moodie does find Mr. D—'s logic comforting, and she reflects that "bad spirits cannot be supposed to linger near a place where crime has never been committed. The belief in ghosts, so prevalent in the old country, must first have had its foundations in the consciousness of guilt" (179). Elsewhere in *Roughing It*, though, Moodie readily accepts the presence of Indigenous ghosts and revels in native traditions for living with their hauntings. These inconsistencies are literary evidence of the settler-subject's ambivalence. They also complicate critical narratives that present the settler-colonial subject as coherent or singular.[10]

In his field-initiating study of settler-colonialism, Lawson observes that the settler-subject is "caught between two First Worlds, two origins of authenticity: the originating world of Europe, the imperium, as a source of the Second World's principal cultural authority; and that of the other First World, that of the First Nations, whose authority the settlers not only effaced and replaced but also desired" (158). Given the split between these sources of authority and authenticity, "the *illusion* of a stable self/other, here/there binary division has *never* been available to Second World writers...As a result the sites of figural contestation between oppressor and oppressed, colonizer and colonized, have been taken inwards and internalized" (Slemon 38). Moodie struggles throughout her autobiography to reconcile multiple narratives about the land she occupies, its history, and its rightful possession.

Roughing It is a fundamentally ambivalent text, and the Native spirits that linger throughout Moodie's work show how she oscillates between recognizing and erasing the cultures she displaces. Settler-colonialism's territorial claims often involve indigenizing one's own ghosts to the land while exorcising others' off it: "one of the principal functions of the indigenizing narrative is to legitimize the settler; to put the settler in the cultural and discursive place of the indigene whose physical space has already been invaded. The indigenized settler is the figure who is ready to step in when the native 'dies out'" (Johnson and Lawson 364). These literal and discursive displacements are epitomized by Moodie's "A Trip to Stony Lake," a chapter concerning a long-awaited trip to a group of lakes that are at the heart of an unmediated conflict between the area's Natives and the encroaching settler population. Moodie's guide, a fellow European, informs her that the local tribes "are very jealous of the settlers in the country coming to hunt and fish here, and tell many stories of wild beasts and rattlesnakes that abound along its shores" (228). With this preface, Moodie recounts discovering an Indian's grave on one of the lake's islands, and, more importantly to her, her recognition of the "English" flowers that cover it: "The harebell had always from a child been with me a favorite flower; and the first sight of it in Canada, growing upon that lonely grave, so flooded my soul with remembrances of the past, that, in spite of myself, the tears poured freely from my eyes" (227). This scene of mourning is also profoundly invasive. Moodie's tears are not for the Native buried in the grave, but for the symbolic flowers that grow atop it, as they remind her of her lost English identity. What follows is an assertion of her indigenization: Moodie renames an island (228)—an act of possession—and takes solace in freshly identifying with/through the landscape: "I ceased to regret my separation from my native land; and, filled with love of Nature, my heart forgot for the time the love of home" (229). Here, melancholic agency evacuates Indigenous ghosts and histories in order to indigenize Moodie; she actively depopulates the places she visits, including their graves, to fill both with her own significance.

Just as Moodie's writing minimizes Indigenous peoples' physical and ghostly presence in the spaces she occupies, her literary stature helps populate Canada's cultural landscape with the ghosts of European settlers. This is a process that, as Cynthia Sugars describes, provides settler-invader societies a "sense of authenticity" (26) by reaffirming white subjects' indigenization to this land. Beyond the erasure of Indigenous peoples, this process additionally precludes non-white subjects' proper role and presence in the Canadian nation's settlement. It is in this literary context that Brand rejects Moodie's appropriative ghosts and imagines her own subversive ones. Describing Toronto, Brand writes that "in a new city there are ghosts of old cities" (110). This image evokes not only the points of departure that haunt the memory of diasporic subjects living in Toronto, but also Canada's haunting by its colonial history—the Indigenous land Toronto overwrites. Hauntings are fundamentally geographic phenomena, where localized pasts refuse to stay in the past, giving place a sense of history and people a sense of historical belonging; "Having ghosts to call one's own," Kit Dobson observes, "profoundly affects one's relationship to space" (x). Brand draws from haunting images, and populates her urban sites with the ghostly figures of living immigrants: "What holds poetry together in this city, what holds me together," she writes, "is the knowledge that I cannot resist seeing; what holds me is the real look of things. If I see someone I see the ghost of them....If I see the city I see its living ghostliness" (100). By ghosting Canada's cities with dispossessed subjects, Brand hints at both the liminality and invisibility of non-white subjects—whether they are diasporic, Indigenous, or both—in Canadian space while simultaneously asserting these non-white subjects' history within the nationalized spaces that render them invisible. These are ostensibly deterritorializing representations that attempt to decolonize and de-nationalize urban Canada.

Heeding Butler's warnings, though, such deterritoralizing gestures risk reasserting new lines of inclusion and exclusion. "Diaspora," Brubaker notes, "can be seen as an *alternative* to the essentialization of belonging; but it can also represent a non-territorial *form* of essentialized belonging" (12). Brand acknowledges the powerful draw such demarcations have for marginalized communities: "if I reject this notion of origins I have also to reject its mirror, which is the sense of origins used by the powerless to contest power in a society....They must draw very definite borders both to contain their constituencies as well as, in the case of the powerful, to aggressively exclude the other and, in the case of the powerless, to weakly do the same while waving a white flag to the powerful for inclusion" (69). What remains unclear is whether diasporic and racalized subjects like Brand, those who repeatedly challenge and question the nation-state and its violent histories, are haunted—or are haunted differently—by the spectres of settler-colonialism. The distance between Moodie and Brand, settler-colonialism and transnationalism, are often discussed in geographical terms, as though the geographies of diaspora have shifted from Moodie's "bush" to Brand's urban sites and cosmopolitan cities. Heather Smyth's reading of Brand's *What We All Long For* (2005), for example, explores how urban and de-nationalized sites allow racialized subjects to preserve individual differences: "By situating her narrative explicitly in cosmopolitan urban rather than national space, and by exploring a variety of dynamics foregrounding community and identification, Brand offers a vision of a politics of difference that may help us imagine our way out of the limits of multicultural discourse" (274). Cosmopolitan, urban, and space becomes explicitly non-national in this reading, where Toronto, specifically, and urban sites more generally, are celebrated for incubating transcultural challenges against the nation-state and its eliding narratives. Similarly, Walcott directly alludes to Moodie and Atwood when he writes that Brand has moved beyond "literary tropes of 'roughing it in the bush' and 'survival' (...tropes which deny First Nations presence)" (51–52). Smyth and Walcott use geographic distinctions to distance Brand from representational tropes emblematic of white settlers' relations with land, and theirs are compelling arguments. Their critical purchase, however, may have more to do with honouring Brand's vocal rejection of Canada's national legacies than the content of her texts, which complicate such temporally and geographically polarized readings.

In *Map*, urban Canada does not inherently affirm the realization of non-national identities, and rural Canada proves profoundly transnational. Indeed, both sites afford opportunities for either politicization *or* erasure: "A city," Brand writes, "is a place where the old migrants transmogrify into citizens with disappeared origins who look at new migrants as if at strangers, forgetting their own flights. And the new migrants remain immigrants until they too can disappear their origins" (63). When she ventures into rural landscapes—as in *Map*'s passages that are set in Burnt River, Ontario—Brand repeatedly refers the experience as life "[in] the bush" (143, 147, 149), a direct allusion to Moodie and Atwood. Indeed, these Burnt River passages are rife with very issues of survival and struggle in the wilderness that Walcott denies seeing in Brand's work.[11] When literary criticism insists on the difference between settler-colonial and transnational diasporas, it strengthens temporal distinctions of its own making while occluding the literature at hand. Polarizing rural and urban Canada, as Lily Cho argues, additionally means polarizing the nation's diasporas: "I read in the relegating of the non-urban to the non-modern a divorcing of the modern from the historically constitutive... the desire to keep the past in the past is also the desire to keep the past from intruding into the present" (10). Literary studies desire to keep Canada's (settler-colonial) past from intruding into its (transnational) present has manifested in analyses of Brand's writing that focus on her urban sites while overlooking her confrontations with Canada's settler-invader legacies and her entanglement within them, the focus of her rural passages.

Like Moodie, Brand confronts Canada's natural and social hostilities while living in rural Ontario. Cheng's study of racial melancholia argues that the racialized diasporic subject who lives in predominantly white societies loses their sense of inviolability as their very presence reminds the social dominant of their own losses: "if the nonwhite other *is* the melancholic white culture's lost object—simultaneously excluded and consumed—the loss for this other is the impossibility of being an inviolable or unassailable subject" (175). Exemplifying this process, Brand's very presence in rural Canada challenges white Canadian's presumed indigeneity: "This is country where people mind their own business; they are as cold and forbidding as the landscape. They live out here free from the city, they guard their 'property'" (145). Scare quotes around "property" appear throughout her descriptions of Burnt River and trouble the validity of owning land—and the identifications such possessions afford—in Canada's colonial aftermath. Brand depicts settler-colonialism's possessive relationships with land and the accompanying garrison mentality as embodied by Burnt River's white inhabitants. Focusing on the local mechanic, a man who may ignore or attack her because she is a "thing he does not recognize," (141), Brand writes, "I fear the people more than the elements, which are themselves brutal" (143).[12] The mechanic becomes a metonymy for a white Canada that believes in its own indigeneity and accordingly will not identify non-white subjects as fellow subjects, let alone Canadians. By referring to herself from his perspective as "a thing," object and not subject, Brand evokes her uncle's childhood grammar lessons where he teaches her "'It' could never have" (124).[13] Unable to take or to have in a Canada defined by settler-invader modes of possession and racial exclusions, Brand as "it" can never possess and accordingly never belong.

These passages challenge settler-colonialism's fragile claims to land and indigeneity, but an arguably more controversial struggle is also expressed in *Map*'s Burnt River passages. Living alone in a cabin outside the township, Brand describes several unsettling nights when she perceives an Indigenous spirit pass over the land: "It was not a peaceful thing, though it meant no harm to me, I think" (151). This "I think" hints at the uncertain relationship between Canada's First Nations and its racialized diasporic communities. Brand resents her treatment by Canadian customs agents who can see her as nothing but an invader (77); rebukes a white Canadian culture that wants, in her words, "to start the clock of social justice only when they arrived" (82); but is still disquieted by her uncertain relationship with Canada's settler-colonial legacies, including its territorial appropriations, bringing her own ambivalent status as both an individual in the black diaspora *and* a contemporary settler-subject into focus. Between these confrontations with the mechanic and the Indigenous spirit, *Map* questions whether the racialized diasporic subject's occupation of Indigenous land differs from settler-invaders'. Settler-colonial narratives' erasures are well established in existing critique; Brand's *Map* additionally suggests that ambivalent acts of remembrance and forgetting colonial pasts are at play in *all* subjects' occupation of not only Canada but the entirety of North America. This includes the Caribbean. While visiting a museum in Trinidad, Brand observes that Indigenous histories occupy "the first floor of all of our imaginations in the Americas" (197), but later argues, "forgetting is crucial to living with any peace" (204).[14]

These tensions between needing to remember and forget are not ones Brand resolves—nor is she responsible for resolving. Instead, they contribute to her own uncertain positioning within the Canadian nation, and resurface *Map*'s concluding scene. Here, Brand describes a seemingly innocuous bus trip she takes with a friend through urban Vancouver, when a Salish woman boards the Granville bus and asks its black driver for directions: "That [Salish] woman asking directions might have known these names several hundred years ago....The [Salish] woman with no country pays and sits down. The [black] man with no country drives on" (219–20). In this closing scene, Brand attempts to orient herself and other members of the black diaspora in relation to Canada's Indigenous peoples. Her conclusion explores the ironies of geographical location and cultural dislocation in the colonial aftermath. Subject's orientation or knowledge of the land no longer denotes indigenous status. Indigeneity itself appears dislocated, and is found neither in race nor familiarity with landscapes (dis)ordered by Canada's colonization. Of the Salish women, Brand writes, "She has not been careless, no. No, she has tried to remember, she has an inkling, but certain disasters have occurred and the street, the path in her mind, is all rubble, so she asks the driver through lost paths to conduct her through her own country" (220). Read within a framework of feminist cartography, this scene's multiple displacements can be read as "counterdiscursive...both [subverting] established or dominant discursive modes and [providing] the impetus for new and previously outlawed forms of expression" (Huggan 13). The Salish woman's inability to navigate Vancouver's urban landscape does not refute her history within that space; rather, settler-invader nationalism denies racialized Others' possession of land and belonging regardless of their histories within it.

Brand proceeds to use these common dislocations to imagine community between members of the black diaspora and Indigenous peoples, a shared community predicated on what Brand presents as common dispossessions of land and ancestry: "It is only the Granville bus, surely. But a bus where a ragged mirage of histories comes into a momentary realization" (221). *Map* concludes, then, by imagining inclusive communities that thrive outside of the national definitions that assimilate and exclude by foregrounding systemic dispossessions as the basis of solidarity between Canada's racial minorities. Common dispossessions are the impetus for community building and cross-racial identifications in this scene. Brand's framework arguably becomes problematic, though, once she includes Indigenous persons, those perhaps not so eager to give up on land or nation as she is, among her community of the dispossessed. In effect, this scene enacts its own elisions and dispossessions. The uncertainties of her Burnt River passages disappear in Vancouver as the city's urban geography and spatial dislocations obscure earlier concerns with whether Canada's racialized-diasporic subjects participate in—or are the beneficiaries of—Indigenous peoples' ongoing territorial dispossessions. A postnational politics predicated on dispossession may be a viable alternative to the nation-state for Brand, but extending these politics to the Salish woman minimizes racialized and diasporic subjects' implication in settler-colonial appropriations. Importantly, the commonality Brand imagines between Canada's racialized minorities does not extend between them and the nation's white majority, who Brand erases from the scene: "The bus is full, but there are only four of us on it. The driver through lost paths stops and lets someone on and someone off, people who don't realize that the bus is empty but for the four of us" (221). Brand acts the settler-subject in this scene: like the Indigenous grave Moodie finds on Stony Lake, Brand evacuates the Granville bus in order to fill it and its racialized passengers with her own significance.

Brand, too, is haunted by Canada's settler-colonial legacies. Her uncertain role in extending these dispossessions and her struggle to simultaneously acknowledge how racialized un-belonging challenges the traditional nation-state without recreating new essentialized delineations is taut throughout *Map*. These hauntings and tensions are not ones *Map* or Brand resolve insofar as non-whiteness is perceived as incommensurate with Canadian identity. Canadian cultural studies is left to consider whether settler-colonialism's evolving and ongoing processes now cloak their perpetuation through the language and ethics of the "postnational." As settler colonies globalize, the *postnational* is replacing both the *indigenized* and the *Indigenous*, concealing ongoing territorial appropriations and Indigenous displacements that are enacted by white and non-white subjects alike. Indeed, the racialized and diasporic subject's participation in settler-colonial appropriations of Indigenous land appears incongruous insofar as this subject is understood as temporally or racially incommensurate with *Canadian* settler-colonialism. Such readings reinforce the colonized, racialized, and diasporic subject's non-belonging within the Canadian nation-state while bolstering premature narratives of settler-colonialism's foreclosure.

MOURNING MAPPED

Roughing It in the Bush and *A Map to the Door of No Return: Notes to Belonging* map Susanna Moodie's and Dionne Brand's movement across Canada's geographical and cultural landscapes, as they demarcate territories of belonging and un-belonging and frustrated desires for imagined coherence with the places they live. Each autobiographic work demonstrates "a continued" and revealingly strategic "engagement with various and ongoing forms of loss" (Eng and Kazanjian 5) and help illuminate common deployments of melancholic agency across Canada's settler-invader and transnational diasporic narratives. Written ex post facto, Moodie's chronological and geographically linear autobiography acts as a practical guide for married, middle-class, British women considering immigration to Canada. Hers is a course she expects others to follow: "Had we merely desired to please the imagination of our readers," John Moodie writes of *Roughing It* in his "Canadian Sketches," "it would have been easy to have painted the country and the people rather as we could have wished them to be...What is thus lost in truthfulness, it would have gained in popularity with that class of readers who peruse books more for amusement than instruction" (351). Charting both personal losses (the death of her sons) as well as more generalized diasporic casualties (her fading British identity), Moodie presents loss as an inevitable but potentially agential experience for the women of Canada's settler-invasion. Moodie ultimately leads her reader away from diasporic melancholia and towards indigenization, achievable through acts of mourning that anchor the women of Canada's settler-invasion to land.

If Moodie's work claims belonging through the possession of land and national identifications, then Brand's offers an alternative route towards affiliative communities that desire freedom from the nation and its predations. *A Map to the Door of No Return*'s frenetic spatial and temporal travels are personal and unrepeatable: the losses and traumas Brand describes span the numberless diasporas resulting from the Middle Passage's dislocations, yet she does not expect anyone to follow her: "I don't want to suggest that my thoughts are typical of the Black Diaspora, only that they proceed from the experience" (92). In *Map*, mourning positions the diasporic individual relative to place, time, and nation, providing an alternative to colonial models of identity. Moodie's plot, her demonstration of how mourning can act as a female form of land claim, ultimately affirms and replicates colonial and masculine constellations of power. By seeking a community of dispossessed subjects, Brand subverts both masculine and colonial dominance, constellations of power that originate in the possession of land. At the same time, she forms communities based on a less defined but still essentializing quality: dispossession. While Brand imagines community as arising between dispossessed subjects, the boundaries of belonging and non-belonging remain patrolled in her work as she distinguishes between what she perceives as possessive and non-possessive individuals, cultures, and traditions, all the while hinting at the uncertain relationship that separates racialized diasporic subjects and the Indigenous peoples whose land they occupy.

Studies of Canadian literature rely on categories such as the colonial, postcolonial, and transnational, but struggle to define any one in isolation; instead, the field tends to triangulate all three, and consequently seeks their differences rather than similarities. Conceptually, *Map* and *Roughing It* participate in a shared affective community based on common deployments of melancholic agency, which allow Brand and Moodie to position themselves within—and against—Canada's dominant social landscapes. Each author reterritorializes space by questioning their respective moment's official narratives, and expose settler-colonial nations and their literary lineages' inherent instabilities. As academic investments in globalization studies present settler-colonial and transnational literatures as discrete and coherent categories, the critical lacunas arising from such separations have become palpable gulfs between Canada's past and present diasporas. Consequently, it remains difficult to approach the European figures of Canada's settler-invasion as diasporic subjects seeking to escape the very economic, cultural, and ethnographic inequalities their migrations reinscribe. These distinctions also curtail investigations of contemporary racialized diasporas' relationship with settler-colonialism and ongoing processes of territorial occupation.

NOTES

1. Mourning and melancholia are notoriously difficult to define and more troubling still to defend (or dismiss) in literary accounts. Diagnosis, however, is not this chapter's aim. Éva Tettenborn's "Melancholia as Resistance in Contemporary African American Literature" valuably troubles Freudian definitions of mourning and the act of identifying self as subject in slave narratives and their diasporic offspring: "The uneasy relationship between Freud-based theories of melancholia and African American literature becomes evident if one turns to the status of the subject and the lost object as well as modes of subjection and objectification under slavery. Both mourning and melancholia presuppose the existence of a subject who has lost an object. Without subjectivity and the subject's attachments to an object, neither mourning nor melancholia are possible" (107). More generally, Butler notes that "the distinction finally between mourning and melancholia does not hold, not only for reasons that became apparent in Freud, but also because they are, inevitably, experienced in a certain configuration of simultaneity and succession" (472). This chapter draws from the language of mourning and melancholia while trusting Moodie's and Brand's self-identifications with loss, an approach suggested in Eng and Kazanjian's introduction to *Loss: The Politics of Mourning*.
2. Gilroy's repoliticized multiculturalism similarly refocuses critical attention on commonality rather than difference, and is accessible only through a "deliberate engagement with the twentieth century's histories of suffering," which "might furnish resources for the peaceful accommodation of otherness in relation to fundamental commonality" (3–4). "Histories of suffering," (4) the *melancholia* of his work's title, offer an inroad towards better understanding the intimate links between space and memory. This approach can be maintained here even if Gilroy only imagines this engagement within the temporal bounds of the twentieth century.
3. It was not until 1870 that the parliament of the United Kingdom passed the Married Woman's Property Act, which granted married women the right to own money and inherit property; it was 1872 before the Dominion Lands Act granted unmarried mothers homestead land in Canada. While these laws provide some insight, it remains challenging to learn anything of unmarried women's land claims in Canada. For more, see Lori Chamber's *Married Women and Property Law in Victorian Ontario* (1997).
4. Moodie's actual phrasing in *Roughing It* is "Ah, for a place where I might greet," replicating the mourning mother's Scottish accent.

5. Medovarski offers an original and extended reading of the Harrises "blackening" in her essay "Roughing It in Bermuda," which examines how Moodie's pre-immigration work with abolitionist Thomas Pringle and role as amanuensis for former slave Mary Prince inflects *Roughing It*. As with the present chapter, "Roughing It in Bermuda" asks what might be gained by "braiding together canonical white Canadian literatures with slave narratives and contemporary black Canadian literatures" and goes on to compare Moodie and Brand via Prince, arguing that this approach "can help reshape how we might view these supposedly different literary traditions in relation to one another, and help us understand them as mutually constitutive" (110). Medovarski's work is a valuable counter to disciplinary tendencies that cleave settler-colonial and transnational texts from mutual analysis. Her essay does not address why the Canadian academe has been hesitant to do otherwise, an addition the present chapter offers.

6. This uncomfortable cohabitation results from the Moodies' failure to acquire "the right of possession" (*Roughing It* 88) with their purchase of the property. It remains unclear who had the legal rights to own, sell, or occupy this property: because of their debts, the Harris family appear to have conceded some rights to their land to Charles Clarke, who acted as the Moodies' land jobber; Joe Harris, the family patriarch, "agreed to sell the family land while maintaining a temporary 'right of possession,' which he used to its full advantage" (59n2). Ironically enough, Moodie's reflections on the Harrises begin in a section titled "Our First Settlement, and the borrowing system," which focus largely on her neighbours' many outstanding debts to her.

7. The twenty dollars Mrs. Harris sells the property for is equivalent, according to Moodie, to almost two years' rent for her cottage (88).

8. Margaret Atwood similarly perceives this nationalizing sentiment and reproduces it in her poem "Death of a Young Son by Drowning" in which the death of John Strickland, Moodie's fourth child, is recounted from Moodie's perspective: "I planted him in this country / like a flag" (30–31).

9. A quote from the *Ottawa Citizen* on the cover of the Vintage Canada 2001 edition of *Map* reads, "her true home is not Africa, the Caribbean or Canada, but poetry."

10. Moodie notes in "The Wilderness and our Indian Friends" that "The soul of an Indian that has been drowned is reckoned accursed, and he is never permitted to join his tribe on the happy hunting-grounds, but his spirit haunts the lake or river in which he lost his life. His body is buried on some lonely island, which the Indians never pass without leaving a small portion of food, tobacco, ammunition, to supply his wants; but he is never interred with the rest of his people" (196). This quote complicates readings that contend Moodie believes there are no ghosts in Canada.

11. Likewise, it is no small irony that while Brand keenly examines the diasporic and racialized subject's exclusions from the Canadian nation, it is Brand scholarship that most explicitly severs her work from Canada's national literary traditions.

12. Indeed, in a further conflation, Brand describes him as a wilderness blazon, "His face is a mobile mass, I cannot make out his eyes, his hair is straw, dried grass stumbling towards me... He is streaking towards me like a cloud" (141–42). A "blazon" is a Petrarchan poetic technique where a woman's physical attributes are exaggerated and compared to various precious stones or valuable objects. Brand's use of the technique throughout her Burnt River sections offers an interesting parody.

13. Likewise, the Spanish verbs her uncle demands Brand conjugate during these grammar lessons, "tener" and "llevar," are verbs of possession, translating to "to take" and "to have," respectively.
14. Questions concerning the relationship between racialized diasporic subjects and Indigenous populations continues throughout Brand's novels *What We All Long For* (2008), *At the Full and Change of the Moon* (1999), and open her long-form poem *Inventory* (2006).

WORKS CITED

Atwood, Margaret. *The Journals of Susanna Moodie*. Toronto: Oxford UP, 1970.

Bentley, D.M.R. "Tokens of Being There: Land Deeds and Demarcations." *Mnemographia Canadensis: Essays on Memory, Community, and Environment in Canada, with Particular Reference to London, Ontario*. London: Canadian Poetry P, 1999. 47–92.

Brand, Dionne. *A Map to the Door of No Return: Notes to Belonging*. Toronto: Doubleday Canada, 2001.

Brubaker, Rogers. "The 'Diaspora' Diaspora." *Ethnic and Racial Studies* 28.1 (2005): 1–19.

Brydon, Diana. "Detour Canada: Rerouting the Black Atlantic, Reconfiguring the Postcolonial." *Reconfigurations: Canadian Literatures and Postcolonial Identities / Littératures canadiennes et identités postcoloniales*. Ed. Marc Maufort and Franca Bellarsi. Bruxelles: Peter Lang, 2002. 109–22.

Butler, Judith. "After Loss, What Then?" Afterword. *Loss: The Politics of Mourning*. Ed. David L. Eng and David Kazanjian. Berkeley: U of California P, 2003. 467–73.

Chambers, Lori. *Married Women and Property Law in Victorian Ontario*. Toronto: U of Toronto P, 1997.

Cheng, Anne Anlin. *The Melancholy of Race: Psychoanalysis, Assimilation, and Hidden Grief*. Oxford: Oxford UP, 2001.

Cho, Lily. *Eating Chinese: Culture on the Menu in Small Town Canada*. Toronto: U of Toronto P, 2010.

Clifford, James. "Diasporas." *Cultural Anthropology* 9.3 (1994): 302–38.

Coulthard, Glen Sean. *Red Skin, White Masks: Rejecting the Colonial Politics of Recognition*. Minneapolis: U of Minnesota P, 2014.

Dobson, Kit. *Transnational Canadas: Anglo-Canadian Literature and Globalization*. Waterloo, ON: Wilfrid Laurier UP, 2009.

Eng, David L., and David Kazanjian. "Mourning Remains." Introduction. *Loss: The Politics of Mourning*. Berkeley: U of California P, 2003. 1–29.

Gilroy, Paul. *Postcolonial Melancholia*. New York: Columbia UP, 2005.

Goldman, Marlene. "Mapping the Door of No Return: Deterritorialization and the Work of Dionne Brand." *Canadian Literature* 182.3 (2004): 13–28.

Hall, Stuart. "Cultural Identity and Diaspora." *Identity: Community, Culture, Difference*. Ed. Jonathan Rutherford. London: Lawrence and Wishart, 1990. 222–37.

Huggan, Graham. *Territorial Disputes: Maps and Mapping Strategies in Contemporary Canadian and Australian Fiction*. Toronto: U of Toronto P, 1994.

Jay, Paul. *Global Matters: The Transnational Turn in Literary Studies*. Ithaca, NY: Cornell UP, 2010.

Johnson, Anna, and Alan Lawson. "Settler Colonies." *A Companion to Postcolonial Studies*. Ed. Henry Schwarz and Sangeeta Ray. Malden, MA: Blackwell, 2000. 360–76.

Joseph, Maia. "Wondering into Country: Dionne Brand's *A Map to the Door of No Return*." *Canadian Literature* 193.2 (2007): 75–92.

Kröller, Eva-Marie. "Resurrections: Susanna Moodie, Catharine Parr Traill and Emily Carr in Contemporary Canadian Literature." *Journal of Popular Culture* 15.3 (1981): 39–46.

Kulperger, Shelly. "Familiar Ghosts: Feminist Postcolonial Gothic in Canada." *Unsettled Remains: Canadian Literature and the Postcolonial Gothic*. Ed. Gerry Turcotte and Cynthia C. Sugars. Waterloo, ON: Wilfrid Laurier UP, 2009. 97–124.

Lawson, Alan. "Postcolonial Theory and the Settler Subject." *Unhomely States: Theorizing English-Canadian Postcolonialism*. Ed. Cynthia C. Sugars. Peterborough, ON: Broadview, 2004. 151–79.

McClintock, Anne. *Imperial Leather: Race, Gender, and Sexuality in the Colonial Contest*. New York: Routledge, 1995.

McKittrick, Katherine. *Demonic Grounds: Black Women and the Cartographies of Struggle*. Minneapolis: U of Minnesota P, 2006.

Medovarski, Andrea. "Roughing It in Bermuda: Mary Prince, Susanna Strickland Moodie, Dionne Brand, and the Black Diaspora." *Canadian Literature* 220 (2014): 94–114.

Moodie, John. "Canadian Sketches." *Roughing It in the Bush: Authoritative Text, Backgrounds, Criticism*. Ed. Michael A. Peterman. New York: W.W. Norton, 2007. 351–72.

Moodie, Susanna. *Roughing It in the Bush: Authoritative Text, Backgrounds, Criticism*. Ed. Michael A. Peterman. New York: W.W. Norton, 2007.

Peterman, Michael. "Introduction." *Roughing It in the Bush: Authoritative Text, Backgrounds, Criticism*. Ed. Michael A. Peterman. New York: W.W. Norton, 2007. vii–xvii.

Quayson, Ato. "Periods versus Concepts: Space Making and the Question of Postcolonial Literary History." *PMLA* 127.2 (2012): 342–48.

Slemon, Stephen. "Unsettling the Empire: Resistance Theory for the Second World." *World Literature Written in English* 30.2 (1990): 30–41.

Smyth, Heather. "'The Being Together of Strangers': Dionne Brand's Politics of Difference and the Limits of Multicultural Discourse." *Studies in Canadian Literature* 33.1 (2008): 272–90.

Sugars, Cynthia. "Haunted by (a Lack of) Postcolonial Ghosts: Settler Nationalism in Jane Urquhart's *Away*." *Essays on Canadian Writing* 79 (2003): 1–32.

Tettenborn, Éva. "Melancholia as Resistance in Contemporary African American Literature." *MELUS* 31.3 (2006): 101–21.

Turner, Camille. "Miss Canadiana Confronts the Mythologies of Nationhood and the Im/possibility of African Diasporic Memory in Toronto." *Caribbean Intransit: Arts Journal* 1.2 (2012): 52–60.

Walcott, Rinaldo. *Black Like Who?: Writing Black Canada*. 2nd Rev. ed. Toronto: Insomniac P, 2003.

Williams, Raymond. *Keywords*. Rev. ed. New York: Oxford UP, 1985.

THREE
INTERCULTURAL SPACES / ESPACES INTERCULTURELS

7

DANS UN GANT DE FER
De la mémoire privée au dialogue critique

SAMANTHA COOK

Claire Martin est déjà connue en tant que romancière et nouvelliste lorsque son autobiographie paraît en deux tomes intitulés *Dans un gant de fer* (1965) et *La joue droite* (1966). Dans ce récit de jeunesse, les pouvoirs considérables de (re)construction de l'auteure lui permettent de créer un puissant tableau des années allant de la petite enfance jusqu'à la fin de l'adolescence d'une fille qui a subi un enseignement abrutissant chez les sœurs au pensionnat pendant l'entre-deux-guerres, ainsi que les attaques de son père sadique et borné. Dans l'introduction de son édition critique de l'autobiographie qui porte simplement le titre *Dans un gant de fer*, Patricia Smart remarque que « comme les critiques hostiles, les très nombreux comptes rendus favorables se préoccupent surtout de l'aspect référentiel des mémoires » (44). Nous proposons ici un examen de l'évolution de la critique de cette autobiographie. Cette analyse indiquera qu'à la parution du récit qui nous intéresse, l'espace privé du souvenir personnel ne peut pas être séparé de l'espace public de la critique « officielle » qui se veut savante. De plus, nous verrons que les tentatives de « confirmer » ou de nier la « vérité » des expériences de la petite Claire selon ses propres souvenirs se révèlent rapidement infructueuses. Or, au cours des décennies qui se sont écoulées depuis la sortie du texte de Martin, la critique, notamment féministe, signale l'utilité documentaire de l'exposé martinien des institutions qui mènent l'existence de la petite Claire pour ce qui est de la situation *générale* des femmes au Québec de l'entre-deux-guerres. La précision référentielle de ce récit continue également à se faire sentir de manière durable dans les discussions de son esthétique. Nous démontrerons effectivement que les représentations très traditionnelles dans ce récit qui narre ostensiblement la vie d'une fille individuelle, raconté par une narratrice au point de vue omniscient et assez catégorique, a pourtant des échos indéniables chez une critique qui se préoccupe de plus en plus de la portée sociale de l'exploration autobiographique, étudiée sur un plan scientifique, plutôt que de l'évaluation de ces récits selon les critères relatifs de la « vraisemblance ». Pour ce faire, nous ferons appel à une sélection des articles examinant *Dans un gant de fer* qui se veulent les plus savants publiés au cours des années qui nous séparent de la parution de ce récit[1]. Il est à noter que la participation récente à ces interrogations de plusieurs critiques qui ne sont pas des Québécois francophones éloigne la discussion davantage de l'espace du souvenir personnel[2].

LA PARUTION ET LA RÉACTION INITIALE DE LA CRITIQUE

Hélène Pelletier-Baillargeon interroge les manifestations « populaires » de la préoccupation initiale concernant la « vérité » du contenu de l'autobiographie de Claire Martin. Cela se passe déjà en 1967 lorsqu'elle décèle trois types principaux de réactions du grand public dans les lettres ouvertes écrites aux magazines *Maclean's* et *Châtelaine* à la sortie de *Dans un gant de fer* : il y a des lecteurs qui n'apprécient pas l'exposé de Martin, préférant reléguer les pires abus cléricaux et patriarcaux au passé; ceux qui nient la « vérité » des atrocités que raconte l'auteure et défendent la valeur d'une formation dans une institution religieuse et ceux qui appuient de manière enthousiaste et inconditionnelle les observations les plus sévères de Martin, souvent à l'aide de leurs propres souvenirs pénibles de la vie au pensionnat (64).

On note des intersections remarquables entre les trois attitudes principales des lecteurs non-spécialistes résumées par Pelletier-Baillargeon et celles des critiques professionnels. On observe chez les auteurs des comptes rendus qui accueillent la parution de chaque tome de l'autobiographie (1965–1967) une tendance marquée à débattre longuement le degré auquel le texte de Martin correspond au vécu de ses contemporains. Ce phénomène se produit notamment dans des publications qui se veulent parmi les plus savantes de tous les périodiques qui consacrent de l'espace à la critique de *Dans un gant de fer*. En effet, on a souvent affaire à une comparaison entre les descriptions dans le texte et les souvenirs personnels d'un lecteur contemporain de Martin qui a connu lui aussi une vie d'élève pensionnaire, quoique dans le cas de la critique masculine, il s'agisse évidemment de séjours chez les *frères* religieux. Prenons par exemple Jean-Guy Pilon, qui affirme sa compréhension très personnelle des expériences élaborées par Martin dans son texte de 1966 : « Les portraits des religieuses que nous trace l'auteur—et il y en a une dizaine dans son livre—sont précis, complets, vivants et réalistes. J'insiste sur ce dernier mot, car je sais, pour avoir vécu huit ans dans un pensionnat dirigé par des clercs, de quoi ces gens-là sont capables » (68). Jean Fréchette s'éloigne un peu de cette orientation en soulignant la pertinence du premier tome de l'histoire de Martin pour ce qui est de l'expérience *collective* de sa société : « Ce père tyrannique, violent et bête, nous en avons tous souffert, nous l'avons tous connu, sous des formes diverses d'oppression : Église, société puritaine... La peur de cette enfant et sa honte sont bien nôtres » (387). André Renaud, responsable du compte rendu du premier tome pour *Relations*, fait des observations semblables, qu'il conclut d'une question qui interpelle et regroupe ses lecteurs ainsi que ceux de Martin : « N'est-ce pas du même coup la voie qu'ont voulu suivre toutes les générations d'enfants ici ? » (116).

Qu'ils soient généralement positifs ou négatifs, des débuts de commentaires sur les qualités littéraires du texte de Martin se manifestent ici et là dans les comptes rendus de l'époque, mais souvent ils ne semblent intervenir qu'à la périphérie des résumés émus ou méprisants du récit. La structure traditionnelle du récit est possiblement assez conventionnelle, justement, pour passer inaperçue dans les retombées du contenu choquant[3]. Il faut aussi se rappeler sa parution antérieure à l'analyse spécifique de l'autobiographie en tant que genre proprement littéraire, tendance qui commence véritablement à se faire sentir au cours de la décennie suivante. Toutefois, à part quelques commentaires sur les qualités romanesques de ses personnages, elle a été appréhendée de façon uniforme et intuitive par ses premiers lecteurs comme autobiographie, même avant le développement de la définition de Philippe Lejeune.

Les parallèles entre la réception de ce texte dans l'espace privé de la mémoire personnelle des lecteurs non-spécialistes et sa discussion dans l'espace public de la critique officielle évoquent une communication entre la (re)construction de l'individu et le développement des identités collectives d'une nation durant une période de réévaluation fondamentale de ses façons d'être. Plus précisément, nous avons vu que les souvenirs personnels des critiques *savants* influencent directement leurs évaluations « officielles » de *Dans un gant de fer*. Que la reconnaissance ou bien la dénégation qu'expriment ces commentateurs des personnages et des événements élaborés dans le récit se notent sur au moins ces deux plans rapproche l'espace de la mémoire individuelle, privée, à celui de l'histoire collective, publique. Nous proposerons plus loin des perspectives génériques sur ce texte pour tenter d'expliquer, au moins en partie, sa capacité de jouer si librement entre la mémoire privée et le dialogue critique.

LES DÉBUTS D'UNE CRITIQUE PLUS « LITTÉRAIRE »

Dans le texte de 1975 de Robert Vigneault intitulé *Claire Martin. Les réactions de la critique*, il y a un chapitre sur *Dans un gant de fer*. Ici, Vigneault indique en particulier la démythification de la figure gigantesque du Père (153). Cette notion est abordée assez brièvement par Vigneault, mais elle suggère des possibilités intéressantes pour l'exploration du déploiement paradoxal de la figure du Père dans l'autobiographie de Claire Martin; l'auteure construit un père colossal en le rapetissant simultanément par le raisonnement et le ridicule. Cette construction et cette destruction allègres, catégoriques et impitoyables de la figure autoritaire du père évoquent de manière plutôt subtile le caractère artificiel, arbitraire et temporaire des normes sociales qui ont longtemps permis le fonctionnement de figures semblables dans l'imaginaire, si ce n'est pas le quotidien, d'un lectorat qui tend à reconnaître facilement ce personnage de proportions pourtant monstrueuses. Pour ce qui est de son objectif primaire, c'est-à-dire l'examen de la réaction critique à *Dans un gant de fer*, Vigneault note effectivement l'importance référentielle du contenu de cette autobiographie pour les lecteurs qui ont accueilli sa parution (125). Ce constat débouche sur des réprobations assez sévères des tendances à « corriger » les affirmations de Martin et de les comparer à ses propres souvenirs ayant cours durant les années qui ont suivi la sortie de l'autobiographie (Vigneault 143–45). Il faut dire que l'ouvrage de Vigneault est publié en 1975, la même année que *Le pacte autobiographique* de Philippe Lejeune. Si ce dernier texte a suscité de nombreuses critiques menant à une révision de certains arguments-clés que Lejeune a plus tard élaborée dans *Moi aussi*, son concept définitionnel de l'autobiographie, qui met l'accent sur l'identité de l'auteur, du narrateur et du protagoniste ainsi que la suprématie de l'univers littéraire créé par l'autobiographe (*Pacte* 15), demeure de nos jours une référence incontournable dans les discussions sur le fonctionnement et les limites de ce genre de récits. Comme les études de Vigneault et de Lejeune sortent la même année, il est improbable que le premier penseur ait pu consulter le travail du second en préparant son texte. Cependant, la phrase suivante évoque sa participation aux courants de pensée qui semblent plus aptes que jamais à apprécier l'autonomie littéraire et la spécificité de la perspective de l'autobiographie : « à la différence de l'Histoire, qui se veut le discours objectif de la réalité, les Mémoires passent nécessairement par une subjectivité, pour aboutir à un arrangement des données du souvenir, à une mise en forme, voire à une stylisation du *vécu*, qui confèrent, d'ailleurs, à ce qui ne serait autrement qu'un banal compte rendu, une valeur littéraire » (144). Il faut signaler, d'ailleurs, qu'après la première volée d'articles réagissant à *Dans un gant de fer* au milieu des années soixante, on ne trouve plus de jugements évaluant la « vérité » de son contenu, au moins sur le plan de la critique qui se veut savante.

Si la plausibilité de l'abrutissement des bourreaux de la petite Claire et des mauvais traitements qu'elle reçoit à leurs mains ne suscite plus de débats quinze ans après la parution du récit, l'article de Françoise Kaye intitulé « Claire Martin ou le "je" aboli » suggère qu'à l'aube des années quatre-vingt, la notion de vraisemblance continue à influer sur le classement du texte de Martin comme autobiographie. Kaye soutient, avec raison, selon nous, que le développement de la personnalité de la jeune Claire n'est pas assez présent dans le texte pour répondre à cet aspect du classement en tant qu'autobiographie que propose Lejeune (55). Que le décalage manifeste entre l'enfant terrorisée et l'adulte sereine opère sans indices d'une période transitionnelle de développement du caractère fort pour lequel la Claire Martin adulte est connue, ouvre effectivement des pistes intéressantes d'analyse de texte. De plus, les interventions dans le texte du je de l'énonciation semblent souvent se fondre dans les réactions de l'enfant, ce qui appelle à examiner l'apparence univoque de cette autobiographie. Cependant, Kaye aborde la difficulté qu'a le lecteur à connecter l'enfant interdite et l'adulte confiante dans le contexte de la *vraisemblance* comme condition du classement autobiographique du texte de Martin : « Pourrions-nous imaginer qu'une enfant ayant reçu ce genre d'éducation soit devenue une romancière connue, une femme à la personnalité exceptionnellement forte et attachante ? Nous la verrions plutôt mal mariée, acariâtre comme la Julienne de *Xantippe* ou vaine et frivole comme la Renée du *Cercle fermé* » (55). Ce genre de supposition est généralement absent des analyses « post-pacte autobiographique » d'autres autobiographies (voir Hewitt; Goodwin), ce qui suggère que si la vraisemblance est couramment rejetée depuis au moins les années soixante-dix comme critère trop spéculatif pour ce qui est du classement autobiographique, l'étude du récit de Claire Martin présente un cas particulièrement tenace d'interrogation d'une enfance littéraire sur les plans sociologique et documentaire. La plausibilité de ce que subit la petite Claire est peut-être généralement admise et ne suscite plus de discussion au début des années quatre-vingt. Mais l'étonnement qu'inspirent ces horreurs et la recherche d'une explication du trajet, allant de la domination cléricale et patriarcale à une société de plus en plus laïque et égalitaire, colore la critique qui se veut proprement littéraire de *Dans un gant de fer*. Ce, à un tel point que ces préoccupations prennent le dessus sur les stratégies d'analyse autobiographique connues.

Françoise Kaye aborde également la question du père qui a appris à la petite Claire « l'humilité vraie, celle qui fait qu'un être refuse de s'enfermer dans les limites étroites de son propre univers » (57), ce qui inspire des interrogations relatives justement au monde très limité de la protagoniste, qui partage son temps entre les maisons paternelle et des grands-parents et le couvent, et dont la position matérielle aisée permet de faire abstraction de la dépression économique des années trente, par exemple. On pourrait également contredire longuement une « humilité » qui inspire l'emprise si complète qu'a Martin sur son histoire et son mépris impitoyable de ses bourreaux. Si les assertions de Kaye sont discutables, il faut admettre qu'elles abordent des concepts qui peuvent déboucher sur des analyses plus « littéraires » que celles qui ont accueilli la parution de *Dans un gant de fer*.

UN DERNIER REGARD SUR LE BROUILLAGE DE L'ESPACE CRITIQUE ET DE L'ESPACE PERSONNEL

En 2003, Laurent Mailhot commente longuement la monstruosité des adversaires de la petite Claire. Il signale quelques perspectives pour une analyse proprement littéraire de *Dans un gant de fer* dans son article intitulé « Sur les deux joues :

relecture d'un diptyque ». L'analyse de Mailhot évoque le conte et le texte de Martin fait effectivement penser à une sorte de conte de fées réactualisé. Il faut dire que l'héroïne triomphe face à des obstacles redoutables : l'isolement physique (la maison rurale des Martin au bout d'une route presque infranchissable est analogue aux tours abandonnées qui abritent les princesses des frères Grimm), l'ennui et l'attente qui semblent interminables dans la vie de la petite Claire rappellent les sentences imposées à ces mêmes princesses (« Elle sera endormie cent ans/ jusqu'à l'arrivée du prince », etc.), l'antagoniste que Mailhot caractérise d'« Ogre » (64) et de « nain gigantesque » (49).

Avant de poursuivre les implications des qualités que *Dans un gant de fer* partage avec les contes de fées, nous tenterons de nuancer cette caractérisation. « L'intelligence et la ruse » que Mailhot attribue à la petite Claire (48) suggèrent les armes ingénieuses d'une héroïne vaillante qui se débrouille pour vaincre la force brute d'un géant malfaisant. Le renversement du pouvoir qui s'opère au cours du récit de Martin, selon Laurent Mailhot, est pourtant d'une pertinence plus profonde que celle d'une simple morale binaire à la fin d'un conte de fées où le Bien triomphe du Mal : « Ce qui fait l'originalité de l'œuvre personnelle, parfois intime de Claire Martin, c'est son style. [...] Si l'auteure dénonce et attaque des hommes, des femmes, des préjugés, des clichés, elle ne le fait pas systématiquement au nom d'autres personnes, idées, groupes – fussent-ils féministes, laïques, démocrates, élitistes » (64). Martin critique d'une manière très vivante et inquisitrice la rigidité arbitraire qui borne sa vie familiale, scolaire et religieuse. Elle ne prône pas la simple usurpation des idéologies dominantes dans le milieu de son enfance par un système de pensée concurrent. En outre, tout en laissant voir le potentiel intellectuel qu'avait la jeune Claire consciente de la prison idéologique que constitue son éducation, l'autobiographie de Martin ne se termine pas tout à fait sur le ton rassurant et prometteur des contes de fées traditionnels, dont les personnages se libèrent complètement d'une malédiction pour pouvoir enfin réaliser leurs objectifs. Que cet effet soit voulu ou pas, le lecteur a affaire à un texte paradoxal. La narratrice insiste sur son désir de se défaire des conventions étroites de son milieu tout en échafaudant un récit dont la rhétorique et le dialogue sont tout à fait reconnaissables par la bourgeoisie réactionnaire dont la protagoniste est issue. Ici, la libération est un processus complexe, le triomphe est mitigé. Le récit présente une protagoniste qui est consciente des maux de son environnement et qui a le courage de lutter contre les forces de son oppression, mais il rejette la résolution facile qui conclut un conte de fées traditionnel. La prise de conscience de la jeune Claire est à la fois la clé prometteuse de son émancipation et une indication du caractère problématique et incomplet de cette libération.

La théorie sur les contes de fées de Marie-Louise von Franz semble pertinente ici. En se référant au travail de Max Lüthi, elle réfléchit notamment sur le non-développement du héros au niveau émotif : « Parce qu'il est le héros, il tue tout simplement, tout naturellement, le lion [...] Le héros d'un conte de fées est *une figure abstraite* et en aucun cas une figure humaine. Il est soit complètement noir, soit complètement blanc et présente des réactions stéréotypées : il sauve la Dame, il tue le lion [...] Il est complètement schématique » (32). Cette description du héros des contes de fées fait plutôt penser, dans le cas de *Dans un gant de fer*, au caractère unidimensionnel des bourreaux de la petite Claire. La connexion et la continuité ostensibles (selon *Le pacte autobiographique*) entre l'enfant terrorisée et l'adulte qui reconstruit cette terreur sont problématisées par le mépris et le traitement presque caricatural de ses persécuteurs. La narratrice contrôle le mouvement de son récit de manière aussi unilatérale et catégorique; la présentation des événements et le développement des personnages suivent sa pensée comme la petite Claire et ses camarades devaient adhérer aux rythmes du couvent. Il n'y a même pas le potentiel d'une dissension crédible; les personnages qui pourraient offrir des perspectives vraiment concurrentes (le père, les sœurs détestées) sont tellement méprisables que leur point de vue est exclu à priori[4]. Ici, nous avons affaire à une situation délicate et paradoxale. Pour exprimer l'étendue de sa souffrance, elle doit communiquer le caractère borné de bon nombre des adultes qui l'entouraient pendant son enfance, mais on voit difficilement comment elle aurait pu s'échapper elle-même complètement des pièges de l'intransigeance qu'elle condamne. Sa façon impitoyable de démontrer la cruauté de ses bourreaux reflète effectivement l'ampleur de leur emprise sur l'environnement dans lequel elle a grandi. Une présentation équilibrée et nuancée qui tiendrait compte davantage des effets des pressions auxquelles son père et les religieuses faisaient face n'aurait pas évoqué l'énormité et la durée de la terreur qui l'accompagnait presque constamment au cours de sa jeunesse.

À la sortie de cette autobiographie, Romain Légaré critique d'ailleurs le manque de vraisemblance chez des êtres si entièrement méchants et idiots (485). Quoique la narratrice de *Dans un gant de fer* essaie momentanément de comprendre les motivations et les contraintes des sœurs qui persécutent les élèves du pensionnat, elle le fait depuis la perspective de celle qui subit les effets d'un système scolaire stérile et dogmatique. Les énoncés reconstitués de ses enseignantes les moins inspirées servent manifestement à recréer une idée globale de *son* expérience à l'école. Néanmoins, les lecteurs sont plus nombreux à reconnaître dans le texte des personnages de leur propre enfance, peut-être, justement, grâce à la présentation schématique des adversaires de la protagoniste. Marie-Louise von Franz parle de la circulation libre des contes de fées, d'un village à un autre, par exemple, et de leur apprivoisement généralisé parce que les personnages sont abstraits (34–35). Il semble que la rigidité qui se perçoit dans cette perspective de la narratrice permette paradoxalement des identifications chez les lecteurs de l'autobiographie. Lorsque les personnages ne sont pas trop bien définis, il y a de la place pour les imaginer, les compléter, selon ses propres souvenirs. Les remémorations d'un individu se voient ainsi appropriées par de multiples lecteurs qui les élaborent selon leurs expériences à eux, souvent dans des espaces publics, voire officiels. La situation inédite des personnages schématiques d'un conte de fées qui circulent pourtant dans le monde très spécifique d'un enfant qui s'étouffe au pensionnat et au foyer de son père sévère est particulièrement propice à l'identification du lecteur sur le plan individuel ainsi que sur le plan de la critique officielle.

L'autobiographie de Claire Martin joue entre les plans individuels et sociétaux d'une façon intéressante. Ici, le ton personnel et l'univocité[5] donnent au lecteur l'irrésistible impression de passer des moments privés et privilégiés avec quelqu'un qui partage ce qu'elle juge être les moments les plus importants de sa vie. La valeur sociale de *Dans un gant de fer* vient notamment de ce que ses lecteurs individuels trouvent familier dans les épisodes narrés et chez les gens qui entourent la petite Claire. Il ne s'agit pas ici de reconnaître des personnages complets et actifs qui ont leur propre point de vue, mais plutôt de se souvenir avec Martin de qualités, de traits, de situations et d'habitudes ainsi que des émotions associées à ces évocations. Ici, il faut préciser que le caractère personnel de l'autobiographie invite une attitude de lecture motivée par l'ouverture à la possibilité de se retrouver, au moins par instants, pendant la lecture. Cette coexistence de deux univers immédiatement repérables, celui du conte de fées qui fait partie d'un patrimoine littéraire général et celui d'une enfant bourgeoise du Québec de l'entre-deux-guerres, permet l'appréhension de son texte non seulement au niveau des lecteurs individuels, mais sur le plan de la critique professionnelle, c'est-à-dire des représentants officiels des attitudes de lecture consacrées.

LA CONTESTATION DE LA CONDITION FÉMININE FACE À LA CONTESTATION FÉMINISTE

La tendance critique récente relative à *Dans un gant de fer* se concentre sur la portée féministe de ce récit. Pour introduire cette section, nous trouvons opportun de nous référer à l'article de Mary Jean Green intitulé « Structures of Liberation: Female Experience and Autobiographical Form in Québec ». Cet ouvrage, publié en 1988, est notable parce qu'il est, à notre connaissance, le premier à examiner *Dans un gant de fer* d'une perspective spécifiquement et explicitement féminine. Il faut dire qu'une proportion importante de l'espace que Green consacre au récit qui nous intéresse[6] s'emploie à résumer l'autobiographie de Claire Martin avec une concentration sur la brutalité et la fermeture d'esprit de son père et des religieuses du pensionnat. Tout cela semble prêter une attention prépondérante à la valeur référentielle de l'histoire, attention qui tend à dominer les études du récit depuis sa sortie. Toutefois, que Mary Jean Green se préoccupe autant des paroles et des actions de ces antagonistes de la petite Claire fait partie d'un argument littéraire. Selon Green, *Dans un gant de fer* se focaliserait sur les personnages qui entourent la protagoniste et les relations interpersonnelles qu'elle entretient, et de cette manière, ce récit participerait à une tendance des textes autobiographiques spécifiquement féminins (193). Bien que nous trouvions au contraire que l'extrême abrutissement des bourreaux de l'enfant sert surtout à renforcer le point de vue du je de l'énonciation, nous reconnaissons la signification du travail de Mary Jean Green pour ce qui est de l'orientation de la critique. Si elle constate assez longuement, comme ses prédécesseurs, l'horreur des épreuves de la petite fille, elle innove en avançant qu'un rôle prépondérant des proches de la protagoniste et du monde dit privé du pensionnat et de la maison dans l'autobiographie de Martin exemplifierait l'importance des conditions sociales dans lesquelles vivent traditionnellement les femmes pour ce qui est des thèmes privilégiés dans leurs textes autobiographiques[7].

Mary Jean Green élargit son étude dans un sens historique aussi, lorsqu'elle affirme que la structure de *Dans un gant de fer*, en suivant le trajet de la protagoniste qui passe par les étapes du rejet des valeurs imposées par les autorités qui l'entourent et de la rébellion pour atteindre la libération, reflète celui du peuple du Québec au cours de la période de réformes sociales et politiques connue sous le nom de Révolution tranquille (194, 199). Nous avons souligné plus haut ce qui nous semble être des décalages plutôt inexplorés entre l'enfant inhibée et la voix narratrice assurée, ainsi que la qualité mitigée de la libération de la jeune Claire. Nous apprécions néanmoins l'intérêt des arguments de Mary Jean Green, qui propose des idées non seulement pour faire ressortir les distinctions entre la Claire de l'énoncé et la voix énonciatrice face à un contenu dont le caractère gênant fait couler tant d'encre, mais aussi pour expliquer sur un plan textuel comment une histoire si personnelle peut trouver un écho si retentissant au niveau sociétal.

Une douzaine d'années plus tard, dans son article intitulé « Genres intimes et discours politique : Claire Martin, Andrée Maillet et Francine Noël », Katherine A. Roberts poursuit une démonstration de comment *Dans un gant de fer* fonctionne comme théorie de « l'expérience collective des femmes à partir de [celle de Claire Martin et de ses proches] » (55) ainsi que comme récit autobiographique. Pour faire ressortir l'intérêt sociologique du texte de Martin, elle souligne des passages qui mettent en relief les conditions générales dans lesquelles les femmes vivaient pendant l'entre-deux-guerres (55). Cela marque un changement d'optique par rapport à la concentration critique initiale sur les passages les plus violents, les plus affreux de *Dans un gant de fer*, qui, quoique émouvants pour de nombreux lecteurs et évocateurs de souvenirs personnels chez certains, font appel à des expériences extrêmes et individuelles. Il faut dire par exemple que le père de la petite Claire est d'une cruauté et d'une bêtise hors du commun. Que Roberts se concentre plutôt sur la marginalisation *institutionnalisée* des femmes telle qu'elle est exposée dans l'autobiographie de Claire Martin semble mieux se prêter à l'analyse socioculturelle et inciter une discussion plus féconde pour l'espace public et/ou savant, surtout à l'époque actuelle, où les lecteurs deviennent plus conscients des impasses où peut mener la comparaison du contenu autobiographique à leurs expériences personnelles.

Patricia Smart est actuellement une des commentatrices les plus actives de *Dans un gant de fer*. Son article de 2003 intitulé « Quelle vérité ? *Dans un gant de fer*, sa réception et la question de la référentialité » examine surtout des lettres adressées directement à Martin de la part d'individus à la parution du texte qui nous intéresse ici, question qui tombe hors notre sujet. Cependant, dans la conclusion de son texte, Smart propose une précision générique qui appuie la vision plutôt sociologique de *Dans un gant de fer* que prône Katherine A. Roberts trois ans plus tôt : « à la différence de l'autobiographie "typique", le livre de Claire Martin participe aussi au genre de l'essai en ce sens que l'auteure généralise à partir de ses propres expériences et offre une analyse des conditions idéologiques qui ont permis et même encouragé de tels abus au sein de la famille et dans les institutions religieuses » (44, guillemets de Smart). Nous trouvons effectivement que repenser l'histoire de Martin en tant qu'une sorte d'hybride autobiographie-essai peut être un outil intéressant pour exploiter de manière savante ses qualités documentaires, qui demeurent centrales à l'appréciation de ce texte qui est, après tout, très axé sur la référentialité. Lire les passages qui exposent les mécanismes de la société dans laquelle la petite Claire grandit comme un essai les ouvre à la critique socioculturelle d'une façon qui n'est pas possible lors d'une lecture uniquement autobiographique.

Concernant l'esthétique du texte, Katherine A. Roberts émet des réserves sur ses qualités « féministes », à l'aide, notamment, de l'observation suivante, qui selon elle, situe *Dans un gant de fer* plutôt dans la sphère de l'autobiographie traditionnelle : « Absent est tout questionnement sur l'origine de la narration et sur l'impossibilité d'écrire sa vie » (54). En effet, il est curieux que les stratégies qu'emploie Martin pour que son histoire trouve écho chez tout un segment de sa génération (et surtout chez son lectorat féminin), et obtienne de cette manière une valeur collective ainsi qu'individuelle, appartiennent, selon Roberts, à l'autobiographie androcentrique : « D'une manière typique à l'autobiographie traditionnelle, Martin fait son propre portrait tout en situant son expérience dans un contexte plus large, soit le milieu bourgeois du Québec des années vingt et trente » (54).

Patricia Smart, en revanche, semble trouver que l'autobiographie de Martin réussit à interroger une vision dominante de ce qui peut compter comme écriture d'une perspective féminine. Smart critique, dans un article de 2006 intitulé « Écrire "comme un homme" pour que les femmes puissent accéder à la parole : *Dans un gant de fer* de Claire Martin », la rigidité d'une critique féministe qui serait passée à côté d'un texte qui questionne, à sa façon, la binarité qui caractérise l'écriture traditionnelle : « Cette négligence s'explique sans doute en partie par le fait que le livre de Martin ne correspond pas aux stéréotypes habituels de l'autobiographie féminine— c'est-à-dire, la supposée fluidité des frontières du moi, l'importance accordée à "l'autre", et les aspects fragmentés ou non-linéaires de la narration que les critiques ont tendance à désigner comme les traits caractéristiques de ces textes » (336, guillemets de Smart).[8] Smart propose plutôt une lecture de *Dans un gant de fer* qui tienne compte du besoin d'amour qui sous-tend l'examen catégorique, voire impitoyable, que fait Martin du milieu dans lequel sa protagoniste grandit :

> Ce que j'ai voulu souligner à propos des mémoires de Claire Martin, c'est que le fort sentiment de soi, le souci de la vérité et de la précision, l'attitude de moraliste endossée par la narratrice, et enfin la perspective ironique jetée sur les événements racontés, sont les caractéristiques d'une écriture qui réunit les dualités de la raison et l'émotion, la logique et le pathos, l'esprit et le corps qui, traditionnellement, ont fait partie d'une hiérarchie où la partie « inférieure » de chaque couple était associée au féminin. (Smart 345, guillemets de Smart)

Cette interprétation lie la valeur référentielle du récit à une remise en question très actuelle de la suprématie des valeurs féministes consacrées qui sont devenues elles aussi plutôt « traditionnelles » à force de s'établir. Lu de cette façon, *Dans un gant de fer* fait preuve d'une longévité notable dans la sphère savante, malgré le manque d'attention faite à ses qualités formelles longtemps après sa parution. On a commencé à l'examiner (un peu sur le tard, il faut le dire) dans une optique qui s'assume en tant que féministe selon les critères « habituels » de cette esthétique au cours des années quatre-vingt. Bien qu'il soit sorti avant l'articulation initiale et « officielle » de l'esthétique féministe, on a tenté de signaler certaines manifestations de ces qualités dans l'autobiographie de Claire Martin. Si certaines de ces affirmations sont discutables, comme celle de Mary Jean Green selon qui le récit de Martin se concentre sur les autres personnages, l'important est que l'on a trouvé pertinent d'examiner un texte évalué auparavant selon son degré de « vérité » référentiel sur un plan plus « littéraire ». Que ce texte puisse participer également à une interrogation ultérieure des paradigmes du féminisme littéraire qui sont devenus consacrés à leur tour évoque sa présence quelque peu paradoxale dans le domaine du document référentiel qui aborde, avec une précision réaliste, des questions d'intérêt public autant qu'issues de l'expérience personnelle.

CONCLUSION

La valeur référentielle de *Dans un gant de fer* semble constituer un fil conducteur aux applications variées à travers les tendances critiques changeantes qui ont influencé son examen depuis sa sortie. En effet, que Martin soit la première à exposer, sur le plan autobiographique, les aberrations du milieu dans lequel grandit sa protagoniste, semble conférer une importance durable au sens du vécu et à la référentialité que propose son récit. À sa parution, les espaces de lecture public et privé se confondent dans l'émoi général qui a accueilli ce texte. Une décennie plus tard, les spécialistes commencent à l'examiner selon la théorie autobiographique qui interroge les impasses de la vraisemblance comme critère d'une autobiographie « réussie » et qui propose des outils définitionnels et analytiques qui tiennent compte de la spécificité de l'univers autobiographique, sans toujours abandonner les habitudes de lecture qui mettent l'accent sur la plausibilité. Récemment, les critiques aux intérêts féministes débattent le degré auquel les qualités formelles de *Dans un gant de fer* reflètent les valeurs féministes tout en soulignant la valeur référentielle de son contenu comme exposition des conditions dans lesquelles vivaient les femmes durant l'entre-deux-guerres au Québec. Ce dernier entrecroisement suggère, selon nous, un brouillage de l'espace social et autoritaire du documentaire et de celui individuel et explorateur de l'autobiographie. Les études récentes de *Dans un gant de fer* tendent à souligner plus que jamais les qualités formelles du texte. Ce contexte nous semble propice à une réflexion approfondie, entre autres, de l'encadrement par la narratrice du récit et des effets de son assurance discursive.

NOTES

1. Nous avons sélectionné ces textes « savants » selon les types de publications qui les abritent (clérico-savants pour la décennie qui suit la sortie de *Dans un gant de fer*, universitaires après) ainsi que le langage employé dans ces textes évaluateurs.
2. Cet article a influencé le premier chapitre de notre thèse de doctorat inédite (Samantha Cook, « Les qualités transitionnelles de *Dans un gant de fer* de Claire Martin dans le contexte de l'évolution de la société québécoise au milieu du vingtième siècle », Université de l'Alberta, 2014).
3. Il faut mentionner ici que *Dans un gant de fer* entre en circulation dans des conditions singulièrement propices à l'appréhension de son contenu; les rouages de la laïcité tournaient déjà depuis longtemps, initiés par des élites laïques, et acceptés par le clergé comme le note Michael Gauvreau dans *The Catholic Origins of Quebec's Quiet Revolution, 1931–1970*, ce qui donnait un certain appui « officiel » au contenu contestataire de Martin. Le récit de Martin a cependant paru quand les réformes majeures de la Révolution tranquille étaient encore d'une actualité très fraîche; le premier tome de *Dans un gant de fer* est sorti par exemple la même année que le Rapport Parent. De plus, que Martin soit la seule de sa génération à explorer les qualités aberrantes d'une société cléricale traditionnelle sur le plan autobiographique appelle une

attention particulièrement durable sur son contenu. Sa comparaison à d'autres autobiographies racontant des histoires au déroulement semblable encouragerait, voire forcerait, des évaluations sur d'autres plans.

4. Même au niveau virtuel, puisqu'il s'agit quand même d'une autobiographie, genre qui tend presque nécessairement à privilégier la perspective d'un seul narrateur, selon l'identité entre l'auteur, le narrateur et le protagoniste dans la définition de Philippe Lejeune (*Pacte* 15).
5. Bien entendu, Martin fait parler ses personnages, mais c'est elle qui contrôle leurs énoncés sélectivement à l'aide de ses propres reconstructions ou de conversations inventées pour donner du poids à sa propre vision de son passé.
6. À l'intérieur de cet article, Green se penche également sur la trilogie de Marie-Claire Blais intitulée *Manuscrits de Pauline Archange*. Les pages 192–94 de son article sont consacrées spécifiquement à *Dans un gant de fer*.
7. Green précède son analyse de *Dans un gant de fer* d'une synthèse de la recherche qui se faisait lors des années soixante-dix et quatre-vingt dans ce domaine, où elle souligne notamment l'influence pionnière du recueil intitulé *Women's Autobiography: Essays in Criticism* dirigé par Estelle C. Jelinek (189–91).
8. Une autre version de la recherche effectuée sur le rôle de *Dans un gant de fer* dans le parcours féministe est publiée dans Samantha Cook, « Le *je* dans le *nous* : Repenser la valeur documentaire de *Dans un gant de fer* à l'aube du 21e siècle, » *Études en littérature canadienne* 41.1 (2016): 203–22. Cependant, notre sujet et notre argumentation sont ici différents.

OUVRAGES CITÉS

Cook, Samantha. « Les qualités transitionnelles de *Dans un gant de fer* de Claire Martin dans le contexte de l'évolution de la société québécoise au milieu du vingtième siècle. » Thèse de doctorat inédite. Université de l'Alberta, 2014.

Fréchette, Jean. « Les enfances de Claire Martin. » *L'action nationale* 56.4 (décembre 1966): 369–86.

Gauvreau, Michael. *The Catholic Origins of Quebec's Quiet Revolution, 1931–1970*. Montreal and Kingston: McGill-Queen's UP, 2005.

Goodwin, James. *Autobiography: The Self Made Text*. New York: Twayne Publishers, 1993.

Green, Mary Jean. "Structures of Liberation: Female Experience and Autobiographical Form in Québec." *Life/Lines: Theorizing Women's Autobiography*. Ed. Bella Brodzki and Celeste Schenck. Ithaca, NY: Cornell UP, 1988. 189–99.

Hewitt, Leah D. *Autobiographical Tightropes: Simone de Beauvoir, Nathalie Sarraute, Marguerite Duras, Monique Wittig, and Maryse Condé*. Lincoln: Nebraska UP, 1990.

Jelinek, Estelle C., ed. *Women's Autobiography: Essays in Criticism*. Bloomington: Indiana UP, 1980.

Kaye, Françoise. « Claire Martin ou le "je" aboli. » *Incidences* (mai–décembre 1980): 49–58.

Légaré, Romain. [article sans titre sur *La joue droite* de Claire Martin.] *Culture* 27 (1966): 484–86.

Lejeune, Philippe. *Moi aussi.* Paris : Éditions du Seuil, 1986.

———. *Le pacte autobiographique.* Paris : Éditions du Seuil, 1975.

Mailhot, Laurent. « Sur les deux joues : Relecture d'un diptyque. » *Voix et images* 29.1 (2003): 47–64.

Martin, Claire. *Dans un gant de fer.* Ottawa : Le Cercle du Livre de France Ltée, 1965.

———. *Dans un gant de fer II. La joue droite.* Ottawa : Le Cercle du Livre de France Ltée, 1966.

Pelletier-Baillargeon, Hélène. « Les bonnes sœurs de Claire Martin. » *Maintenant* 62 (février 1967): 64–65.

Pilon, Jean-Guy. « Dans un gant de fer. » *Liberté* 8.1 (1966): 68–69.

Renaud, André, « Dans un gant de fer. » *Relations* 304 (avril 1966): 116.

Roberts, Katherine A. « Genres intimes et discours politique : Claire Martin, Andrée Maillet et Francine Noël. » *Trajectoires au féminin dans la littérature québécoise* (1960–1990). Dir. Lucie Joubert. Montréal : Nota bene, 2000. 49–66.

Smart, Patricia. « Écrire “comme un homme” pour que les femmes puissent accéder à la parole : *Dans un gant de fer* de Claire Martin. » *La rhétorique au féminin.* Dir. Annette Hayward. Montréal : Nota bene, 2006. 335–46.

———. Introduction. *Dans un gant de fer* de Claire Martin. Éd. Patricia Smart. Montréal : Presses de l'Université de Montréal, 2005. 7–52.

———. « Quelle vérité ? : *Dans un gant de fer,* sa réception et la question de la référentialité. » *Voix et images* 29.1 (2003): 33–45.

Vigneault, Robert. *Claire Martin : Son œuvre, les réactions de la critique.* Ottawa : Le Cercle du Livre de France Ltée, 1975.

von Franz, Marie-Louise. *L'interprétation des contes de fées.* Trad. Francine Saint René Taillandier et Jacqueline Blumer. Paris : Albin Michel, 1995.

8

LANGUE ET IDENTITÉ « ÔTRES »
Questions d'autoréflexivité chez Jean Chicoine

LISE GABOURY-DIALLO

Les liens complexes entre langue et identité ont fasciné de nombreux écrivains et Jean Chicoine ne fait pas exception. Bachelier en linguistique de l'Université de Trois-Rivières, ce Québécois est l'auteur de deux romans publiés aux Éditions du Blé :[1] *Les galaxies nos voisines* (2007), qui sera finaliste pour le Prix des lecteurs de Radio-Canada en 2008, ainsi que *La forêt du langage* (2010), finaliste pour le Prix littéraire Rue-Deschambault en 2011. Sur le site du *Winnipeg International Writers Festival / Foyer des écrivains* de 2011, l'auteur a proposé cette brève biographie : « Né à Montréal en 1952, Jean Chicoine s'intéresse depuis toujours aux langues. Enfant, il rêvait d'être un agent secret et écrivait des messages codés avec l'alphabet phonétique qu'il avait découvert dans le dictionnaire Larousse. » Ces quelques phrases révèlent bien un de ses centres d'intérêt : ce blogueur invétéré est très présent sur Internet (notamment sur Opéra)[2]. Il se passionne également pour la technologie liée à l'informatique, comme l'atteste un de ses récents articles publiés dans *Liaison, la revue des arts*, où il fait valoir le potentiel créatif lié à l'exploitation de nouveaux langages, notamment en ce qui concerne Internet et toute sa technologie adjacente et naissante.

Dans son œuvre, il met en scène un narrateur d'origine québécoise qui vit depuis plusieurs années au Manitoba. Afin de raconter avec verve ces aventures, certaines stratégies narratives sont mises en place par Chicoine, dont la transgression de la norme linguistique, la confusion des signes iconographiques et la subversion de repères identitaires usuels. Afin d'évaluer la portée de ses efforts de redynamiser le discours sur un sujet très à la mode en milieu minoritaire, nous proposons une étude de la thématique élaborée autour d'une langue et d'une identité « ôtres » dans l'œuvre de Chicoine. Cette analyse permettra de révéler en quoi et comment ses textes sont novateurs à plusieurs points de vue[3].

En effet, ce qui frappe d'abord c'est la facture postmoderne de ses textes. L'auteur précise qu'il s'agit de deux autofictions, c'est-à-dire « une fiction, d'événements et de faits strictement réels. Si l'on veut, autofiction, d'avoir confié le langage d'une aventure à l'aventure d'un langage en liberté » (Serge Doubrovsky, cité par Chicoine, *Forêt* 4e de couverture). Afin d'établir quelques parallèles pertinents, nous nous référons à *La mémoire sans frontières* (1997) de Louise Gauthier où il est question de romanciers immigrants qui choisissent de vivre et d'écrire au Québec. Elle cherche à cerner, entre autres, les thèmes privilégiés par ces écrivains nés ou socialisés hors Québec. Quel regard portent-ils sur la société où ils évoluent (Gauthier 30)? Bien que Chicoine ne soit pas un immigrant, ni un exilé, il a néanmoins quitté Montréal en 1989 pour venir s'installer au Manitoba et, de ce fait, il nous a semblé opportun de le considérer comme un auteur ayant quitté son milieu pour s'installer et vivre ailleurs. Comme les romanciers immigrants au Québec, Chicoine (et son narrateur) quitte sa province natale et exploite les sujets qu'identifie Gauthier, à savoir les souvenirs du passé et les découvertes d'un ailleurs méconnu.

PERDRE ET RÉTABLIR SES REPÈRES

Le paratexte de *La forêt du langage* établit un lien très étroit avec les thèmes de l'espace et de la mémoire qui évoquent la perte et le rétablissement des repères[4]. En effet, ce que Chicoine dit à propos de son parcours en franchissant des frontières (linguistiques, identitaires, spatiales, etc.) est assez révélateur : « mais le monde m'échappe, les frontières de mon identité s'estompent, des fractales malicieuses se baladent dans mes pages, je perds mon écriture, mon écriture se perd, je m'y perds, elle n'est plus réelle, ne l'a jamais été, dépossédée elle disparaît ligne après ligne dans l'illusoire alentour bétonné, puis elle se transforme en rivière souterraine que je remonte pour cueillir sur sa rive des miettes de sens, des brisures de métafores [*sic*][5] et des éclats d'allégorie » (*Forêt* 55). Avec cet extrait, Chicoine insiste bien sur la perte de repères, rappelant peut-être à sa façon cette pensée de Northrop Frye : « It seems to me that Canadian sensibility has been profoundly disturbed, not so much by our famous problem of identity, important as that is, as by a series of paradoxes in what confronts that identity. It is less perplexed by the question "Who am I?" than by some such riddle as "Where is here?" » (Frye 220).

Cette fascination pour l'espace est confirmée par le titre retenu pour chacun des deux romans à l'étude. D'abord, le choix de *Les galaxies nos voisines* renvoie explicitement à une évocation de l'univers, et implicitement aux relations que les habitants de la terre pourraient entretenir avec leurs voisins du cosmos. Dans le chapitre portant le même titre que l'œuvre, le narrateur explique clairement comment l'être humain doit explorer son univers afin de pouvoir communiquer avec l'Autre, car l'être pensant crée « les lois universelles qui ouvrent...la porte de la communication avec d'ôtres sujets pensants, c'est-à-dire les *aliens* » (*Galaxies* 124). De la même façon, le titre *La forêt du langage* suggère deux éléments : les boisés, c'est-à-dire un espace sauvage et touffu, et la langue, outil de communication, qui est à l'image de cet espace, c'est-à-dire où il serait possible de se perdre ou d'être simplement désorienté. La citation placée en épigraphe du deuxième roman nous incite à la réflexion. Avec « Question the nature of your orders » (Hawkwind, *Coded Languages*, cité par Chicoine, *Forêt* 9), on devine la visée philosophique de Chicoine qui pousse le lecteur à s'interroger sur la signification et le sens des hiérarchies ou codes sociaux et personnels.

Un autre point de repère souvent évoqué dans l'œuvre de Chicoine reste intangible mais de prime importance, ce que Senghor appelait une « communauté spirituelle, une noosphère autour de la terre »[6] (Senghor 80). En effet, dans le court prologue du deuxième roman, la mère du jeune narrateur se plaint de ses grands pieds, ce qui amène ce dernier à répliquer qu'ils sont de taille pour la marche : « moi ossi mes souliers ont beaucoup voyagé, de Montréal à la Voie lactée [...] j'emprunte les sentiers de la noosfère » (*Forêt* 11). L'allusion intertextuelle à Félix Leclerc évoque le thème du voyage si cher au narrateur, d'une part. D'autre part, le second motif, central à l'œuvre de Chicoine, c'est-à-dire ce lieu de rencontre de la pensée de tous les humains (passés et présents) sur la planète, constituera le point focal de sa réflexion dans le deuxième roman.

Comme cette écriture autofictionnelle s'inscrit dans une rhétorique du dialogue, du narrateur/écrivain avec ses narrataires/lecteurs, elle sera bien ancrée dans une réalité spatio-temporelle précise. Chicoine, identifié comme « le Henry Miller du village Osborne », un des quartiers anglophones de Winnipeg, nous propose justement ce qu'il appelle une « écriture cunnilinguistique » (*Forêt*, 4e de couverture) qui explore les jeux ou danses de la langue et les modes de communication dans toutes leurs dimensions. Il évoquera sa jeunesse québécoise, fera des références à des auteurs comme Mistral, Boisvert, Miron, Montaigne, Gainsbourg et d'autres, puis permettra au lecteur de plonger dans son univers particulier. Ces voyages servent de dépistage du passé et de repérage du présent, et correspondent peut-être à ces impulsions de survie évoquées par Margaret Atwood dans *Survival: A Thematic Guide to Canadian Literature* (1972) où il faut nommer pour se situer.

NOMMER

En lisant le paratexte des deux livres, il devient très clair que chez Chicoine l'écriture constitue le point focal du narrateur qui « écri[t] à tire-larigot en refusant d'écrire com il faut pour ne pas donner prise à la conformité » (*Forêt* 16). Nous donnerons ici un très bref aperçu de l'originalité stylistique de Chicoine, qui a fait dire aux membres du jury de l'édition 2008 des Prix des lecteurs Radio-Canada :

> plus que les aventures sexuelles, c'est la cohabitation des langues française et anglaise qui constituent le véritable éros de ce roman. Une écriture innovatrice et expérimentale qui ose chercher son sujet dans la matière même de la langue. S'y retrouvent les principes incontournables de l'auteur : la liberté de l'écrivain face aux conventions de la langue, la sexualité comme exploration des frontières sociales et l'espace, tant cosmique qu'imaginaire. Poète, le narrateur se promène dans les rues de Winnipeg en empruntant le chemin de ses sentiers linguistiques[7].

Ainsi, à l'instar de l'explorateur qui cherche à nommer et à dresser la carte des lieux pour se situer, le narrateur propose de nombreuses évocations de l'espace géographique où il évolue : la chambre de l'écrivain, son lieu de domicile, la rue et le quartier où habite le narrateur, mais aussi la ville de Winnipeg et le quartier francophone de Saint-Boniface. Le narrateur nomme explicitement certains lieux devenus iconiques, tels que l'avenue de la Cathédrale, la rivière Rouge et la rue Main (*Galaxies* 49). Le narrateur souligne que la confusion récurrente, symbolisée par le leitmotiv du carrefour « confusion corner »[8] où il habite, doit évoquer tout passage d'un lieu à l'autre qui permet la véritable découverte : « C'est en traversant la prairie qu'on parvient au pied des montagnes enneigées, longtemps après que les cartes murales se soient confondu les directions » (*Forêt* 65). Le déplacement et l'errance permettent au protagoniste de s'approprier les lieux.

En les nommant, le narrateur les réinvente, car souvent ses « cartes postales » ou poèmes descriptifs s'écartent de l'image attendue. Saint-Boniface, par exemple, berceau de la francophonie de l'Ouest franco-canadien, ne revêt pas du tout cette aura quasi mythique pour le narrateur. Au contraire, il s'agit du lieu où il s'est ennuyé mortellement, où il a finalement dû quitter son emploi à l'université. Ainsi, Saint-Boniface devient pour le narrateur non pas un lieu d'épanouissement au niveau du travail, mais plutôt le lieu du chômage et du rejet. Un de ses amis qui est né et vit encore à Saint-Boniface est un « voyageur » du nom de Wilf, un anglophone qui ne parle pas un mot de français. Saint-Boniface deviendra la capitale des hôtels de seconde classe où le narrateur, contrairement à nos attentes, se plaît énormément puisqu'ici se déploie une réalité parallèle aussi valable que celle de l'hégémonie plus conservatrice des Franco-Manitobains. De la même façon, le protagoniste décrit dans *La forêt du langage* un « sex shop » très bien coté où il sera embauché et où il travaille avec bonheur pour un propriétaire respectueux et sérieux. En dressant son portrait, le narrateur subvertit les préconceptions de la majorité des lecteurs. On observera la même stratégie utilisée au fil des pages car avec plusieurs de ses descriptions de lieux/scènes, le protagoniste révèle son plaisir et désir de vouloir nommer « ôtrement » les lieux communs de ce territoire. L'ambivalence subjective tient au fait que les descriptions sont à la fois fondées sur le connu, mais réinvesties de nouvelles perceptions. En déconstruisant avec une application quasi systématique presque tous ces lieux typés, on voit que le protagoniste cherche à montrer le revers de la médaille quand il s'agit de lieux publics.

Certains lieux, par contre, n'échappent pas aux stéréotypes connus, telle « la paroisse francophone de la petite ville », non identifiée d'ailleurs, dans le roman

Les galaxies nos voisines (ce qui est, selon le narrateur, sans doute emblématique du fait qu'elle représente à la fois Saint-Boniface ou les villages francophones environnants) (*Galaxies* 66). Notons toutefois que ce n'est pas la caricature du village que l'on doit retenir ici, mais bien celle de sa mentalité ultrareligieuse et archi-conservatrice.

Bref, en tentant de délimiter le cadre spatial où vit le narrateur, celui-ci se complaît à rappeler que l'espace est instable et que seule « la durée nous appartient » (notre passage et notre expérience des lieux) (*Forêt* 65). Non seulement souligne-t-il les multiples facettes de la ville, la variabilité des perceptions qu'on peut en avoir, mais il décrit avec humour et sensibilité nos « déplacements spiralés » (*Forêt* 65), modulations mnémoniques à la fois physiques, géographiques, mentales et même scripturales : « je m'étais remis à l'énumération de l'incompréhensible pour vous informer qu'à droite des deux ouvrages de référence patientait com un réserviste un stylo pareil à celui avec lequel j'écrivais ces lignes désespérément calibrées, des papermate flexigrip roller à pointe ultra fine, le réserviste en bleu, le combattant en noir [...] des pneus skidèrent sur la neige, l'ennui de mon coin de pays me transperça l'âme, alors que nos pays c'est des états d'esprit » (*Forêt* 65–66).

DIRE ÔTREMENT

Mais, manifestement, l'auteur considère que l'idée de l'exploration doit être élargie pour englober d'autres motifs liés aux espaces mémoriels. C'est justement en mettant en place différentes stratégies narratives qu'il réussit à dépasser une simple nomenclature des lieux pour verser dans une exploration philosophique beaucoup plus approfondie, pour ne pas dire métaphorique, de la langue et de l'identité.

Pour la langue, nous avons vu que Chicoine s'évertue à sa façon à réinventer une nouvelle orthographe plus simple, sans fioritures : « ph », « comme » et « aussi » deviennent « f », « com » et « ôssi », « pouss[ant] [s]es mots dans la démesure de leur banalité, [il] endigu[e] les marées de [s]a langue avec [s]es virgules » (*Forêt* 69), car il n'utilise ni la majuscule ni le point final. Il faut noter que le narrateur va également transcrire phonétiquement la langue parlée, son joual à lui, par exemple : « m'a vous dire » (*Galaxies* 33) ou « bouge pas [...] j'veux r'garder en-d'sous d'ta jupe, bouge pas, là, sti » (*Forêt* 82).

Ce recours à la langue familière, d'une part, et à la transcription de ce « lexic » particulier (*Forêt* 69), d'autre part, frappent d'autant plus que le narrateur s'en sert abondamment pour s'exprimer. Toutefois, il faut souligner que ce dernier est tout à fait conscient de la norme et de la fonction poétique de la langue. Dans *La forêt du langage*, le narrateur décrit sa rencontre avec de nombreux poètes, dont Villon, Mallarmé et Apollinaire, entre autres. Ainsi, par le biais de dialogues émaillés d'intertextes (« "prince je connois tout en somme" criait-[Villon] par-dessus son épaule à quelqu'un que je ne voyais pas, "je connois couloures et blêmes, je connois mort qui tout consomme, je connois tout, fors que moi-même" ») (*Forêt* 70), le lecteur participe à des scènes d'interaction dignes du réalisme magique ou dues peut-être, plus prosaïquement, à une imagination très fertile, qui puise dans cette « matière à mémoire » (*Forêt* 72). Ainsi, lorsque Villon s'enquiert de l'écriture du 21e siècle, il reçoit la réponse suivante de son interlocuteur : « je lui dis que nous étions, nous, les écrivains modernes, des chickens qui écrivions par volition tempérée d'amertume, travaillant sur les nœuds dégorgés » (*Forêt* 70). Notons que l'auteur cherche à transcrire également des tics de langage, comme c'est par exemple le cas avec le narrateur qui répète constamment « c'est ben vrai, ça », et réitère continuellement l'exclamatif « sti ». Il ajoute à ces phénomènes d'oralité des erreurs de prononciation dues à la jeunesse (gamasin au lieu de magasin) ou le langage parlé truffé d'anglais (le frenglish/franglais), insufflant de ce fait un ton léger et humoristique à ses dialogues ou diatribes.

Le narrateur transcrit également l'anglais parlé par certains de ses interlocuteurs, que leur niveau de langue soit familier, courant ou, plus rarement, soutenu. Par ailleurs, l'écrivain tente de reproduire avec autant de fidélité que possible les accents, qu'ils soient d'un anglophone qui s'exprime en français, ou d'un francophone qui s'exprime en anglais. Finalement, nous avons un récit polyphonique et il semblerait que ce narrateur polyglotte s'amuse également à faire valoir les équivalences d'une langue à l'autre et les problèmes intrinsèques liés à la communication. Le texte glisse subrepticement et fréquemment dans cette zone grise de l'interculturel linguistique, là où les dictionnaires bilingues ne nous rendent pas toujours service, mais nous jettent plutôt dans « l'effrayant magma de l'entre-deux-langues »[9], selon Nancy Huston dans *Nord perdu* (*Nord* 13). L'œuvre de Chicoine atteste de la difficulté de composer avec cette réalité de vivre aux confluents de flux plurilingues et de décrypter ces mosaïques multiculturelles, car chacun nomme ou identifie à sa façon sa vision de l'environnement. Au niveau de la langue, cela se traduit par un effet coloré et kaléidoscopique, du fait qu'un même chapitre peut inclure des passages dans un français de niveau plus ou moins standard (quoique toujours rédigé selon la nouvelle orthographe que propose Chicoine), en joual, en franglais, en anglais correct ou dans un anglais fortement accentué, c'est-à-dire prononcé par un Français. L'exemple suivant illustre bien cet effort du narrateur de transmettre fidèlement une complexité langagière :

> « what about democracy? » demanda Lynne, « there was none of that in the USSR »,
> « dat's true », concédai-je, « botte démocratie is not vèré active here in de West eideur, it's all about moné, not de will of de pîpeul, osti »,
> « ah, ôstee », lança Sherry,
> « damn right, osti », dis-je. (*Galaxies* 99)

Chicoine va également révéler l'importance de l'héritage, le poids du passé pour le développement d'une identité linguistique chez le narrateur. La mère, personnage souvent évoqué, « corrige » ses fautes de français, ce qui nous renvoie à son enfance. Or, comme nous le rappelle Nancy Huston, notre enfance nous habite toujours, nous ne pouvons nous en départir. Elle constitue une facette de notre identité et à cause d'elle « nous sommes tous multiples » (*Nord* 19). Selon Huston, il faut comprendre la façon complexe par laquelle se construit continuellement l'être. Ceux qui voyagent, ceux qui se transplantent dans de nouveaux pays, comme elle l'a fait, « sont riches de la richesse des identités accumulées et contradictoires » (*Nord* 18).

Chicoine serait probablement en accord avec cette thèse, puisqu'il cherche continuellement à bâtir des ponts avec ses « flos », ses jeunes, mais aussi à leur raconter son passé à lui. Il traite de cette problématique en rappelant non seulement son enfance, mais également ses découvertes littéraires. Devenu adulte, le narrateur invite ses enfants à réfléchir à leur héritage; il insiste pour qu'ils prennent conscience du poids de l'Histoire. Et le narrateur lui-même, dans ses dialogues avec des gens d'origines variées—Métis, Autochtones et autres—cherchera toujours à mieux comprendre l'Autre. Cette invocation du passé permet au narrateur de verser dans l'onirisme ou la métaphore, car le passé n'est pas vide, il est à la base de notre mémoire, où les scènes sont souvent ancrées dans des espaces précis. Ainsi le narrateur évoque dans son deuxième roman l'importance de rétablir les ponts avec cet espace imaginaire du passé : « nous soms des êtres mythics bouchonnés par les marées cosmics et tantalisés par les cycles noosférics, nous pulvérisons des morceaux d'humanité pour nous prouver qu'on peut survivre même au pire, immortels en gang » (*Forêt* 65).

DIALOGUER

La noosphère, ce lieu d'idées et de la rencontre des esprits, acquiert une prime importance dans ce second volume de Chicoine, attendu que c'est le lieu où s'accumule la pensée des générations passées et présentes. Car si « la terre s'étiole, la noosfère itou » (*Forêt* 114) et la seule chose qui peut sauver la terre/la noosfère c'est de constater le danger imminent et de faire un effort concerté pour changer de direction. L'ouverture d'esprit et la communication s'avèrent d'importance capitale et partout dans le livre on voit que le plaisir de dire-parler-dialoguer est jumelé au plaisir ludique, sensuel, érotique.

Les réflexions insolites du narrateur de Chicoine, que l'on pourrait qualifier de « pseudo-expatrié »[10], suggèrent un mouvement qui dépasse les frontières. Ici, nous verrons que son itinéraire s'inscrit au cœur du mouvement postmoderne. Dans *La condition postmoderne* (1979), Jean-François Lyotard identifie certains éléments-types du postmodernisme : soit la difficulté d'établir un consensus à cause d'une « incrédulité à l'égard des métarécits », soit la « crise de la métaphysique » (7). La reconnaissance de l'hétérogénéité ou du pluralisme de notre réalité fera dire au professeur émérite et critique d'art américain Terry Barrett que, chez les postmodernes, la vérité n'est pas absolue et que toute connaissance est médiatisée par le langage et la culture : « language, culture, and society are arbitrary and conventionally agreed upon and should not be considered natural » (Barrett 18). Cette notion d'une Vérité arbitraire est reprise et illustrée à plusieurs reprises par Chicoine.

En fouillant ses origines pour *métaphoriser* sa propre expérience du présent, en explorant et en nommant ce qui l'entoure, le narrateur se promène dans sa « forêt du langage ». Toutefois, sa condition de *voyageur* le conduit vers une attitude similaire à celle identifiée par Nancy Huston, qui propose l'idée d'un « patriotisme de l'ambiguïté ». Selon cette dernière, il faut refuser l'idée d'une hégémonie culturelle limitante, universalisante, voire réductrice.

En proposant un narrateur qui manie l'humour et qui favorise les échanges et le contact humain, Chicoine fait valoir le fait que l'ambiguïté amène aussi une certaine richesse, soit un regard plus nuancé sur la réalité, et peut-être plus de tolérance. Enfin c'est ce que le narrateur souhaite, car cette reconnaissance d'une réalité composite et fragmentée représente une des caractéristiques clés de la société postmoderne.

Pour plusieurs, dont Janet Paterson, la pensée postmoderne révèle une « intention d'élargir les frontières du signifiable » ou encore une « expérience des limites » (Paterson 15). En effet, Chicoine emploie certaines stratégies d'écriture que Paterson étudie chez les auteurs québécois contemporains. Quatre procédés en particulier retiennent son attention : deux centrés sur le narrateur et le narrataire et deux focalisés sur le récit et le message (la diégèse et le code) (Paterson 17–18).

Ainsi, dans le roman postmoderne, le narrateur *je* est fréquemment exploité. En utilisant lui-même cette voix à la première personne, Chicoine nous permet d'entrer dans l'univers culturel de son protagoniste. Or, sa subjectivité se heurte à celle des autres; avec chaque prise de conscience d'une perception d'un fait qui diffère de la sienne, le narrateur présente, en les contrastant, plusieurs expressions subjectives d'une vérité à la fois malléable et changeante. L'illusion de l'univocité se défait devant nos yeux, comme Montaigne lui-même l'explique au narrateur :

> « nous flottons entre divers advis », reprit-il, « nous ne voulons rien librement, rien absoluëment, rien constamment, [...] et qui y regarde primement », conclut-il, [...] « ne se trouve guere deux fois en mesme etat, et quiconque s'estudie attentifvement trouve en soy, voire et en son jugement mesme, cette volubilité et discordance ». (*Forêt* 36)

Selon Paterson, la deuxième stratégie gravite autour de la relation établie entre l'énonciation et le narrataire et la création de ce qu'elle appelle « l'homologue fictif du lecteur ». On trouve par exemple des personnages qui présentent leur version personnelle des faits directement au narrateur et, de ce fait, indirectement au lecteur. En incluant ces types d'échanges dans son œuvre, le narrateur invite le lecteur à participer au débat, à devenir lui aussi complice et critique de l'h/Histoire qu'on lui présente, parce que la réalité c'est notre ciboulot collectif, c'est toulmonde tous et toutes ensembles en train de penser le monde, c'est la mosaïc de nos cultres com l'écosfère est la tapisserie de nos comportements,

toutt se passe toultemps toutt dans nos têtes, lesquelles sont dans la noosfère qui est dans nos têtes. (*Forêt* 94)

Comme nous l'avons souligné précédemment, le roman postmoderne évite souvent les narrations diégétiques cohérentes, plus traditionnelles, pour proposer des énoncés où règnent la discontinuité, la fragmentation, le lacunaire, le désordre ou l'hétérogène, par exemple. Selon Barrett : « Whereas modernists believe they can discover unified and coherent foundations of truth that are universally true and applicable, postmodernists accept the limitations of multiple views, fragmentation, and indeterminacy » (Barrett 19). On observe dans les deux œuvres de Chicoine une structure qui suit la banalité quotidienne d'un homme ayant plusieurs rôles à jouer (père de famille, amant, ami, employé, écrivain, philosophe, etc.) et qui nous mène par ses dérives dans des méandres, dans lesquels les points de repère s'estompent, ou sont délibérément brouillés, lorsqu'il aborde tous ces sujets hétéroclites et divers qui le passionnent.

Un dernier élément à noter concernant les traits caractéristiques du roman postmoderne, toujours selon Paterson, c'est le mode de régulation de l'énonciation. Ici, le romancier privilégie l'autoréférentialité et l'intertextualité, entre autres. Ces deux éléments, comme nous venons de le voir, sont omniprésents dans les romans autofictifs qu'a publiés Jean Chicoine. Ce qu'il y a de particulier chez les narrateurs de Chicoine, qui se ressemblent beaucoup d'un roman à l'autre, c'est que chacun incarne et vit pleinement l'ambiguïté, et ce, de plusieurs façons : du point de vue de l'énonciation, à la fois familier et intellectuel, drôle et sérieux, poète et philosophe, cru et vulgaire, simple et compliqué. Conscient que le code n'est jamais univoque, le narrateur nous rappelle que toute idée que peut exprimer une langue s'alourdit d'un poids invisible : celui d'une longue accumulation de références culturelles, géographiques et historiques. Les séquelles d'une guerre, par exemple, sont interprétées différemment si l'on appartient au camp des victorieux ou à celui des perdants.

Chez Chicoine, les nombreuses réflexions, parfois loufoques, mais le plus souvent imprégnées de courants philosophiques divers (pensée humaniste, herméneutique, absurde, entre autres) portent sur le travail d'écrivain, le métier de poète et l'importance capitale de la communication. Car son narrateur sent « la faim gonfler notre ventre collectif » (*Forêt* 42) et considère que nous sommes « des affamés de l'âme » (*Forêt* 69). Voilà la raison pour laquelle il emprunte des tangentes pour explorer par le biais de l'écriture notre réalité pluridimensionnelle qui se réfracte continuellement comme dans un prisme que l'on promène sous un faisceau de lumières changeantes. L'imaginaire et l'art permettent ces projections du monde en « holograf », de nouvelles reconstructions et déconstructions de l'univers possible, du fait que notre compréhension de celui-ci est souvent basée sur notre interprétation ou notre perception. Or, cette conception de l'expérience humaine se traduit par le langage qui est lui-même à l'image de cette pluralité : « un mur divorça de sa porte pour s'aboucher à ses fenêtres, désacralisation désarmante des sanctuaires dans quoi je balbutiais ma langue, langue neuve, langue vieille, langue passage, langue imaginaire inscrite com une can de soupe dans du réel désarçonné, langue en mutation et toujours pleine d'astuces, de surprises et de trucs » (*Forêt* 42). Tels des dés qu'on jette pour voir l'effet du hasard, culture, langue et pensée, tout comme l'être humain, naviguent et habitent plusieurs lieux *à la fois*, s'interpénètrent et se superposent pour devenir notre réalité protéiforme.

CONCLUSION

A priori la réinvention de la langue doit permettre au narrateur et au narrataire de créer de nouveaux « ponts noosférics » (*Forêt* 16), d'établir de nouveaux points de repères, de nouvelles façons de se parler et de dialoguer. Il faut abolir les notions de frontières qui sont toujours à la base des « limites mentales », selon Chicoine (*Forêt* 25). Parallèlement à cette recherche d'innover par le biais de la création, on comprend que le narrateur de Chicoine préfère l'humour et la sensualité, pour ne pas dire le rire et l'amour, puisque selon lui la politique et la religion n'ont jamais véritablement réussi à faire avancer l'humanité. Que son narrateur soit francophone en milieu majoritairement anglophone importe peu, car il l'avoue : « je parle planétaire, je parle toutes les langues en français, je n'ai rien à branler des frontières, je suis l'hom d'une race, la race humaine » (*Forêt* 33). La cohabitation de l'anglais et du français dans ses romans, les coulées fluides entre l'utilisation de la langue savante et de la langue familière, parfois même vulgaire, le partage du joual français avec le *Henglish* prononcé à la française, tout ceci revitalise nos conceptions de la langue et de l'identité.

En tant qu'homme libre, libéré ou libertin, le narrateur nous offre une prose savoureuse, fort originale. Il s'applique à construire un univers ludique où cohabitent les langues française et anglaise, un espace urbain multiculturel où le héros s'enfonce, précise-t-il, dans l'écriture et le désir, en passant par la dérive et la dérision. Chicoine, en quelque sorte expatrié de son Québec natal, se fait porte-étendard de l'ambiguïté ou de l'ubiquité identitaire comme valeur individuelle et collective. Son œuvre reflète une pensée typiquement postmoderne. En ce qui concerne son pouvoir symbolique sur l'identité et la langue, il se perçoit « ôtre », et nous invite à accepter l'arbitraire, l'ambigu et l'humour dans cette noosphère qui est la nôtre.

NOTES

1. Depuis que cet article a été rédigé, Jean Chicoine a publié un troisième roman: *l'ange* (2014) aux Éditions du Blé.
2. Il est notamment présent sur le blogue Opera dont le lien est le suivant : http://my.opera.com/ZakMichigan/blog/?tag=for%C3%AAt&startidx=5&nodaylimit=1.
3. Jean Chicoine propose une simplification de l'orthographe française dans son œuvre, simplification qui traduit une philosophie de vie basée sur la simplicité et la transparence.
4. Nous tenons à remercier Véronique Briand qui, grâce à son étude de l'œuvre de Nancy Huston (article non publié), nous a inspiré cette réflexion sur l'œuvre de Chicoine.
5. Chicoine « réinvente » l'orthographe française dans ses deux œuvres et, afin d'alléger notre texte, nous nous en tenons à signaler simplement ce premier écart de la norme par ce [*sic*].
6. Il faut préciser ici que Léopold Sédar Senghor définissait en ces termes sa conception de la francophonie.
7. Commentaire descriptif tiré du site Web des Prix des lecteurs de Radio-Canada : www.radio-canada.ca/regions/prixdeslecteurs/archives/2008/livre4.asp.
8. Le carrefour des rues Osborne et Pembina est malheureusement assez célèbre à Winnipeg et il est communément appelé « confusion corner », ce qui se traduirait par l'idée d'un « coin confus ». Nous trouvons sur la couverture de *La forêt du langage* une photo du panneau de circulation qui se trouve à l'une des intersections de ce carrefour au centre-ville de la capitale manitobaine.
9. Huston poursuit sa pensée ainsi : « là où les mots *ne veulent pas* dire, là où ils refusent de dire, là où ils commencent à dire une chose et finissent par en dire une tout autre » (13, italique de Huston).

10. Il n'est pas un véritable expatrié parce qu'il n'a fait que quitter une région du pays, l'est, pour s'installer dans une autre, l'ouest; mais, pour certains, le Québec et le reste du Canada, le ROC en anglais, représentent en réalité deux univers, pour ne pas dire pays, différents.

OUVRAGES CITÉS

Atwood, Margaret. *Survival: A Thematic Guide to Canadian Literature.* Toronto: McClelland and Stewart, 1972.

Barrett, Terry. "Modernism and Postmodernism: An Overview with Art Examples." *Art Education: Content and Practice in a Postmodern Era.* Ed. James Hutchens and Marianne Stevens Suggs. Reston, VA: National Art Education Association, 1997.

Chicoine, Jean. *l'ange.* Saint-Boniface, MB : Éditions du Blé, 2014.

———. *La forêt du langage.* Saint-Boniface, MB : Éditions du Blé, 2010.

———. *Les galaxies nos voisines.* Saint-Boniface, MB : Éditions du Blé, 2007.

———. « Les nouveaux langages ». *Liaison, la revue des arts,* Dossier 360° : La création artistique pluridisciplinaire 151 (Printemps 2011) : 18–19.

———. « Le savoir : Bien commun ou bien privé? ». *Liaison, la revue des arts,* Dossier 360° : La création artistique pluridisciplinaire 153 (Automne 2011) : 15.

Frye, Northrop. *The Bush Garden: Essays on Canadian Imagination.* Toronto: Anansi, 1971.

Gauthier, Louise. *La mémoire sans frontières. Émile Ollivier, Naïm Kattan et les écrivains migrants au Québec.* Québec : Presses de l'Université Laval et Institut québécois de recherche sur la culture, 1997.

Huston, Nancy. *Nord perdu* suivi de *Douze France.* Paris : Actes Sud; Montréal : Leméac, 1999.

———. *Pour un patriotisme de l'ambiguïté. Notes autour d'un voyage aux sources.* Montréal : Fides. 1995.

Lyotard, Jean-François. *La condition postmoderne. Rapport sur le savoir.* Paris : Éditions de Minuit, 1979.

Paterson, Janet. *Moments postmodernes dans le roman québécois.* 1990. Ottawa : Presses de l'Université d'Ottawa, 1993.

Senghor, Léopold Sédar. *Liberté III. Négritude et civlisation de l'universel.* Paris : Seuil, 1977.

9

UNE « AUTOTRADUCTION » SAUVAGE

Le Canada français dans « Le loup-garou » et « The Werwolves » d'Honoré Beaugrand

PAMELA V. SING

Les récits de loup-garou parlent du Mal de façon à sécréter la peur : une personne, la plupart du temps un homme, se transforme la nuit en loup qui rôde dans la campagne à la recherche de chair et de sang humains. Selon les versions classiques racontées au Canada français, la métamorphose était la punition pour avoir manqué à ses devoirs religieux et la délivrance du « mécréant »—puisqu'il s'agissait d'un chrétien, il ne fallait pas le tuer—exigeait que quelqu'un blesse la bête avec un objet pointu capable de lui extirper quelques gouttes de sang. Cela accompli, le délivreur se trouvait face à une personne nue qui jurait de se comporter désormais en bon chrétien. L'anthropologue et folkloriste Marius Barbeau qui, pendant le premier quart du XXe siècle, a enregistré et analysé des dizaines de récits de loup-garou, les considérait comme des « anecdotes populaires », c'est-à-dire des récits oraux se rapportant à des notions, croyances, institutions, coutumes ou mœurs qui, tombées en désuétude, prennent la forme de réminiscences personnelles considérées comme véridiques dans le milieu où elles ont pris naissance. Or, au XIXe siècle, de nombreux écrivains, dont Louis Fréchette, Pamphile Lemay, Louvigny de Montigny et Honoré Beaugrand, pour ne nommer que ceux-là, y puisaient la matière de leurs contes littéraires, qualifiés ainsi en fonction de la distance exprimée dans leurs textes et de la vision du monde « naïve » ou « crédule » exprimée dans les versions folkloriques et témoignant d'une croyance en le surnaturel et d'un respect inconditionnel des règlements de l'Église catholique.

Qu'arrive-t-il à cette distance dans une traduction ciblant une culture réceptrice n'ayant que des connaissances partielles à l'égard de la culture source, en particulier dans un texte dont le projet consiste à provoquer une certaine réaction affective, en l'occurrence la peur? Puisque les subtiles différences entre un texte original et sa traduction en anglais entraînent forcément des transformations aux plans esthétique et stylistique, mais aussi et surtout au plan identitaire, la question me paraît particulièrement intéressante chez un écrivain nationaliste. En découle mon intérêt pour « Le loup-garou, conte populaire » d'Honoré Beaugrand, publié en 1892 dans *La Patrie*, journal au service du parti libéral du Québec, et dont Beaugrand était le fondateur-directeur, vis-à-vis de sa version d'expression anglaise, intitulée « The Werwolves » et signée, elle aussi, par Beaugrand, mais publiée en 1898 dans la revue new yorkaise *The Century Magazine*. Beaugrand a affirmé que les deux récits « ne se ressemblent guère[1] ». Dans son édition critique du recueil de contes que Beaugrand a fait paraître en 1900, *La Chasse-galerie, légendes canadiennes*, François Ricard corrobore le commentaire de Beaugrand en confirmant que « la version anglaise » est un « récit tout à fait différent », « plus travaillé… plus savamment composé… plus grave [et] moins humoristique que le texte original », mais précise aussi que « les deux histoires de loups-garous racontées par [le métanarrateur] Pierriche Brindamour » (*La Chasse-galerie* 76) dans le texte original se retrouvent dans la version anglo-américaine. En faisant une étude comparative des deux versions, le présent article abordera les questions de la réception et du transfert culturel, mais cherchera avant tout à investiguer le problème de la signification des métarécits selon leur mode d'intégration dans deux récits différents, chacun composé à un stade différent de l'évolution de l'auteur, et de la façon dont cela influe sur la construction de l'identité du Canada français. Dans un premier temps, je fournirai quelques informations d'ordre géo-biographique au sujet de Beaugrand, lesquelles serviront non seulement à le positionner par rapport aux espaces associés à la culture source et à la culture réceptrice de sa traduction des « Loups-garous », mais aussi à faire voir jusqu'à quel point il serait possible de considérer sa version anglo-américaine du conte comme une autotraduction, au sens d'être une traduction de soi. Dans un deuxième temps, il s'agira de souligner les contours du Canada français construit dans le conte franco-québécois et dans un troisième temps, de faire ressortir en quoi le récit destiné aux Américains anglophones met en scène un autre Canada français.

REPÈRES GÉO-BIOGRAPHIQUES

Né à Lanoraie dans le comté de Berthier au Québec en 1848, Honoré Beaugrand a entrepris ses études du cours classique au collège de Joliette, mais les a abandonnées en faveur du collège militaire de Montréal. Enrôlé ensuite dans l'armée française où il détenait le grade de sergent, il a combattu au Mexique au service de l'empereur Maximilien. En 1867, à la fin de cette guerre, il est allé vivre en France où il est devenu un républicain libéral convaincu, mais ses idées s'avérant peu appréciées sous le règne de Napoléon III, il est parti vivre aux États-Unis en 1869, à la Nouvelle-Orléans pendant deux ans, puis principalement à Fall River, dans le Massachusetts, où il a fondé des journaux à l'intention de la communauté francophone. En 1873, il a épousé l'Anglo-Américaine Eliza Walker, mais n'en a pas moins continué à agir en nationaliste canadien-français. Le 28 février 1875, par exemple, il a fait un exposé sur *l'Acte pour encourager les Canadiens des États-Unis* [...] *à se fixer sur les terres incultes de la couronne*. Moins d'une semaine plus tard, il s'est prononcé en faveur de l'annexion du Québec aux États-Unis dans un texte publié dans le journal qu'il a cofondé, *L'Écho du Canada. Organe de la population franco-canadienne des États-Unis* :

> Comme Canadien français, nous croyons sincèrement que la place de la Province de Québec est parmi les États indépendants [...]
>
> Nous nous souvenons toujours avec amour de l'histoire du Canada avant la conquête : voilà ce qui nous rend toujours français.
>
> Nous nous rappelons également bien l'histoire du Canada depuis la conquête ; voilà ce qui nous empêche peut-être de devenir anglais.
> (cité dans *Jeanne la fileuse*, 57)

Ses écrits journalistiques ayant révélé ses prises de position anticléricales et franc-maçonniques, il a été mis au ban de la communauté franco-américaine et en 1878, est retourné au Canada. Après avoir vécu brièvement à Ottawa, il s'est établi à Montréal où il a fondé *La Patrie* qui, en 1881, est devenue l'organe du parti libéral. En 1885 et en 1886, il a servi deux mandats comme maire de la ville et en 1890, il s'est présenté comme candidat libéral aux élections provinciales, mais a été défait par l'autre candidat que le parti libéral avait introduit dans la course électorale, parce qu'il jugeait Beaugrand trop radical. Entre 1891 et son décès en 1906, Beaugrand a séjourné pour des périodes variablement longues à l'étranger, le plus clair du temps en France où, en 1899, sa francophilie lui a mérité une médaille en or décernée par le gouvernement français. Après sa mort, son corps a été incinéré, tel qu'il l'ávait expressément demandé au grand dam des autorités religieuses.

« LE LOUP-GAROU, CONTE POPULAIRE »

Publié dans *La Patrie* le 16 janvier 1892, « Le Loup-garou, conte populaire » a pour cadre spatio-temporel une salle du comité électoral du rang du Pot-au-beurre, en bas de Sorel, pendant « la dernière lutte électorale de Richelieu, [il s'agit de celle du 11 janvier 1892,] entre Bruneau et Morgan ». Composé, de toute évidence, très rapidement, il met en scène une trentaine d'habitants et un étudiant en droit de Montréal en train de « cause[r]de politique ». Lorsqu'un des habitants, le père Pierriche Brindamour, traite les libéraux de Sorel de « bande de coureux de loups-garous[2] » (34), suscitant ainsi « un éclat de rire formidable », le narrateur s'inclut parmi ceux qui désirent se faire raconter une histoire : « l'on résolut de [le] faire causer [...] en se moquant de lui ». (34) Du coup, il cède la parole au vieillard et à l'ironique avocat en herbe. Lorsque celui-ci, dédaigneux, pose une question rhétorique pour se railler des gens du rang qui croient encore « à ces blagues-là », son interlocuteur explique ce qu'est un loup-garou pour aussitôt commenter que *primo*, « [u]n sauvage de St-François connaît ça, mais un avocat de Montréal ça peut bavasser sur la politique, mais en dehors de ça, faut pas lui demander grand'chose sur les choses sérieuses et sur ce qui concerne les habitants » (34–35) et que *secundo*, les gens de la ville en général seraient des loups-garous « virtuels » puisqu'ils ont tendance à négliger leurs devoirs religieux— « [a]h! on vous connaît les gens de Montréal. Faut pas venir nous pousser des pointes, parce que vous êtes plus éduqués que nous autres » (35).

La salle, microcosme du Canada français, oppose les citoyens urbains, instruits et catholiques peu pratiquants et les ruraux, moins instruits et catholiques ayant un sens surnaturel de la foi, mais présente un groupe unanimement en faveur du parti conservateur. L'auteur, un homme accompli très pro-français (continental et provincial), libéral radical et anticlérical dont l'épouse et le beau-fils étaient protestants, mais qui n'avait pas complété son cours classique, établit une distance ironique vis-à-vis de tous ses personnages, mais avec bonhomie, ce qui donne l'impression qu'il parle aux siens de questions, croyances et traits culturels familiers à tous. Telle est donc l'ambiance de la salle où se raconte un premier métarécit au sujet d'un « pique-nique de loups-garous », anecdote au sujet d'une rencontre à distance ayant eu lieu lorsque le métanarrateur avait douze ou treize ans : une nuit de la Toussaint, alors qu'il était *cook* à bord d'un chaland avec son père, Pierriche a aperçu sur la rive de l'île de Grâce près de laquelle ils naviguaient, « un grand feu de sapinages autour duquel dansaient une vingtaine de possédés qui avaient des têtes et des queues de loup et dont les yeux brillaient comme des tisons. » (37) Des « ricanements terribles » remplissaient l'air et « on pouvait apercevoir vaguement le corps d'un homme couché par terre et que quelques maudits étaient en train de découper pour en faire un fricot. C'était une ronde de loups-garous que le diable avait réunis pour leur faire boire du sang de chrétien et leur faire manger de la viande fraîche. » En se servant de son chapelet comme balles, le père de Pierriche a tiré sur le « tas de mécréants » (38), mais puisque son chapelet n'avait pas été béni, il n'a pas réussi à les délivrer, seulement à les disperser.

Le conteur croit avoir impressionné son auditoire, notamment l'avocat, mais la réaction mitigée de celui-ci, exprimée de façon à établir un parallèle ironique entre les loups-garous censés avoir été aperçus aux alentours de 1843 et les Libéraux montréalais de 1892[3], motive la pièce de résistance, le récit de la rencontre directe entre son défunt père quand il était un jeune coureur des bois hardi qui « faisait la chasse dans le haut du St-Maurice avec les sauvages de St-François » et un loup-garou. Lors d'une telle expédition pendant laquelle il campait avec les Abénakis, celui qui « n'haïssait pas les sauvagesses » a été attiré par l'une qui avait suivi son père à la chasse. « C'était une belle fille, une belle! » s'empresse de préciser Pierriche avant de souligner que si les autres chasseurs n'osaient pas l'approcher à cause de sa réputation de sorcière—la « v'limeuse de païenne » n'allait jamais à l'église de St-François et, apparemment, n'avait jamais été baptisée—, son père, qui « parlait couramment sauvage » (40), lui a « conté fleurette » jusqu'à ce qu'elle lui donne rendez-vous : à quelques arpents du camp, un dimanche, sur le coup de minuit. Comme le cœur a ses raisons que la raison ne connaît point, le choix du jour et de l'heure, bien que « suspect », n'a pas empêché l'homme d'accepter l'invitation. Il se présente au lieu du rendez-vous et attend la sauvagesse en fumant sa pipe. Lorsqu'il entend du bruit, il s'attend à l'accueillir, elle, mais se trouve en face d'un immense loup aux yeux comme des « fi-follets » (40). Le père prend son fusil, tire, mais manque son coup et la bête se jette sur lui, « dressée sur ses pattes de derrière et tâchant de l'entourer avec ses pattes de devant » (40–41). Se doutant qu'il s'agit d'un loup-garou, l'homme cherche à le délivrer en lui faisant une blessure sur le front, en forme de croix, avec son couteau, mais la bête résiste farouchement. Ses griffes déchirent les flancs de l'homme qui, lui, tente en vain de percer la peau de l'animal avec son couteau. En fin de compte, l'homme réussit à couper la patte de devant de la bête qui, en poussant « un hurlement [ressemblant] à un cri de femme » (41), disparaît dans la forêt. Le père met la patte dans son sac, retourne au camp et, le lendemain, apprend que la sauvagesse et son père sont partis dans la nuit. Lorsqu'il fouille dans son sac, il ne retrouve pas la patte de loup, mais une main de sauvagesse. Pierriche interrompt son récit pour expliquer que « [c]'était tout bonnement la main de la coquine qui s'était transformée en loup-garou pour boire son sang et l'envoyer chez le diable sans lui donner seulement le temps de faire un acte de contrition » (41). De retour à St-François le printemps suivant, le père apprend que, de retour au village, la sauvagesse prétendait avoir perdu la main droite dans un piège à carcajou. Et Pierriche de conclure son récit assez cavalièrement : « La scélérate était disparue et courait probablement le farfadet parmi les renégats de sa tribu ». Le narrateur diégétique ne reprend pas la parole, mais fait dire à Pierriche que *primo*, il faudrait que l'on tâche de se délivrer du candidat libéral comme son père l'avait fait pour la sauvagesse et que *secundo*, le candidat libéral qui allait probablement être élu leur ferait tous courir le loup-garou le soir de l'élection. Le texte prend fin avec les paroles du conteur qui propose que tout le monde prenne « un aut' coup à la santé » du candidat conservateur avant d'aller se coucher.

Force est de convenir du jugement de François Ricard selon qui la parole du conteur ne portant pas, la magie du cercle formé par le conteur et ses auditeurs s'en trouve brisée et le conteur se trouve seul. Quant à l'écrivain, il reste à l'écart dans une sorte de *no man's land* : il ne se range pas du côté des « farceurs », mais n'est pas non plus envoûté par le Verbe du conteur conservateur[4]. Je postule que cela découle d'une certaine rancune que Beaugrand aurait gardée au fond de lui à l'endroit du parti libéral. Le lendemain de sa défaite aux élections provinciales du 17 juin 1890 où, le rappelle-t-il, il avait eu « à lutter contre l'influence de deux gouvernements : de l'administration de Québec qui supportait M. Rainville [l'élu] et de l'administration d'Ottawa qui appuyait M. Laurent – sans compter les ficelles municipales », il assurait ses lecteurs de *La Patrie* que l'essentiel était que la division Saint-Louis soit restée libérale et que, par conséquent, il « oubli[ait] sans arrière-pensée toutes les acrimonies de la lutte » (cité dans *La Chasse-galerie et autres récits* 63). Il serait compréhensible toutefois, que deux ans après avoir écrit ces mots altruistes, Beaugrand se soit permis d'exprimer son amertume à l'endroit de « son » parti[5] en mettant en scène un vieil habitant et un avocat en herbe qui, tous deux, qualifient les rouges de coureux de loups-garous et ce, non pas une seule fois, ni même deux, mais selon un chiffre particulièrement privilégié dans les contes, trois fois, chaque fois à un moment clé du récit : au début du récit principal, au milieu, pour marquer la transition entre les deux métarécits de loup-garou et enfin, dans l'avant-dernière phrase du texte. Qu'il s'agisse d'un plaisir aigre-doux de surcroît voilé, la structure et la tonalité du conte en témoignent.

« THE WERWOLVES »

La version anglaise du « Loup-garou », publiée six ans après la version originale, dans la revue new yorkaise *The Century Magazine*, a lieu une veille de Noël en 1706, au Fort Richelieu. Il ne s'agit donc pas du fort original, construit en 1642 et détruit par les Iroquois en 1647, mais de celui qui a été reconstruit sur le même site en 1665 par le Régiment Carignan-Salières, sous la commande de Pierre de Saurel, qui donnerait son nom à la future ville de Sorel. En 1706, Saurel était décédé, mais sa veuve allait garder la seigneurie jusqu'en 1713, lorsqu'elle la vendrait au gouverneur de Montréal, Claude de Ramezay. En se désintéressant dans « The Werwolves »[6] du Canada français de la dernière décennie du XIXe siècle pour lui préférer celui d'avant la Conquête, lorsque la colonie s'appelait la Nouvelle France[7], Beaugrand adaptait son conte aux goûts des lecteurs de *The Century* qui étaient de toute évidence plus intéressés à la culture et l'histoire françaises qu'à celles du Canada français. L'année où la revue a publié l'autotraduction anglaise du conte « La chasse-galerie », par exemple, elle a fait paraître dix articles portant sur un aspect de la culture française[8]. Il serait vraisemblable aussi que Beaugrand ait cherché à faire abstraction du Canada français qui l'avait aliéné lors des élections de 1890 : il se plaisait peut-être à publier un texte qui appuyait l'insignifiance du Canada français alors en voie de devenir majoritairement libéral modéré et d'accepter la confédération et *ergo* à rêver de l'établissement de la nation non plus canadienne-française, mais canadienne.

À l'intérieur du Fort Richelieu se trouve un groupe « bigarré et pittoresque » composé de coureurs des bois, éclaireurs, chasseurs, trappeurs, miliciens et habitants des colonies environnantes ainsi que de guerriers de la tribu voisine d'Abénakis amis. Si, dans la campagne environnante, « the dreaded Iroquois were committing depredations [...] burning farm-houses, stealing cattle and horses, and killing every man, woman, and child whom they could not carry away to their own villages to torture at the stake » (814), le fort et ses « résidents » sont tous sous tutelle militaire. Après que les armes et munitions ont été distribuées sous la supervision conjointe du notaire royal et du commandant du fort, les hommes passent la soirée à la caserne à boire, chanter et raconter des histoires, tandis que veille sur eux le Sergent Bellehumeur, un Français de service au Canada avec le Régiment Carignan-Salières depuis quarante ans. Inscrite sous le signe de l'ordre et du respect pour la hiérarchie franco-militaire et les règlements[9], la situation initiale est soudainement perturbée par des craquements de tirs d'armes : une sentinelle avait vu « a party of red devils dancing around a bush fire » (815), mais feu et diables ont disparu aussi soudainement qu'ils avaient apparu. Lorsqu'une exploration du paysage ne révèle aucune trace des Indiens, l'officier de service juge que la sentinelle est un sot ou bien un poltron et ordonne son enfermement dans la salle de garde. Tous regagnent la caserne où un vieux trappeur remet en question le jugement de l'officier en affirmant que les loups-garous peuvent apparaître et disparaître comme bon leur semble. Il le sait d'expérience vécue, à plusieurs reprises et aussi récemment que l'année précédente, sur la rivière des Outaouais. Ses compagnons, tous superstitieux et friands d'histoires traitant du surnaturel, lui en réclament le récit, ce qu'il fait en racontant un récit identique au premier métarécit de Pierriche Brindamour à ceci près que le vieux trappeur s'attribue une agentivité d'autant plus efficace qu'il était allé à confesse et avait reçu la communion juste avant de partir en expédition. De plus, il interrompt son récit pour souligner que « White loups-garous are bad enough at any time [...] But we had to deal with Indian renegades, who had accepted the sacraments only in mockery, and who had never since performed any of the duties commanded by the Church.

They are the worst loups-garous that one can meet, because they are constantly intent on capturing some misguided Christian, to drink his blood and to eat his flesh in their horrible fricots » (817).

Dans « Le loup-garou », le premier métarécit est critiqué par un personnage plus instruit, mais plus jeune et moins expérimenté que le conteur, l'étudiant de droit. Dans « The Werwolves », c'est le Sergent qui commente avec mépris, « Well, is that all? » (818), à quoi le vieux trappeur répond que « c'est tout », mais que cela suffit pour suggérer que la sentinelle ne s'est peut-être pas trompée, ce qui signifierait qu'il a été traité injustement. Ce commentaire suscite chez nombre de coureurs des bois le désir de corroborer les paroles du trappeur en racontant leurs propres expériences avec des loups-garous[10]. Force est de reconnaître que contrairement au « Loup-garou » où les récits au sujet de la bête éponyme servent à marginaliser le conteur, dans « The Werwolves », qui met en scène une communauté homogène aux plans du statut social, des valeurs, de l'instruction et de l'âge, ils jouent un rôle unificateur. Il en ressort que si le Sergent se distingue des autres personnages parce qu'il détient des pouvoirs en tant qu'officier[11], en revanche, il n'hésite pas à déclarer que comme eux, il croit aux loups-garous et leur demande s'ils aimeraient l'entendre raconter l'expérience de l'un de ses « old copains, now dead and gone these many years, with a female loup-garou, who lived in the Iroquois village of Caughnawaga, near Montreal » (818). En raison des ravages commis par les Iroquois dans la campagne environnante du Fort Richelieu dans le présent de l'énonciation, mais aussi dans le présent de l'énoncé, c'est-à-dire pendant les guerres franco-iroquoises, marquées d'atrocités, lors desquelles les Iroquois ont réussi presque à détruire la Nouvelle France du XVIIe siècle, la référence à la seule identité iroquoise du loup-garou accroît la férocité sauvage potentielle du récit à venir et du coup, celle aussi du Canada français. De plus, en guise d'entrée en matière, le Sergent informe son auditoire que le Caporal Baptiste Tranchemontagne, son meilleur ami, avait quitté la France pour venir au Canada en même temps que lui et qu'à la fin de sa vie, « [t]he poor fellow fell into the hands of the Iroquois at Cataracoui, and he was tortured at the stake in the village of the Mohawks[12] » où il est mort « comme un homme » (818). L'histoire de loup-garou qu'il se prépare à raconter est essentiellement celle vécue par le père de Pierriche Brindamour, mais les événements qui précèdent et suivent la rencontre avec la bête s'en différencient sensiblement.

En premier lieu, le temps de l'histoire se prolonge sur presque deux ans et si les moments clés surviennent tous les trois mois, ce qui scande le temps d'une façon commune au conte, les références et observations d'ordre historique et social contribuent en revanche à son réalisme, ce qui favoriserait sa réception auprès des lecteurs de la revue américaine, qui, francophiles et familiers avec la question des rapports entre les blancs et les Indiens sur le sol américain, étaient curieux d'apprendre comment les choses se passaient au Canada français.

En deuxième lieu, Baptiste et la jeune Sauvagesse se marient à la façon du pays. Il en ressort un couple stable formé de deux individus ayant des intentions honorables. Il s'avère qu'effectivement, leur couple se porte bien tant qu'il vit au Fort St-Louis, bien que la jeune femme, nommée *La-linotte-qui-chante*, soit « comme tous les Indiens », terriblement jalouse et l'avertisse qu'elle serait capable d'horribles actes de vengeance si jamais il lui était infidèle.

Les choses se gâtent lorsque, au bout d'un an, le Sergent et Baptiste reçoivent l'ordre de partir avec leur unité pour le Fort Frédéric, mais sans accompagnement. La Sauvagesse manifeste son mécontentement, mais jure de suivre son mari où qu'il aille. Arrivés au Fort Frédéric, les hommes constatent qu'elle s'y trouve déjà, ce qui vexe Baptiste, mais l'ordre de partir d'urgence pour une campagne contre les Mohawks au lac St-Sacrement l'empêche de communiquer quoi que ce soit à son épouse. Trois mois plus tard, la campagne contre les Mohawks a pris fin et le Sergent et Baptiste retournent au Fort Frédéric. *La-linotte-qui-chante* a disparu et Baptiste conclut qu'elle est retournée dans sa tribu ou bien qu'elle s'est liée aux trappeurs « who regularly visited the forts to sell their furs and squander the proceeds in riotous living » (819). Des trappeurs figurent dans l'auditoire auquel se destine ce récit, mais nulle réaction au commentaire du conteur n'est notée par l'instance narrative, davantage résolue à atteindre le dénouement de l'histoire qu'à s'attarder sur des traits métatextuels.

Quelque trois mois plus tard, la paix est survenue et le gouvernement du Québec offre des terres aux soldats désireux de quitter le service et de l'argent aux femmes prêtes à se marier et à s'établir avec leur mari dans le pays. Baptiste commence alors à fréquenter une jolie fille qui habitait à Laprairie, en face de Montréal de l'autre côté du fleuve, et trois mois plus tard, ils sont fiancés. Le futur mariage signalant officiellement l'infidélité définitive du Français, le récit intègre une séquence composée de trois rencontres entre Baptiste et la Sauvagesse.

La première a lieu au marché : croisant la jeune Sauvagesse, Baptiste maîtrise son étonnement suffisamment pour pouvoir lui adresser des « mots de bienvenue ». Elle garde le silence tout en lui faisant les gros yeux, puis, s'éclipse. Faisant preuve de peu de psychologie, Baptiste croit qu'elle a accepté leur séparation. La deuxième a lieu dix jours avant le mariage organisé pour le lundi de Pâques. Venant de découvrir que sa fiancée est affligée d'une maladie mystérieuse, Baptiste rencontre *La-linotte-qui-chante* en rentrant chez lui, au carrefour menant à Caughnawaga. Cette fois, ni l'un ni l'autre ne disent mot, mais le lendemain, Baptiste apprend que sa fiancée a la variole. La troisième rencontre, racontée après le décès de la fiancée, dans une analepse, a lieu quatre jours plus tard, cette fois dans le salon chez la fiancée. La Sauvagesse révèle son intention de demander au shaman de sa tribu un remède pour la « white maiden whom you love so much » (820), sans quoi sa mort était certaine. Elle lui donne rendez-vous le soir même, à minuit, au premier tournant de la route et part sans lui laisser le temps de répliquer.

La séquence suivante reprend les événements du second métarécit de Brindamour en intégrant deux changements : Baptiste tranche l'une des pattes de devant du loup-garou, mais ne la récupère pas; aussi l'hiver suivant quelques enfants trouvent-ils à l'endroit du combat entre homme et bête, dans la neige, non seulement la main, mais le bras entier de la Sauvagesse. Celle-ci, avait raconté Baptiste à son ami, avant de s'enrôler de nouveau dans l'armée, avait gagné la confiance de la fiancée pour ensuite lui transmettre le virus variolique qui se propageait alors dans son village.

Baptiste est ainsi cruellement puni pour son infidélité, mais n'a pas encore fini de la payer. Le Sergent a préfacé son récit en révélant comment Baptiste est mort. Au dénouement de son récit, il révèle qu'une Sauvagesse manchote avait participé à la douloureuse mise à mort de son ami : « It was she who pulled out his tongue by the root, and who crushed in his skull with a tomahawk when he fainted from pain and loss of blood » (823).

Nul ne saurait contester que *La-linotte-qui-chante* n'est pas une « coquine » qui « court le farfadet » comme « la belle sauvagesse » de la version française. La violence avec laquelle elle se venge de l'inconstance du Français confirme le stéréotype des Autochtones brutalement cruels de l'imaginaire populaire des blancs. En faisant ressortir les dangers qui menaçaient dans la Nouvelle France et *ergo* au Canada français, « The Werwolves » soulignent aussi le courage et la puissance civilisatrice des forces armées françaises dans la Nouvelle France et par conséquent, le caractère indispensable de leur présence sur le sol nord-américain. Or, un détail concernant la vengeance réalisée par la Sauvagesse suggère jusqu'à quel point le conte est basé sur une traduction de certains événements de la vie personnelle de l'auteur.

En 1885, Beaugrand travaillait pour la cause francophone aux États-Unis et au Québec depuis deux décennies, mais la première année qu'il était maire de Montréal, il a pris des décisions qui l'ont rendu très impopulaire parmi les siens. Les tensions sociales entre les anglophones et les francophones de la ville ont été alors exacerbées, par ce qui arrivait au Manitoba à Louis Riel et par l'épidémie de variole qui continuait à faire rage.

Pour les francophones du Québec, Riel était un héros qui défendait les droits et intérêts des francophones, tandis que pour les anglophones, Riel était un assassin et un traître. Lorsque les troupes du 65e bataillon sont rentrées à Montréal après la défaite des Métis par les forces armées commandées par le général Middleton, Beaugrand a multiplié les hommages et a non seulement présidé un grand banquet tenu en l'honneur des militaires, mais de plus, décrété une fête civique pour célébrer leur victoire sur les Métis. Au fur et à mesure des suites de la défaite des Métis, la consternation chez les francophones montait, tandis que les magasins anglais de la ville exposaient dans leurs vitrines le portrait du général Middleton, et la popularité du maire d'augmenter chez les derniers et de baisser chez les premiers.

Vers la même époque, l'épidémie qui allait causer la mort de 3 234 personnes exigeait de l'action. La vaccination était entrée en Amérique du Nord en 1798, mais à Montréal, un grand nombre de Canadiens français étaient contre son usage, ce qui a entraîné les journaux anglophones à traiter les Canadiens français d'arriérés malpropres qui avaient causé l'épidémie[13]. Lorsque Beaugrand a finalement imposé la quarantaine et la vaccination, la presse anglophone l'a appuyé, mais pour que les francophones y acquiescent, il a fallu que le maire sollicite l'appui de l'Évêché, ce qui n'a pas empêché que s'exprime publiquement l'hostilité de la population francophone en général, dont plusieurs médecins—un nommé Docteur Émile Coderre est allé jusqu'à fonder un journal intitulé *L'Anti-Vaccinateur canadien-français*—, des gens « ordinaires » qui ont saccagé le bureau de santé et plusieurs pharmacies et *last but not least*, des enfants qui faisaient entendre dans la rue une chanson qui traitait « Monsieur le maire » de « ver de terre » et de « scélérat[14] ».

Il en ressort qu'en plus d'être identifiée au plan romanesque avec la mort d'une « jolie fille » innocente et la torture et la mise à mort impitoyablement brutales du meilleur ami, la création du personnage de la Sauvagesse porte les marques d'épisodes extrêmement difficiles vécus par l'auteur. Et pourtant, le texte suggère que le personnage du loup-garou dans la version anglo-américaine n'est pas que monstrueux, car imprégné de sentiments complexes et inextricablement liés.

J'avancerais tout d'abord que l'auteur de « The Werwolves » n'a oublié ni les actions sournoises du parti libéral lors des élections de 1890, ni tous les déboires avec lesquels il a dû vivre au Canada. Au contraire, dans l'intervalle séparant la composition des deux contes, les nombreuses critiques négatives prononcées en public à son endroit lui sont restées en travers de la gorge et sont devenues en fin de compte une source d'amertume et une blessure indélébiles. En 1892, l'année de la parution du « Loup-garou », Beaugrand croyait pouvoir mettre la campagne électorale de 1890 derrière lui. Son conte, par conséquent, qui, je le rappelle, traite les libéraux de loups-garous sur un ton amusé, met en scène une « belle » sauvagesse-loup-garou qui, au dénouement, disparaît de la vie du père de Pierriche et aussi du texte : c'est dans l'imaginaire du métanarrateur que la « scélérate [...] courait probablement le farfadet parmi les renégats de sa tribu ». C'est dire qu'immédiatement après avoir été blessée par l'homme blanc, elle a repris sa forme humaine, mais sans pour autant avoir été délivrée. Demeurée étrangère aux rites et rituels catholiques, elle continue d'être associée au Mal, mais le francophone blanc est désormais exclu du champ de ses actions puisqu'elle n'agit qu'auprès des rebelles de sa propre communauté. Cela étant, Pierriche Brindamour et le texte se désintéressent d'elle pour se concentrer sur les loups-garous politiques du présent de l'énonciation : les libéraux, mais la question de la belle sauvagesse-loup-garou s'en trouve-t-elle tranchée? Si les innocents ou bons ne se trouvent pas parmi ses victimes, serait-elle par conséquent une sorte d'agent pour le Bien... ?

Dans le texte de 1898, le loup-garou est une « jeune » sauvagesse à laquelle le sergent se réfère tantôt comme à une « young Indian maiden », tantôt comme à une « young squaw ». Au dénouement, elle est bel et bien estropiée, mais le sergent et le texte lui attribuent une sacrée agentivité. Non seulement le métarécit prend-il fin sur l'image des derniers coups destructeurs qu'elle porte au corps de Baptiste mais, de plus, le sergent déclare qu'il vient de raconter une « véritable histoire » de loup-garou, qu'il s'en porte garant et qu'il ne permettra à personne de la démentir. Or, comme le grade du conteur est celui que détenait l'auteur lorsqu'il combattait pour l'armée française au Mexique, lorsqu'il souligne que la Sauvagesse s'était vengée pour punir l'infidélité de celui qui n'a pas su tenir ses anciennes promesses d'amour et d'affection, c'est comme si Beaugrand rappelait la façon dont il avait été malmené par le parti libéral et vilipendé par ceux qu'il avait considérés comme les siens. Son image publique injustement entachée, il s'est senti « démonisé » ou, pour le dire de façon à appuyer le propos de cet article, transformé en loup-garou et s'il l'a supporté, pour des raisons sociales, politiques ou de principe, il n'en a pas moins souffert. En témoigne le passage suivant extrait de sa lettre d'adieu qu'il a adressée aux lecteurs de *La Patrie* en février 1897 :

> Je quitte le journal dans les mêmes sentiments après avoir fait—grand voyageur et descendant de coureur des bois que j'ai été et que je resterai toujours—un long voyage sur un océan qui restera éternellement inexploré, mais qui n'avait pour moi aucune frayeur, confiant que j'étais dans l'immuable bonté de l'Être Suprême qui a créé toutes choses et dont on ne comprend guère la toute-puissance, qu'en jetant un regard d'humilité sur l'immensité sidérale et sur les mystères de consolation que recèle la doctrine d'amour et de miséricorde du Christ.
>
> Si je dis ces choses, presque devant la mort que je viens de regarder bien en face, c'est que pour les besoins de cette maudite politique qui ne m'a jamais lié les mains, on m'a taxé d'athéisme et de matérialisme, alors que je suis croyant dans la grande acception du mot.
>
> Je n'ai jamais mis de religion dans mon potage et je n'ai jamais permis qu'on me guidât à coups de rotins, de menaces, ou d'excommunications[15].

Beaugrand poursuit en affirmant que son libéralisme a été infléchi par les « Grands » du Canada français, tels les « Geoffrion, [...] Lusignan, Couillard, Buies, Laurier, et tant d'autres ». Le dernier nom appartient au chef du parti libéral ayant comploté la défaite électorale de Beaugrand en 1890, ce qui explique qu'il éprouve le besoin de préciser que par rapport à ces notables, son rôle à lui « se bornait à aller les applaudir aux séances de l'Institut canadien ». Passant sous silence sa marginalisation par les décideurs et la blessure psychique que cette marginalisation a entraînée, l'auteur de la lettre affirme soudain que devenu libéral, il en est arrivé à « formuler [le] culte suprême [qu'il a] toujours porté à la France, à son incomparable passé et à son glorieux présent » et termine en déclarant qu'il « cri[e] partout à pleins poumons : Vive la France! Vive la République! » S'il est vrai que Beaugrand a toujours admiré la France, le fait de l'affirmer si vigoureusement dans une lettre adressée aux Canadiens français me paraît tenir moins du désir de faire l'éloge de la France que du besoin de donner une paire de claques retentissantes au Québec[16]. Vingt mois plus tard, dans une prestigieuse revue new yorkaise, il l'a fait à nouveau, mais d'une façon plus subtile, en signant « The Werwolves ».

NOTES

1. Voir l'Avant-propos de l'édition bilingue de *La Chasse-galerie et autres récits / La Chasse-Galerie and Other Tales*, cité par François Ricard dans Beaugrand, *La Chasse-galerie et autres récits* (28).
2. Toutes les références suivantes au conte du « Loup-garou » renverront à Beaugrand, *La chasse-galerie* et seront signalées par le seul numéro de la page.
3. « Oui! l'histoire n'est pas mauvaise, mais je trouve que vous les avez vus un peu de loin et qu'il y a bien longtemps de ça. Si la chose s'était passée l'automne dernier, je croirais que ce sont les membres du Club de pêche de Phaneuf et de Joe Riendeau de Montréal que vous avez aperçus sur l'île de Grâce en train de courir la galipotte. Vous avez dit vous-même que tous les rouges étaient des coureux de loup-garou et vous savez bien, M. Brindamour, qu'il n'y pas de bleus dans ce club-là! » (39) d'exclamer l'avocat.
4. François Ricard, « Préface », dans Beaugrand, *La Chasse-galerie et autres récits* (12).
5. Dans son Introduction à *Jeanne la fileuse*, Roger Le Moine souligne qu'après 1890, Beaugrand faisait « en sorte de ne jamais se trouver à Montréal lors des campagnes électorales » (*Jeanne la fileuse* 20).
6. Toutes les références à ce texte renverront à « The Werwolves ».
7. En se prononçant en faveur de l'annexion du Québec aux États-Unis en 1875, il exprimait la croyance que le Québec libéré de la tutelle britannique, les Canadiens français pourraient évoluer d'une façon plus française à proprement parler. En 1893, trois ans après que le parti libéral l'ait traité d'une façon peu éthique lors des élections, Beaugrand a écrit aux lecteurs de *La Patrie* que, « En vérité...après avoir fait le tour du monde, je crois en toute conscience, pouvoir dire que la France est le plus beau, les plus ravissant et le plus hospitalier pays de la terre. Un Canadien français se sent ici chez lui » (« Autour du monde », 29 avril 1893, cité dans Beaugrand, *Jeanne la fileuse* 21).
8. Ces articles traitaient des sujets suivants : les idéaux de Gounod (janvier), les pièces de théâtre représentées en Provence (avril), le peintre Thomas Couture (mai), la châtelaine de La Trinité (juin), le peintre Charles-François Daubigny (juillet) et dans trois articles, la Commune (octobre et novembre).
9. Beaugrand ayant été sergent dans l'armée française, il devait respecter à la lettre le code de la conduite, ce qui aurait sans doute contribué à exacerber le dégoût qu'ont suscité en lui les

événements entourant les élections de 1890. Dans « The Werwolves » justement, la question de la justice envers les individus est particulièrement importante.

10. Il est révélateur, compte tenu du commentaire à l'égard des coureurs des bois dans ce conte, que dans sa lettre d'adieu aux lecteurs de *La Patrie*, Beaugrand a écrit en 1897 qu'il a été et qu'il restera toujours « grand voyageur et descendant de coureur des bois » (*La Patrie*, 6 février 1897, cité dans *Jeanne la fileuse* 65).

11. Lorsque l'un d'entre eux fait une remarque offensive au sujet de l'officier pour n'avoir pas cru la sentinelle, il est sévèrement rappelé à l'ordre : « *Halte-là!* » growled the Sargent. « The first one who dares insinuate anything contrary to discipline, or show a want of respect for any of our officers, will be placed in the dungeon without further ado...as long as you are under my orders you will have to remember that you are not roaming at large in the wilderness, and that you are here in one of the forts of His Majesty the King of France » (818).

12. Il s'agit d'une tribu de la confédération iroquoise.

13. En réalité, c'est un conducteur de train qui, malade de la variole, a été admis à l'Hôpital général de Montréal. On l'a ensuite transféré à l'Hôtel-Dieu où une femme est tombée malade à son tour, et la chose de se répandre. Le dernier cas rapporté le fut en mai 1886 et portait le numéro 9 600.

14. Voir Beaugrand, *Jeanne la fileuse* 61.

15. *La Patrie*, 6 février 1897, cité dans Beaugrand, *Jeanne la fileuse* 65.

16. En 1900, Beaugrand adresse six exemplaires de son recueil *La chasse-galerie* à Laurier qu'il dit, dans la lettre qui accompagne l'envoi des volumes, compter parmi ses « amis » (Archives nationales du Canada, fonds Laurier, MG26/G. Cité par François Ricard dans Beaugrand, *La Chasse-galerie et autres récits* 27).

OUVRAGES CITÉS

Beaugrand, Honoré. *La chasse-galerie*. Montréal : Fides, 1979.

———. *La Chasse-galerie et autres récits*. Édition critique par François Ricard. Montréal : Presses de l'Université de Montréal, 1989.

———. *Jeanne la fileuse. Épisode de l'émigration franco-canadienne aux États-Unis*. Montréal : Fides, 1980.

———. « The Werwolves. » *The Century Magazine: A Popular Quarterly*, 6 October 1898, 814–23.

FOUR
TOWARDS A NEW MEMORY / VERS UNE MÉMOIRE NOUVELLE

10

ORIGINAUX ET DÉTRAQUÉS

La ville hétérodoxe et mémorielle de Louis Fréchette

ANDRÉ LAMONTAGNE

L'intérêt de la critique littéraire québécoise pour le phénomène urbain, qui se donne à voir depuis la fin des années quatre-vingt dans des articles, des projets de recherche et des ouvrages tel que l'emblématique *Montréal imaginaire. Ville et littérature* (Marcotte et Nepveu, 1992) a essentiellement pour objet la métropole du Québec, sauf rare exception[1]. De nombreux écrivains ont pourtant fait de la capitale le centre de leur univers fictif, que l'on pense à Philippe Aubert de Gaspé père, Louis Fréchette, Roger Lemelin, Claire Martin, Anne Hébert, Pierre Morency, Jacques Poulin, Robert Lepage et Alain Beaulieu – pour ne citer que ceux-là et pour prendre comme point de départ le XIXe siècle. À l'évidence, la ville de Québec suscite peu d'analyses de ses représentations littéraires et davantage d'études consacrées à son histoire, sa géographie et son architecture, sans compter les 'beaux livres' qui célèbrent ses charmes visuels.

Gilles Marcotte explique ainsi ce qui distingue Montréal et Québec dans leur rapport à l'écriture :

> Montréal est une vaste possibilité, une possibilité plurielle, *générale* d'écriture. Je n'en dirai pas autant de Québec, malgré Roger Lemelin,

> Jacques Poulin et Pierre Morency, ou plutôt à cause d'eux : ils ont fait de la Vieille Capitale un lieu d'écriture à la fois chaleureux et clos, qui échappe en partie aux ravages spécifiques de l'inquiétude urbaine. L'écrivain de Québec est une exception; ce n'est pas, pour un écrivain, un mauvais titre, et peut-être obtient-il de ce caractère une grâce qui se trouve plus rarement dans la métropole. À Montréal, au contraire, l'écrivain est immergé dans le divers, le pluriel, le mélange, l'incertain, l'incomplet. (Écrire 10)

L'aspect cosmopolite de Montréal, sa diversité linguistique, son apport migrant, ses incertitudes identitaires, en un mot sa pluralité, en font un sujet d'écriture et un lieu d'énonciation privilégiés. Si Québec a vu sa dualité linguistique et son importance commerciale s'estomper vers la fin du XIXe siècle et sa pluralité ethnique se raréfier dans la seconde moitié du 20e siècle, cela n'en fait pas une ville moins littérarisable tant sur le plan de la représentation urbaine que sur celui de la théorie critique. L'altérité, dont on sait depuis Schleiermacher et aujourd'hui avec Levinas qu'elle est constitutive de l'œuvre littéraire, peut prendre différentes formes.

Dans un article subséquent à *Écrire à Montréal*, Gilles Marcotte suggère une piste pour interpréter le sens littéraire de Québec : une poétique de l'intime. L'hypothèse est intéressante, encore qu'elle s'inscrive dans une opposition paradigmatique entre Montréal (la grande, la vraie ville) et Québec, qui est quelque chose de différent avec ses « rues familières comme des sentiers de villages » (*Traître* 97). Marcotte cite à l'appui l'ouvrage de Pamela Sing, *Villages imaginaires* (1995), dans lequel l'auteure étudie les romans de Jacques Poulin à l'aune du concept de « village postmoderne ». Pour Marcotte : « C'est en devenant, par excellence, la ville du secret bien gardé, de l'intimité la plus jalouse, que Québec peut naître à la grandeur vraie du monde » (*Traître* 97). Si le paradoxe traduit bien les polarités endotopiques et exotopiques de la ville, il n'en circonscrit pas moins Québec dans une vision du même, de l'homogène.

Pour notre part, nous posons l'hypothèse que la Vieille Capitale, au-delà de sa forte dominance blanche, francophone et traditionnellement catholique—c'est-à-dire de son visage « pure laine »,—nourrit et se nourrit de représentations littéraires hétérodoxes. La proximité « villageoise » de Québec n'est pas synonyme d'homogénéité, comme en témoignent de nombreux textes narratifs qui mettent en scène des marginaux ou expriment des positions idéologiques et des valeurs qui se jouent de l'orthodoxie et ce, depuis les débuts du roman canadien-français avec la parution en 1837 de deux textes aux accents gothiques : *Le chercheur de trésors ou l'influence d'un livre* de Philippe Aubert de Gaspé fils et *Les révélations du crime ou Cambray et ses complices* de François-Réal Angers. Rejoignant par là le sens premier du mot *hétérodoxie*, de telles œuvres donnent à entendre une opinion autre, une voix qui s'écarte du discours officiel personnifié par l'Église. Ce faisant, elles autorisent une autre lecture de la littérature québécoise. Elles invitent à relativiser le règne supposé de la pensée unique et le triomphe sans partage du roman de la terre. Réjean Beaudoin avait déjà fait pareille mise en garde dans *Naissance d'une littérature. Essai sur le messianisme et les débuts de la littérature canadienne française* (1850–1890) : « On répète partout des choses à faire frémir sur la noirceur absolue du XIXe siècle canadien-français. On prétend unanimement que sa production intellectuelle est incompatible avec la conception moderne de la littérature » (*Naissance* 15).

Le recueil de portraits que Louis Fréchette publie en 1892 sous le titre d'*Originaux et détraqués* condense plusieurs éléments de la problématique que nous esquissons ici en peignant la ville de Québec comme un haut-lieu de la marginalité et en présentant une galerie de personnages dont les comportements et les valeurs s'opposent au conformisme ambiant et à l'idéologie dominante dans le Québec du XIXe siècle. Qui plus est, Fréchette inscrit son écriture dans une dynamique commémorative, présentant Québec comme une ville qui serait déjà un lieu de mémoire.

Comme on le verra dans les pages qui suivent, et comme le confirmeraient des romans tels que *Pierre le magnifique* (1952) de Roger Lemelin et *Le ciel de Québec* (1969) de Jacques Ferron, la littérature ayant Québec pour objet produit des formes d'altérité qui tournent autour d'un conflit de représentations entre l'ordre et le désordre, la loi et l'exception, la normalité et la marginalité, le changement et la permanence, ainsi que la révolte et la soumission. Ces oppositions traversent certes des œuvres de toutes littératures, mais elles prennent un sens particulier dans le contexte de Québec, ville qu'on associe volontiers à l'histoire, à la naissance du Canada français, à la pérennité de la langue et de la race, au pouvoir institutionnel—qu'il soit gouvernemental ou religieux,—au conformisme bourgeois et à l'imperméabilité des classes sociales. L'analyse s'attardera ici à la parole et à la figure du détraqué qui, au-delà des effets comiques, autorisent les écarts langagiers et idéologiques et avalisent des positions politiques autrement jugées extrêmes. L'une des formes les plus affirmées de la représentation littéraire hétérodoxe dans *Originaux et détraqués* est le carnavalesque, moins dans sa vulgate hivernale que dans un sens bakhtinien[2]. Le carnavalesque a ici partie liée avec « le plurilinguisme social, la conception de la diversité des langages du monde et de la société » (Bakhtine 152). Il nourrit une mémoire de Québec plus vivante que la grande fête de 2008, plus enracinée que la « maniaquerie commémorative » qui caractérise notre époque et que dénonce Tzvetan Todorov dans *Les abus de la mémoire* (51). Pour Daniel Laforest, les célébrations officielles du 400e anniversaire de Québec soulèvent une autre question : « the city's historical character plays the convenient role of an a priori: it is never questioned » (199).

Parus chez l'éditeur montréalais Louis Patenaude, les portraits que signe Fréchette sont précédés d'une préface, comme c'était la coutume chez les écrivains québécois de l'époque qui jugeaient prudent d'attester le caractère véridique de leur récit. Plus qu'un stratagème rhétorique visant à emporter l'adhésion du lecteur, il s'agissait d'un détour obligé : s'inscrire en faux contre le roman français pour aller dans le sens de l'institution littéraire naissante et de sa promotion du récit de mœurs canadiennes[3]. Le paratexte d'*Originaux et détraqués* s'avère plus complexe. Si la fonction testimoniale est affichée dès le début avec la dédicace à James D. Edgar, ami d'enfance devenu député au parlement fédéral, que Fréchette convoque comme destinataire de leurs souvenirs partagés, les considérations habituelles sur la véracité des faits évoqués arrivent beaucoup plus loin dans le texte de présentation et ne se conjuguent pas à une charge contre le roman ou le naturalisme. Fréchette s'attarde plutôt à discuter les zones grises entre réel et fiction dans la fonction commémorative : « Loin de moi, cependant, l'ambition de poser à l'historien. Au contraire—et je désire que le lecteur note bien ceci—on ne doit pas attendre de ces monographies une exactitude historique trop scrupuleuse. J'ai dessiné mes personnages tels que je les ai vus, ou tels qu'on me les a racontés, sans m'inquiéter de l'absolue vérité des détails » (38–39).

Fréchette associe par ailleurs la fonction commémorative à la fonction descriptive. Faire acte de mémoire par le biais d'une « vision rétrospective des choses envolées » (33), c'est aussi prendre note de la modification de l'espace urbain : « Ces évocations sont, du reste, mon cher Edgar, notre seule chance de revivre un peu nos premières années; car les lieux mêmes, autant dans leur aspect physique que dans leur physionomie morale, sont bien changés » (33). S'ensuit une longue énumération des changements qui ont marqué Québec et Lévis (où est né et a grandi Fréchette), d'un côté et de l'autre du fleuve Saint-Laurent :

En jetant les yeux sur le plateau de Lévis, par exemple, en y embrassant du regard ces édifices considérables, ces rues bordées d'arbres et d'habitations élégantes, il te serait impossible de reconnaître le théâtre de nos ébats de gamins et de nos longues rêveries d'adolescents.

Tu ne retrouverais plus la Commune, avec ses tranchées historiques [...] Les rails du Grand-Tronc et de l'Intercolonial ont bouleversé tout cela, et bien d'autres choses.

C'est sur l'ancien quai Lauzon, construit par sir John Caldwell, et restauré à neuf, que s'embarquent aujourd'hui les voyageurs pour New-York et San Francisco... quand il y en a.

Une vaste usine s'est élevée sur l'emplacement même de la maison dont la cave recéla les cadavres qu'y enfouissait le vieux meurtrier Lanigan. (34–35)

Ces considérations sur l'industrialisation et l'urbanisation de Lévis font place au regard ironique que l'auteur jette sur Québec :

Mais il n'y a pas que de ce côté du fleuve où la main du temps ait laissé des traces de son passage.

Québec aussi—oui, mon ami, Québec lui-même!—se transforme petit à petit.

La basse-ville a vu deux maisons se construire dans les dix dernières années; Saint-Roch prend des allures commerciales sérieuses; Saint-Sauveur s'allonge et se donne le luxe d'une église décorée par un vrai peintre. [...]

Les vieilles portes militaires sont démolies, et remplacées, pour la plupart, par des barrières à tournure féodale, avec mâchicoulis et échauguettes en poivrière,—un éloquent défi au *statu quo* traditionnel.

L'ancienne cathédrale, devenue basilique cardinalice, a refait sa toilette.

Il y a le bassin Louise, le nouveau parlement, un palais de justice neuf, deux clubs d'amis, où l'on se dévore encore mieux que dans les sociétés patriotiques ou de Secours mutuel.

L'historique château Saint-Louis est allé rejoindre les ruines du collège des Jésuites et du vieux poulailler législatif où s'est bâclée la constitution qui nous rend heureux depuis 1867.

> Et—circonstances qui frapperont nos neveux d'admiration—la rue Saint-Jean a failli s'élargir, après quarante ans d'efforts [...]
>
> Faut-il noter d'autres progrès et d'autres disparitions? (36)

Outre ses propos railleurs sur la confédération canadienne et les hommes politiques, Fréchette raconte de façon caricaturale la très lente modernisation de Québec. La description des portes de la ville, avec leur *new look* médiéval, met en relief le paradigme passé-présent qui est indissociable de Québec—et que vient renforcer dans le texte l'antithèse progrès-disparition. Par ailleurs, le développement du réseau ferroviaire a pour effet d'insérer Québec dans l'ensemble nord-américain (New-York, San Francisco—et on pourrait ajouter Chicago, où Fréchette réside de 1866 à 1871 alors qu'il est employé du Illinois Central Railway), même si le texte préfaciel souligne la rareté des voyageurs en partance pour les États-Unis.

L'énumération des changements qui ont transformé Lévis et Québec se conclut par un rappel du but poursuivi par l'auteur :

> Le passé non seulement n'est plus, mais encore les derniers vestiges qu'il avait laissés derrière lui, comme une traînée d'ombre ou de soleil, s'oblitèrent rapidement.
>
> C'est pour cela que j'ai écrit ces pages.
>
> C'est pour cela que j'ai écrit ces pages, où tu verras revivre quelques-unes de nos années de jeunesse, à côté des physionomies qui en ont égayé certains côtés un peu ternes parfois, et dont j'ai voulu, par reconnaissance—je parle des physionomies—rappeler le souvenir. (38)

Enfin, Fréchette expose une hypothèse qui n'est pas sans rappeler la théorie du milieu d'Hippolyte Taine :

> Comment se fait-il qu'on ne rencontre pas ailleurs ces types étranges, ou, tout au moins, en semblable agglomération ? [...] Mais je crois plutôt à l'influence des milieux [...] Québec [...] est la patrie des originaux. Qu'ils soient hommes d'esprit ou pauvres détraqués, c'est la patrie des originaux—c'est-à-dire de ceux qui sont quelqu'un, ce qui est plus rare qu'on ne le pense. (41–42)

Étrangeté, originalité et individualité : ce sont là les vecteurs qui ordonnent ce recueil que Jean-Claude Germain définit comme « une des œuvres majeures de la littérature québécoise » (26), bien devant *La légende d'un peuple* qui assura pourtant la gloire de Louis Fréchette comme poète national. Pour préserver le passé, Fréchette choisit de mettre l'accent sur les marginaux—ce qu'il appelle les « physionomies ». La singularité nourrit l'anecdote, laquelle sert l'histoire—la petite histoire en opposition à la grande—comme l'écrit Fréchette dans ce passage précurseur des idées postmodernes : « Du reste, si l'histoire des nations forme, pour celles-ci, un patrimoine précieux, les annales anecdotiques des peuples ont aussi leur importance. Mieux que la chronologie des grands événements, quelquefois, elles affirment le caractère d'une race. » (38)

L'incipit du recueil proprement dit prolonge en quelque sorte la préface : « Pourquoi, lorsqu'on parle de Québec, est-on toujours porté à dire "la bonne vieille ville"? » (46), se demande le narrateur. Selon lui, « Cela n'est certainement pas dû à ses traditions guerrières et chevaleresques ni à l'aspect grandiose de son site presque sans rival au monde – pas plus qu'à la physionomie quelque peu rébarbative que lui prêtent sa menaçante citadelle et sa longue ceinture de canons accroupis comme des dogues [...] non plus à ses ruelles étroites et tortueuses » (46). On doit ce qualificatif « principalement aux mœurs patriarcales, pour ne pas dire à l'allure un peu surannée de sa population [...] [à] ces charmantes manières, quelque peu ancien régime, qui rappellent vaguement l'exquise odeur de vétusté enfermée au fond des tiroirs aux souvenirs » (46–47).

Le cadre urbain, contraste de maniérisme et de puissance, d'ancien et de moderne, est donc planté pour le premier portrait : « L'original s'appelait Jean-Baptiste Oneille. Il cumulait les fonctions de bedeau de la cathédrale avec celles de barbier de l'évêché » (47). Ce coup de pinceau marque d'emblée la singularité du personnage et le caractère hétéroclite de son gagne-pain qui allie le haut et le bas, l'institution ecclésiastique et le corps humain. C'est là l'une des caractéristiques du carnavalesque définies par Bakhtine et qui est le prélude à un autre procédé de désacralisation généralisé dans le récit, soit le rire.

L'originalité d'Oneille tient à sa verve, aux mystifications et aux mots d'esprit qu'il distribue à tout venant, sans distinction de classe ou de rang : « Il [...] montait tout aussi bien une scie à un prince de l'Église qu'à un cocher de la place » (56).

Oneille aime se moquer des paysans qui viennent en ville, comme ce fermier qui souhaite acheter du son et que le bedeau fait monter jusqu'à la cage du carillon de l'église ou, encore, cet habitant de Beauport à qui on fait croire que son neveu a été reçu prêtre au séminaire de Québec en un temps record en raison d'une méthode des plus efficaces, « les études à la vapeur » (54). Les cibles les mieux alignées d'Oneille demeurent toutefois les prêtres, avec lesquels il est en contact quotidien de par son double emploi. Si ces derniers sont indulgents à son endroit, il n'en demeure pas moins que l'humour d'Oneille, dans le récit qu'en fait Fréchette, a pour résultante de rabaisser l'institution religieuse, qui tient pourtant le pavé haut dans la ville de Québec. On peut en juger par cet extrait d'un dialogue entre le directeur du séminaire et Oneille à propos de la famille de cochons que ce dernier élève au mépris du règlement municipal :

> — Mais, lui fit remarquer le bon prêtre, votre auge est trop petite, maître Oneille; c'est à peine s'ils peuvent manger quatre là-dedans.
> — Je le sais bien.
> — Mais vous en avez cinq!
> — Eh dame, ils feront comme au séminaire : pendant que les autres mangeront, il y en aura un qui fera la lecture spirituelle. (58)

Le registre animal de la comparaison efface ici tout autant la distinction entre le spirituel et le corporel que la frontière entre la ville et la campagne.

Un exemple encore plus subversif de l'esprit facétieux d'Oneille se donne à lire dans le récit d'une messe de Pâques. Dans cette atmosphère « où la pompe épiscopale se déploie avec tant d'éclat » (58), Oneille, qui a lui-même revêtu ses vêtements d'apparat, s'amuse à provoquer les bâillements par un effet domino qui gagne les enfants de chœur, les séminaristes, les prêtres, les chantres et « l'archevêque lui-même—ô scandale!—[qui] bâille sous son dais à se décrocher la mâchoire » (59). La plaisanterie risque de mal tourner : « Quand on s'en aperçut, les uns rirent beaucoup; mais Mgr Signaï ne le prit pas si gaiement. L'archevêque indigné conclut sa verte semonce au coupable en lui défendant de jamais "remontrer sa face devant lui" » (59). Le lendemain, Oneille se présente à l'archevêque dans « son habit sens devant derrière » (59) et en marchant à reculons. La cocasserie de la scène suscite le pardon de l'archevêque. Avec la scène de l'église, nous touchons à plusieurs aspects du rire identifiés par Bergson (sa fonction sociale, le mécanique plaqué sur du vivant, la répétition et l'imitation, le ridicule corporel du bâillement, etc.), mais plutôt que de punir celui qui s'écarte de la norme, le comique subvertit ici l'orthodoxie, en manifestant un ennui généralisé devant le discours religieux, et s'avère hautement dialogique. Par la voix d'Oneille, Louis Fréchette procède à ce que Michel Aucouturier, le préfacier de Bakhtine, appelle « la remise en question de la langue unique, autoritaire, hiérarchique et hiératique des grands genres littéraires traditionnels » (17)—si on entend par « grand genre » autant le discours religieux que le discours littéraire que subvertit ici le récit.

Ce Oneille, dont le texte dit qu'il « était maître partout », prend un malin plaisir à bousculer les hiérarchies. Comme l'archevêché de Québec dépend d'Oneille pour les soins corporels des prêtres et le bon fonctionnement de la basilique, cela place le bedeau dans une position de pouvoir et d'intimité avec le pouvoir, d'où les renversements carnavalesques quotidiens.

Oneille lui-même possède des traits irréguliers. Sa physionomie l'associe au grotesque : « Il était d'une laideur épique [...] cette laideur comique, burlesque, qui attire les regards et provoque l'hilarité » (51). Son nom signale l'hétérogénéité linguistique, la graphie française du nom anglais O'Neil, mais le narrateur rétablit l'origine française du nom (Onel), dictionnaire généalogique à l'appui. Cependant, « à cause de sa tournure d'esprit qui tenait beaucoup de ce qu'on appelle l'*Irish wit*, on a longtemps cru que Oneille était d'origine irlandaise » (48).

L'originalité et l'altérité d'Oneille passent avant tout par le discours, comme le « détraquement » du langage est au centre de plusieurs autres portraits du recueil de Fréchette. Le dénommé Chouinard, un simple d'esprit qui opère un service de courrier parallèle à la poste royale sur la rive-sud de Québec, « avait l'habitude—comme presque tous les innocents, du reste—de s'exprimer dans une espèce de langage télégraphique [...] [et] avait en outre un certain défaut d'articulation ou d'oreille qui lui faisait commettre toutes sortes de contrepetteries [*sic*] » (120). Ainsi : « Du *lemon syrup* était pour lui du "limon de salope" » (121). Mais les nombreuses contrepèteries que le narrateur donne en exemple touchent avant tout le discours officiel, qu'il s'agisse de l'appareil judiciaire (« Une maison de correction devenait une maison de "corruption" » [121]), du récit de l'Histoire (la chanson du major de Salaberry à la bataille de Châteauguay devient la « chanson major Jean Doguier, bataille Vous-salue-Marie » (125) et Chouinard y confond Papineau et Salaberry, dont les vues sur les États-Unis étaient diamétralement opposées) ou des prières et chants religieux :

> C'est la sain sain sain,
> C'est la te te te,
> C'est la te,
> C'est la sainte Vierge,
> Qu'allume les cierges! (125)

L'extrait suivant constitue une parodie du cantique intitulé « Le jugement dernier » :

> Tout le monde connaît le refrain à grand effet :
>
> > J'entends la trompette effrayante
> > Qui crie : O morts, levez-vous!
>
> Voici comment Chouinard le chantait :
>
> > J'attends la tempête effrayante,
> > P'tit christ, gros homards, rêvez-vous? (126)

On peut penser, avec Maurice Lemire, que s'il rapporte avec exactitude la vie et « l'œuvre » de Chouinard et autres détraqués, « Fréchette a généreusement prêté à ces pauvres d'esprit » (*Originaux* 556). Dans leur article intitulé « La schizographie ou l'écriture indocile », qui analyse les écarts langagiers dans un vaste corpus incluant *Originaux et détraqués*, Michèle Navet, Ginette Lavallée-Huynh et André Roch Lecours situent pour leur part Fréchette du côté des écrivains « qui se distancient de leurs créations déviantes » (89). Nonobstant cette question de la mimésis et de la distanciation, il faut reconnaître que l'intertextualité joue un rôle central dans ce récit en désacralisant le discours religieux. Cela détonne dans le Québec du XIXe siècle, mais le procédé était courant et connu sous le nom de *parodia sacra* dans la littérature du Moyen-Âge, comme le rappelle Bakhtine (425–33). Bien entendu, Fréchette use ici de la licence qu'autorise le discours du fou.

Un autre portrait exécuté à partir de particularités linguistiques est celui de Leroux dit Cardinal, le chef des huissiers du parlement à l'époque où Québec était la capitale du Canada. Si Cardinal détient un réel pouvoir, il s'accorde une importance démesurée qui traduit un renversement imaginé des hiérarchies : « Il considérait les députés comme ses commensaux » (187). Le tic langagier de Cardinal consiste en « un besoin irrépressible de faire des phrases solennelles et de rechercher des expressions peu usitées » (188), comme dans cette réponse qu'il fait à un ministre sur la durée de la session parlementaire : « Dame, c'est très péripathétique à dire, avant l'approximativité des estimés » (188). Dans cet effort de préciosité, « le vocabulaire s'embrouillait dans son esprit, et il en résultait des confusions de mots absolument renversantes » (189). Le narrateur rapporte l'anecdote suivante : « Une fois, il me fit la remarque que sa chatte était très volatile; qu'il l'avait surprise à détériorer un rossignol » (189), et cet autre exemple d'humour involontaire : « [L'abbé Tanguay] est en train d'écrire un livre miraculeux, Monsieur; un livre où sera réverbéré le fondement de toutes les familles canadiennes » (192–93). Même si cette phrase aux accents rabelaisiens a une résultante carnavalesque, on n'y retrouve pas la même fonction subversive que chez un Oneille. Dans les deux récits, toutefois, le protagoniste principal est campé dans une institution de premier plan—ici, le parlement—qui est rabaissée par des excentricités linguistiques.

Lorsque le parlement fédéral déménage à Ottawa, Cardinal doit s'exiler. Une fois à la retraite, Cardinal rentre à Québec pour « mourir, comme un patriarche, dans la bonne petite rue Saint-Ursule, où il était né » (195). On notera l'emploi des mots « patriarche » et « bonne petite rue », qui reprennent les termes de l'incipit du portrait d'Oneille et par le fait même l'opposition entre le présent et le passé, le progrès et les mœurs surannées. Il est intéressant de signaler que le récit consigne la rue où habite Cardinal, tout comme le premier portrait indiquait l'emplacement de la maison d'Oneille, rue Ferland. Le procédé participe de l'effet de réel dont parle Roland Barthes, mais aussi d'un effet de proximité qui circonscrit l'action dans un lieu clos et chaleureux, pour reprendre les termes que Gilles Marcotte associe à la poétique de l'intime. L'histoire de Cardinal se termine sur une note symbolique lorsque le narrateur rencontre l'ancien huissier « près de la terrasse Frontenac, en face du vieux parlement, incendié quelques mois auparavant [...] le théâtre de sa gloire passée » (195). La destruction de l'immeuble qui abritait le parlement accompagne Québec dans son destin de « Vieille Capitale ».

Marcel Aubin, un vagabond qui parle en rimes, fait lui aussi l'objet d'un portrait centré sur la performance linguistique. Tout comme Cardinal, même s'il appartient à une classe sociale différente, Aubin cherche à s'élever au-delà de la banalité langagière : il s'« exprimait bien rarement en prose [...] cette forme vulgaire du langage » (200). Sorte de survenant qui opère sur un territoire restreint, Marcel Aubin frappe aux portes et prodigue ses rimes, souvent en échange d'un repas. Son discours n'a pas de portée véritablement contestataire, encore qu'il ouvre parfois la porte au flirt :

> Ma bell' madam' Rivage
> J'apprécie vot' breuvage;
> Si j'étais moins sauvage,
> J'voudrais qu'mon esclavage
> Consolât vot' veuvage! (204)

L'originalité d'Aubin tient également à l'intégration du parler populaire à son discours poétique, avec une profusion de « oùs » et d'expressions telles « s'rincer la dall' du cou ». La liberté que s'accorde Fréchette d'utiliser deux niveaux de langue, le français standard et le québécois, annonce, selon Jean-Claude Germain, « la seule révolution qu'ait jamais connue la littérature québécoise » (26). Dans le tableau qu'il brosse de la réception critique du recueil de Fréchette, Réjean Beaudoin fait entendre la voix discordante de François Ricard : « Selon Ricard, loin de porter les signes avant-coureurs des grands textes de la Révolution tranquille, les contes de Louis Fréchette expriment tout le contraire : la défaite et la soumission. "Ces écrits, en effet, et quoi qu'on en ait dit, n'ont absolument rien de revendicatif." Leur réhabilitation indique plutôt la folklorisation dont témoigne la littérature joualisante qui les revendique » (*Un écrivain* 268).

Si les propos de Jean-Claude Germain sont à interpréter dans le contexte d'une revendication de la langue et de la culture populaires, l'hybridité langagière des récits de Fréchette n'en rencontre pas moins une des conditions d'existence d'une littérature québécoise vraie, soit la rupture de l'homogénéité linguistique que souhaitait André Belleau (83).

Poète public comme Aubin, Grosperrin se veut beaucoup plus subversif. Le portrait qu'en tire Fréchette est sans doute le plus hétérodoxe de tout le recueil parce que Grosperrin s'attaque tout autant à des figures littéraires comme Victor Hugo qu'aux règles de bienséance sociale et à l'idéologie régnante. D'emblée, le narrateur attribue au personnage un statut apatride : « Grosperrin était un produit exotique, mais un produit étrange. D'où venait-il? Était-il français, belge, suisse? Impossible de le savoir » (167). Celui qui se définit comme un philosophe cosmopolite et que le texte désigne comme un poète-savetier est associé, comme Oneille, aux choses de l'esprit (la littérature) et au corps (les pieds). Grosperrin a la particularité d'être analphabète. Il dicte ses poèmes à quiconque veut bien les retranscrire, court les porter chez l'imprimeur et les vend ensuite dans la rue, à la manière d'un crieur de journaux. Sur le plan politique, on le décrit comme un « démoc-soc bien conditionné » (172), c'est-à-dire un démocrate socialiste, type qui émerge de la France de 1848 plutôt que du XIXe siècle québécois.

Grosperrin ne se contente pas de publier ses poèmes à compte d'auteur, de les vendre avec un certain succès et de les réciter « partout, dans la rue, sur la place publique, à la porte des églises » (172). Ce « troubadour d'un nouveau genre » (173) fait des interventions remarquées. La première a lieu lors de l'exécution en 1864 d'un Irlandais condamné pour meurtre. Près de l'entrée de la prison de Québec, une foule massive et silencieuse observe la scène empreinte de gravité :

> Mais au moment où [le bourreau] passait la corde fatale au cou du supplicié, une voix formidable et bien connue retentit dans la foule.
>
> Elle chantait :
>
> Johnne Meehan, pour expier ton crime,
> La corde au cou, te voilà donc là-haut !
>
> C'était Grosperrin, avec sa complainte pour la circonstance.
>
> Or, si solennelle que fût celle-ci, personne n'y put rien; et ce fut au milieu d'un éclat de rire homérique que Johne [*sic*] Meehan passa de vie à trépas. (175)

Une telle carnavalisation de la mort est rarissime dans la littérature québécoise, et même s'il s'agit d'un hapax, d'une aberration, l'épisode subvertit l'orthodoxie dans ce qu'elle a de plus sacré et de plus tabou. Soulignons enfin avec Bakhtine que des personnages comme celui de Grosperrin incarnent le « comique populaire sur la grand-place. Ils rétablissent l'aspect public de la figure humaine, car toute leur existence, en tant que telle, est entièrement extériorisée : *ils étalent tout* sur la place, si l'on peut dire. Toute leur fonction consiste à vivre au-dehors » (306).

Une autre intervention de Grosperrin haute en teneur carnavalesque est le concert qu'il donne un soir à la salle de la Tempérance, nom prédestiné pour accueillir une représentation débridée, hors-norme : « On ne voit cela qu'une seule fois dans sa vie, et les souvenirs qui m'en restent se perdent dans l'enchevêtrement confus des plus renversantes invraisemblances » (182). Accompagné sur scène de deux jeunes filles « recrutées dans je ne sais quel coin du faubourg Saint-Jean » (181) et vêtues de façon galante, Grosperrin déclame des poèmes et fait un numéro de chant sans cesse interrompu par ses propres admonestations à ses recrues. Le clou du spectacle est l'exposition d'un chapeau gigantesque soi-disant porté par Salaberry à la bataille de Châteauguay, chosification d'un fait d'armes important de l'histoire canadienne qui, nous l'avons vu, a également retenu l'attention de Chouinard. Si cet épisode victorieux de la Guerre de 1812 se produit dans les environs de Montréal, sa commémoration prend néanmoins place dans la ville qui se veut déjà la mémoire de l'Amérique française. La représentation est cependant interrompue lorsque des étudiants plongent la salle dans l'obscurité en coupant le gaz.

Les « excentricités les plus burlesques » (173) de l'auteur peuvent prendre un tour métacritique, comme dans l'ouvrage *Les vrais misérables, poésies incomparables du philosophe Grosperrin*. Le titre contient déjà une charge contre Victor Hugo, qui sera menée tambour battant dans le recueil. Que reproche Grosperrin à Hugo? De s'être « enrichi de "prose misérable" [...] [d'être] un petit tyran qui flatte la misère » (179). Hugo a l'avantage sur Grosperrin de connaître l'orthographe : « C'est sa supériorité sur moi. Mais tout le monde vous dira que ses poésies (prononcez pohêsies) ne peuvent pas être comparées à celles de Grosperrin, philosophe-cordonnier. Il le sait bien, du reste; et c'est pour cela qu'il n'a jamais pu me sentir. [...] Victor Hugo n'est pas autre chose qu'un aristo, tandis que moi, je suis un homme de génie » (175).

Lorsque le narrateur évoque « les sentiments de rivalités que Grosperrin entretenait vis-à-vis de son émule de Haute-ville-House » (179), on peut sans doute y lire quelque ironie de l'auteur face à lui-même. Fréchette admirait Hugo, dont il imita les accents épiques dans *La légende d'un peuple*. Comme l'écrivait déjà le critique français Charles ab der Halden dans ses *Études de littérature canadienne-française* (1904), Fréchette est « quelquefois trop soucieux de ce qui se passe de ce côté de l'océan, trop fasciné, nous semble-t-il, par la grande ombre de Hugo » (cité dans *Un écrivain*, 263). Lors d'un voyage en France en 1880 pour recevoir un prix de l'Académie française, Fréchette eut enfin la chance de rencontrer son idole, qui ne lui accorda malheureusement qu'une brève entrevue.

Les attaques de Grosperrin contre une figure de l'orthodoxie littéraire s'accompagnent de charges à l'avenant contre des hommes politiques de l'époque : Victor-Emmanuel, Louis-Philippe et Napoléon III.

Trait récurrent dans le recueil, Grosperrin possède un physique ingrat, avec des sourcils arqués selon « cet angle mystérieux dont le sommet sépare le génie de l'aliénation mentale » (168). « Était-ce un fou? » (168), se demande le narrateur qui « n'os[e] pas trop [s]e prononcer » (169). Malgré cette sanction ambiguë, le portrait de Grosperrin nous donne l'image d'une autre fin de siècle[4], d'une société où les ruptures idéologiques et esthétiques sont permises. Il importe de signaler que l'existence et l'œuvre de Grosperrin sont accréditées par l'institution littéraire contemporaine. Le troisième volume de *La vie littéraire au Québec* répertorie la parution, vers 1867, d'un recueil de chansons intitulé *Le petit chanteur canadien. Poésie de Grosperrin* et reconnaît au poète un succès populaire (Lemire et Saint-Jacques 376).

Si Grosperrin fait figure de marginal, il n'en est pas pour autant un détraqué comme ces protagonistes auxquels Fréchette assigne les écarts idéologiques les plus marqués. Ainsi le personnage au nom emblématique de Drapeau signifie la résistance à la domination anglaise : « Ce Drapeau était un vieux détraqué à figure morose et renfrognée [...] un peu sauvage, généralement taciturne, acceptant une aumône par-ci par-là, sans domicile arrêté, sans moyens d'existence connus » (96). Ce vagabond « a pour principale manie—la seule véritablement désagréable qu'il eût d'ailleurs— [...] sa haine profonde des Anglais. Haine féroce, folle. Un seul mot en langue anglaise le mettait hors de lui » (97). Mais dans l'économie du récit, ce n'est pas la langue, mais bien le coup de canon tiré depuis la citadelle de Québec chaque soir à neuf heures et demie qui suscite l'ire de Drapeau. Ce symbole de la domination coloniale vient troubler le « décor de féérie » (93), le calme idyllique dans lequel baigne Québec selon la description qui ouvre le portrait de Drapeau :

> Tous ceux qui ont visité notre pays le diront comme moi, le bassin de Québec présente un des plus beaux coups d'œil qui soient au monde. [...] Le soleil plongeait tout rouge derrière les couronnements massifs et sombres de la ville qu'on a appelée le Gibraltar d'Amérique [...] La basse-ville s'enveloppait de nuit [...] Devant moi, la ville crénelée, assise dans le noir et le front nimbé d'apothéose, se ceinturait d'une myriade de petits points d'or multipliés à l'infini dans le frissonnement des vagues. [...] le Saint-Laurent, de plus en plus assombri, et se laissant à peine deviner dans l'ombre, semblait, pour ne pas troubler la paix de l'heure sereine, retenir sa respiration de géant assoupi.

> Tout à coup un éclair creva au flanc du bastion le plus élevé de la forteresse. [...] une détonation se fit entendre, puissante comme un coup de tonnerre. (92–93)

Au coup de canon succède la voix tonitruante de Drapeau, qui « brandissait un gourdin énorme en dégorgeant un flot d'invectives du côté de Québec » (94). Ce sont donc deux secousses—l'une coloniale, l'autre anti-coloniale—qui troublent la quiétude du narrateur observant Québec depuis le point de vue privilégié qu'offrent les falaises de Lévis, une perspective récurrente dans le recueil. Les injures que Drapeau adresse à l'ennemi prennent une intonation biblique et messianique :

> — Damnés Anglais!... criait-il d'une voix formidable. Nation d'assassins! tirez, tirez vos canons!... Si le bon Dieu est juste, il finira par vous chasser d'ici... C'est le feu de Sodome et Gomorrhe qui nous vengera de vous, infâmes voleurs de pays!... Ah! parce que vous avez la poudre et les balles, vous triomphez! Eh bien, je n'en ai pas peur, moi, de votre poudre et de vos balles. (94)

En traitant Drapeau de « fou » et de « maniaque », le narrateur marginalise un discours qui, en soi, est porteur de valeurs admises, dont la résistance armée (1837–1838) et le messianisme. Pour trivialiser les paroles de Drapeau (ou carrément les situer du côté de la folie, par précaution oratoire), le narrateur les inscrit tout d'abord sous le signe de l'animalité : « Et les vociférations du maniaque allaient se perdre, dans les échos de la nuit, parmi les aboiements qu'elles provoquaient de loin en loin, au fond des chantiers populeux et des fermes solitaires » (94). Après avoir suscité l'écho des chiens et émis des « grondements inarticulés » (94), Drapeau s'enfonce dans les fourrés tel un animal et entonne une chanson :

> Allant à l'école,
> J'eus grand'peur des loups,
> Hou, hou, hou! (94)

L'infantilisation du discours et l'allusion au conte « Le Petit Chaperon Rouge » temporisent les invectives de Drapeau tout en les entraînant dans le registre de la fabulation. Si Drapeau s'adresse à un « ennemi imaginaire » (94), faut-il y lire une dépolitisation de la situation historique, le méchant loup figurant l'Anglais? Les liens entre orthodoxie politique (fidélité au Canada), hétérodoxie (résistance armée) et carnavalesque ne se laissent pas facilement démêler dans le récit.

La troisième section du portrait retrace l'histoire de la famille Drapeau et, avec elle, celle du Canada : les origines vendéennes, le grand-père blessé lors de la bataille des Plaines d'Abraham, la cession du Canada aux Anglais par Louis XV, l'indignation des Canadiens et la soumission au vainqueur prêchée par l'Église : « — C'est maintenant le pouvoir établi, mes frères, disait chaque pasteur dans son prône du dimanche; c'est l'autorité légitime : Dieu vous commande de vous soumettre et d'obéir » (99). À Saint-Michel de Bellechasse, en 1763, le soldat Drapeau interrompt le curé et le met au défi : « — Monsieur le curé, dit-il, voilà assez longtemps que vous prêchez pour les Anglais, prêchez donc un peu pour le bon Dieu maintenant! » (100). L'affaire entraîne l'excommunication du grand-père Drapeau.

Avec « l'imagination montée par les divagations politiques de son père » (101), Pierre Drapeau espère le retour victorieux de la France en Amérique, mais la défaite de Napoléon à Waterloo, saluée à Québec par des coups de canon et l'interprétation de *God Save the King!*, met fin à son rêve et entraîne sa folie. Son fils Charles, qui fait l'objet du récit, gagne son pain sur les chantiers détenus par les Anglais, participant malgré lui au « vol odieux commis au détriment de son pays » (105). Drapeau entend l'appel de Papineau, prend part à la Révolte des Patriotes, rentre à Lévis et sombre dans la folie. Tous les soirs, il fait face au rocher de Québec et attend le coup de canon pour injurier « le conquérant éternellement détesté » (107).

Dans la dernière décennie du XIXe siècle avec ses enjeux politiques complexes, la parole du fou donne à lire en filigrane (d'une manière réfractée, en anamorphose) les positions de Louis Fréchette, qui fut journaliste libéral, député et adversaire des ultramontains, partisan de la IIIe République française et auteur de quelques chroniques anticléricales, mais tout cela sous le couvert de la respectabilité des fonctions officielles et honneurs protocolaires[5].

Les portraits consacrés à Dupil, Guénard et Cotton offrent d'autres exemples de ces nœuds idéologiques que noue ou dénoue la parole hétérodoxe en mettant en scène des affrontements avec les autorités religieuses. Dupil est victime du système seigneurial encore en vigueur à l'époque et de la complicité de l'Église et des Anglais. Dans un litige qui oppose Dupil et Sir John Caldwell, le curé de l'endroit prête « un serment aussi décisif que contraire aux intérêts de son paroissien » (153–54). Devenu vagabond, Dupil nourrit une haine anticléricale assez peu commune pour l'époque, que le narrateur s'empresse de mettre au compte de la folie :

> Alors sa pauvre cervelle, n'en pouvant supporter davantage, se détraqua complètement.
>
> Il avait maudit le prêtre : il fit plus.
>
> Il montra le poing au ciel, et se repliant sur lui-même dans un désespoir sourd, il accepta une existence de proscrit, de lépreux, jurant à Dieu une haine qu'il devait emporter au tombeau, après plus de soixante années de misère et d'isolement sauvage. (155)

De même, « sa rancune persistante contre la Providence » (161) détonne dans une société axée sur la mission providentielle du Canada français. Dupil reprend même certains arguments athéistes entendus dans un autre contexte, par exemple dans le *Candide* de Voltaire : « Eh bien, [si Dieu] est le maître, pourquoi qu'il laisse faire toutes les crasseries qu'y a dans le monde? Il est pas juste! » (162). Fidèle à ses opinions hétérodoxes, Dupil refuse la charité offerte pour l'amour de Dieu, même dans son état de pauvreté, et refuse de demander pardon à Dieu sur son lit de mort, malgré l'hospitalité du prêtre qui l'accueille.

Dominique Guénard cultive une animosité à l'égard de l'autorité cléricale depuis que le curé de Saint-Joseph-de-Lévis a fait décrocher de la voûte de l'église une magnifique frégate en bois sculptée par son grand-père qui suscitait l'admiration des paroissiens mais détournait leur attention des sermons. Après la disparition du bateau, Guénard sombre dans une folie intermittente, nourrit une idée fixe, la translation de la frégate à l'église de Saint-Romuald en grande pompe, et s'adonne au travestissement religieux. Il fabrique une croix qu'il orne de breloques et de rubans de couleur et se promène dans la ville en chantant des cantiques, en citant des paraboles évangéliques et bribes du Nouveau Testament et en faisant des « pastiches de sermons [qui] n'étaient pas tout ce qu'il y avait de plus flatteur pour celui qu'il parodiait » (223), soit le curé qui a fait affront au patrimoine familial. Cette scène répétée s'inscrit tout entière sous le signe du carnavalesque bakhtinien par ses différents modes d'interaction intertextuelle avec le discours sacré (citation, pastiche, parodie et imitation du chemin de croix), le grotesque et le travestissement. Le récit se clôt sur le délire identificatoire de Guénard, qui se prend pour le Christ et s'imagine être au milieu des Juifs, de Ponce Pilate et des filles de Jérusalem.

Le récit intitulé « Cotton » fait le portrait d'un ermite qui vit dans l'opulence de son repaire de Saint-Pascal de Kamouraska, ce qui choque le narrateur qui avait « lu la *Vie des Saints*, toute remplie des miracles et des prodigieuses austérités de ces grands serviteurs de Dieu » (135). Ici encore, la figure du détraqué permet le discours hétérodoxe : « Avions-nous affaire à un fou? » (145), se demande le narrateur après avoir visité l'ermite avec ses amis étudiants et fait avec lui un repas « pantagruélique » (143). La référence à Rabelais s'impose d'elle-même dans ce récit qui subvertit le spirituel par le matériel et le corporel. Considérant l'importance des vies des saints dans l'édification des étudiants québécois de l'époque, l'ersatz d'ermite, même si « sa manie était inoffensive » (145), subvertit le discours hagiographique.

Les portraits consacrés à George Lévesque, un tenancier d'hôtel et beau parleur qui se distingue par la richesse de sa verve populaire, et à Burns, qui dupe les gens et invente mille stratagèmes pour leur soutirer de l'argent, ne sont sans doute pas les plus riches du recueil dans la perspective qui est la nôtre, mais ils nourrissent la problématique du langage qui est au cœur de l'ouvrage de Fréchette. Parlant de l'ensemble des personnages, Maurice Lemire souligne à juste titre qu'« un trait commun à ces déshérités a retenu la sympathie et l'admiration de Fréchette : la passion du verbe » (*Originaux* 557)[6].

Le récit des comportements discursifs prend toutefois une teinte plus dramatique avec l'histoire de Grelot. Le texte s'ouvre sur l'arrivée du prince de Galles à Québec en août 1860. La ville s'est faite belle, idéologiquement lisse avec ses drapeaux et une foule de 50 000 personnes enthousiastes venues accueillir l'escadre royale. La solennité du moment est troublée par « un vieillard à cheveux blancs, hérissé, sale, déguenillé, [qui] avait réussi à rompre les lignes et descendait la côte [de la Montagne] entre les deux haies de soldats, l'œil féroce et la main armée d'un énorme gourdin qu'il brandissait d'un air farouche » (69–70). Cette charge confuse suscite le rire et les cris des spectateurs au son de « Grelot! Grelot! Grelot! » (70).

Grelot, tel est le sobriquet donné à Michel Langlois, « un étrange original connu de tout Québec » (71). Ce sobriquet n'a en soi aucune signification. Ce juron lâché par Langlois à l'occasion d'un incident mineur (un chapeau bossé) est repris par des gamins voulant se moquer de lui, puis *ad nauseam* par les désœuvrés qui constatent la colère que cela suscite chez lui : « Et ce mot-là devait peser d'un poids terrible sur sa destinée. [...] [Grelot] manqua sa carrière, perdit sa fortune et même son nom, traîna durant soixante ans une existence de paria, et mourut fou » (72). Bientôt tous les désœuvrés de Québec—« qui n'a jamais été une ville affairée » (74), précise le narrateur—font de Langlois leur souffre-douleur dans une unanimité carnavalesque : « Les cochers sur place, les flâneurs qui baguenaudaient au coin des bornes, les commis debout aux portes des magasins, les soldats de la garnison, les élèves du petit séminaire, les enfants des écoles ne pouvaient le voir passer sans crier, ou tout au moins murmurer l'ironique sobriquet. [...] Et petits garçons et petites filles, badauds et curieux, de se précipiter sur les trottoirs, gravissant les côtes ou dégringolant les escaliers pour aller prendre part à la fête » (74). Grelot fait des « efforts d'un comique inouï » (74) pour se venger à coups de canne et de blasphèmes.

L'obsession de Grelot, semblable à celle de Dupil dans ce que Charles ab der Halden appelle « le monoïdéisme des personnages » (250), dégénère au point qu'il apostrophe toute personne souriant dans la rue et attaque un marguillier dans la basilique, soulevant par la même occasion la question des classes sociales et de la pratique religieuse : « Dis-le donc, feignant de la haute ville! poison de sacristie!... » (78).

Excédé, Grelot déménage à Montréal où il croit avoir trouvé un havre de paix dans l'anonymat jusqu'au jour où il est reconnu sur le parvis de l'église Notre-Dame par un commis-voyageur. La foule bruyante lui fait un cortège et le reconduit à son hôtel. Grelot choisit de rentrer au bercail, constatant que les habitants de Montréal « sont pires qu'à Québec » (85). La proximité ne semble donc pas l'apanage de la Vieille Capitale et la scène finale du récit donne l'image d'une ville multiculturelle, avec Grelot qui remonte la côte de la Montagne « suivi d'une cinquantaine de petits Irlandais et de petites Irlandaises, qu'il avait sans doute recueillis le long de la rue Champlain,—très reconnaissables à l'accent avec lequel ils criaient : —*Guerlot!* » (87). La boucle est bouclée : Grelot qui, descendant la côte un gourdin à la main, menait une charge symbolique contre les soldats de la garnison et le prince de Galles au début du récit—charge qui pourrait être interprétée comme un fantasme compensatoire pour les habitants qui acceptent de facto la domination anglaise—prend cette fois le chemin inverse, poursuivi par les enfants d'un autre peuple socio-économiquement marginalisé dans le Québec du XIXe siècle, les Irlandais.

Ce renversement ainsi que le comique de la scène participent d'une autre vision de Québec, telle qu'elle s'affirme au fil des portraits d'*Originaux et détraqués* : une ville dont les habitants accompagnent par le rire les exploits des êtres de la marge qui ont pour effet de désacraliser la langue standard (par l'utilisation du joual), la langue savante, la poésie et la littérature, la parole religieuse, le discours de la tradition et des institutions, ainsi que l'appareil colonial. Certes, on peut affirmer, comme le font Navet, Lavallée-Huynh et Lecours dans l'article précité, que Fréchette « laisse à ses personnages l'entière responsabilité de leurs propos déviants » (89), mais on peut aussi penser, d'accord avec Réjean Beaudoin, qu'« une sorte de *Portrait du colonisé* avant la lettre est secrètement inscrit dans l'étrange mosaïque composée par ces excentriques » (262). La résultante idéologique s'avère complexe comme toute lecture interprétative d'une ville.

Comme le rappelle Bertrand Gervais : « La ville est le résultat de nos expériences, une construction imaginaire. Un idéal ou, à l'opposé, un symptôme » (95). Une lecture d'*Originaux et détraqués* au vingt-et-unième siècle a ceci de paradoxal qu'elle porte sur une ville qui est aujourd'hui un lieu de mémoire national et un espace sociologique souvent décrit comme homogène, tandis que la fiction du dix-neuvième siècle dessine un espace urbain hétérogène, interculturel et déjà « historicisé ». Revenu de ses ambitions épiques, Louis Fréchette n'a pas le projet d'écrire un récit de fondation à la Philippe Aubert de Gaspé, dont *Les anciens Canadiens* sont parus quatre ans avant l'acte confédératif de 1867 et célèbrent déjà la dualité et la mixité canadiennes. Il propose néanmoins une mémoire plurielle de Québec qui se veut essentiellement dialogique et nourrie par une marginalité idéologique et énonciative.

Dans leur *Histoire de la littérature québécoise* (2007), Michel Biron, François Dumont et Élisabeth Nardout-Lafarge écrivent au sujet d'*Originaux et détraqués* : « Jugés indignes de la plume du poète national à l'époque, ces textes légers, à l'instar des contes auxquels d'ailleurs ils s'apparentent par la forme comme par les thèmes, représentent paradoxalement aujourd'hui la part la plus originale et la plus vivante de l'œuvre de Fréchette » (121). À l'écoute du discours d'autrui, la parole littéraire hétérodoxe s'inscrit dans la longue durée, de surcroît lorsqu'elle investit un lieu de mémoire.

NOTES

1. Lucie K. Morisset, Luc Noppen et Denis Saint-Jacques, dir., *Ville imaginaire, ville identitaire. Échos de Québec* (Québec : Éditions Nota Bene, 1999) et, notamment, dans la perspective qui nous intéresse ici, l'étude de Jaap Lintvelt : « L'espace identitaire de la ville de Québec ». Certaines analyses ponctuelles reprennent cette problématique de l'espace, comme les pages éclairantes que Svante Lindberg consacre à *L'hiver de pluie* de Lise Tremblay (Lindberg, 89–109) et le questionnement de Daniel Laforest (2009) sur les difficultés de représentation de la banlieue de Québec, voire son ellipse dans le discours littéraire.
2. Dans son ouvrage précité, Pamela Sing propose une lecture bakhtinienne du *Ciel de Québec* avec un chapitre au titre évocateur : « Le village carnavalisé de Jacques Ferron ».
3. Sur cette question, on consultera avec profit l'excellente étude d'Anthony Purdy : « "This Is Not a Novel": The Rhetoric of Denial in Nineteenth-Century Quebec Novel Prefaces », *A Certain Difficulty of Being: Essays on the Quebec Novel* (Montréal et Kingston : McGill-Queen's UP, 1990), 3–18.
4. Pour reprendre le titre de l'excellent dossier que la revue *Études françaises* consacre à une époque charnière de la littérature québécoise. Selon Marie-Andrée Beaudet et Rainier Grutman, les idéologèmes fin-séculaires du XIXe siècle québécois autorisent une autre interprétation, concurrente au messianisme : « Notre hypothèse était plutôt que la fin de siècle canadienne-française s'était—selon une formule paradoxale—refermée sur une ouverture. » (4).
5. Réjean Beaudoin dit de Fréchette que « ses idées étaient celles de la bourgeoisie libérale qui défendait le progrès en critiquant les institutions traditionnelles et en tâchant de restreindre le pouvoir d'un clergé dont le pouvoir dépassait de beaucoup la sphère spirituelle » (*Un écrivain* 258).
6. Un critique contemporain de Fréchette, Fernand Rinfret, voit dans cette fascination pour la langue une des faiblesses du recueil : « le côté typique, qui ne nous donne que les *mots* des personnages, et non pas leur âme, toute défaite et démantibulée soit-elle par la folie ou l'extravagance. » (*Louis Fréchette,* 103–04).

OUVRAGES CITÉS

Aucouturier, Michel. « Mikhaïl Bakhtine philosophe et théoricien du roman. » *Esthétique et théorie du roman*, par Mikhaïl Bakhtine. Paris : Gallimard, 1978. 9–19.

Bakhtine, Mikhaïl. *Esthétique et théorie du roman*. 1975. Paris : Gallimard, 1978.

Beaudet, Marie-Andrée, et Rainier Grutman. « Présentation. » *Études françaises* 32.3 (1996): 3–6.

Beaudoin, Réjean. « Un écrivain dans le siècle : Louis Fréchette. » *Originaux et détraqués*. Montréal : Boréal, 1992. 257–68.

———. *Naissance d'une littérature. Essai sur le messianisme et les débuts de la littérature canadienne française (1850–1890)*. Montréal : Boréal, 1989.

Belleau, André. *Le romancier fictif. Essai sur la représentation de l'écrivain québécois*. Sillery : Presses de l'Université du Québec, 1980.

Bergson, Henri. *Le rire. Essai sur la signification du comique*. 1900. Paris : Payot, 2012.

Biron, Michel, François Dumont et Elisabeth Nardout-Lafarge. *Histoire de la littérature québécoise*. 2007. Montréal : Boréal, 2010.

Fréchette, Louis. *La légende d'un peuple*. Paris : La librairie illustrée, 1887.

———. *Originaux et détraqués. Douze types québecquois*. 1892. Montréal : Éditions du jour, 1972.

Germain, Jean-Claude. « Le visage à-deux-fasses de Louis Fréchette. » *Originaux et détraqués. Douze types québecquois*, par Louis Fréchette. Montréal : Éditions du jour, 1972. 7–32.

Gervais, Bertrand. *Logiques de l'imaginaire*. Tome II : *La ligne brisée : Labyrinthe, oubli et violence*. Montréal : Le Quartanier, 2008.

Halden, Charles ab der. *Études de littérature canadienne française*. Paris : Rudeval, 1904.

Laforest, Daniel. « The Blurry Outlines of Historical Urban Space: Quebec City's 400th Anniversary, Its Literary Status and Its Suburbs. » *British Journal of Canadian Studies* 22.2 (2009): 197–213.

Lemire, Maurice. « *Originaux et détraqués*, recueil de contes de Louis Fréchette. » *Dictionnaire des œuvres littéraires du Québec*. Tome 3 : *Des origines à 1900*. Montréal : Fides, 1980. 556–57.

Lemire, Maurice, et Denis Saint-Jacques, dir. *La vie littéraire au Québec*. Tome III : *1840–1869. Un peuple sans histoire ni littérature*. Québec : Presses de l'Université Laval, 1996.

Lindberg, Svante. *Pratiques de l'ici, altérité et identité dans six romans québécois des années 1989–2002*. Stockholm : Université de Stockholm, 2005.

Lintvelt, Jaap. « L'espace identitaire de la ville de Québec. » *Ville imaginaire, ville identitaire. Échos de Québec*. Dir. Lucie K. Morisset, Luc Noppen et Denis Saint-Jacques. Québec : Éditions Nota Bene, 1999. 295–316.

Marcotte, Gilles. *Écrire à Montréal*. Montréal : Boréal, 1997.

———. « Le traître et le porte-avions. » *Ville imaginaire, ville identitaire. Échos de Québec*. Dir. Lucie K. Morisset, Luc Noppen et Denis Saint-Jacques. Québec : Éditions Nota Bene, 1999. 91–98.

Marcotte, Gilles, et Pierre Nepveu, dir. *Montréal imaginaire. Ville et littérature*. Montréal : Fides, 1992.

Navet, Michèle, Ginette Lavallée-Huynh et André Roch Lecours. « La schizographie ou l'écriture indocile. » *Études françaises* 18.1 (1982): 61–91.

Rinfret, Fernand. *Louis Fréchette*. Saint-Jérôme, QC : J.E. Prévost, 1906.

Sing, Pamela. *Villages imaginaires. Édouard Montpetit, Jacques Ferron et Jacques Poulin*. Montréal : Fides, 1995.

Taine, Hippolyte-Adolphe. *Histoire de la littérature anglaise*. Tome premier. Paris : Librairie de L. Hachette et Cie, 1866.

Todorov, Tzvetan. *Les abus de la mémoire*. Paris : Arléa, 2004.

11

"A DOUBT ABOUT OUR ABILITY TO KNOW INVADES THE NARRATIVE"

Space and Knowing in the Writings of Robert Kroetsch and Rudy Wiebe

JANNE KORKKA

What does it mean to know about space? The question may have—*should* have—haunted the readers of Canadian writing from Susanna Moodie's *Roughing It in the Bush* to the Prairie classics by Sinclair Ross and Frederick Philip Grove. The problem echoes in Margaret Atwood's theoretical impetus in *Survival* and the representation of the mysteries of the wilderness and the North in *Surfacing* and *Strange Things: The Malevolent North in Canadian Literature.* It shapes the stories of the people who build the city of Toronto but may be unable to make it their *home* in Michael Ondaatje's *In the Skin of a Lion.* The same problem fashions the voices in Thomas King's *Green Grass, Running Water* and the work of Eden Robinson and Richard van Camp, where experience of contemporary Canadian spaces intertwines with the presence of First Nations traditions and mythologies that extend far beyond the existence of Canada. Yet the problem of negotiating encounters with space that challenge the self's previous knowledge remains unsolved: even if one claims to have come to *know* certain spaces, that knowledge may be infinitely challenged by spaces that do not conform to familiar strategies of knowing, and it may dissolve in new encounters with space.

In the work of Robert Kroetsch and Rudy Wiebe, such encounters with space emerge as the ultimate challenge for exploring the self and its knowledge of both itself and the human Other. These encounters also reconstitute the self's knowledge of space when it demonstrates its separateness from human experience. In this chapter, I aim to show that for both Kroetsch and Wiebe, in their fiction and non-fiction writing, transformations of the self in such encounters raise "a doubt about our ability to know" (Kroetsch, *Lovely Treachery* 23). I will discuss the ways in which Kroetsch and Wiebe approach the problems of knowing through encounters with the presence and absence of human beings and, even more importantly, the presence and absence of animals.

As the Prairie encompasses the physical and narrative spaces that repeatedly haunt Kroetsch's writings across genres, I will focus on his abundant, playful imagery of Prairie space in his non-fiction works *Alberta* and *A Likely Story: The Writing Life* (1995), and the poetry of *Seed Catalogue* (1977). These texts propose ways of negotiating experiences in the Prairie that cannot be contained by attempts at simple narrative reproduction, and that cause fundamental shifts in the self's knowledge. Kroetsch's 1967 travel book *Alberta* opens up further encounters with various people, places, and landscapes in the author's travels through Alberta, celebrating the variety of experiences these encounters offer. The 1993 introductory chapter to the second edition of *Alberta* offers an even more evocative step in Kroetsch's writing life and his exploration of what may seem to be exactly the same spaces within Alberta/*Alberta*. In the new chapter, Kroetsch announces that he had set out on a new tour of the province with Rudy Wiebe and Aritha van Herk to "[pretend] we would look at the ways in which Alberta had changed since I toured the province in 1967, at the time when I was writing *Alberta*" (Kroetsch, *Alberta* 4). The text may showcase new encounters with people, places, and landscapes, but it is far more acutely concerned with how such encounters are transformed from *experience* to *narrative*, and how neither the experience nor the writer-narrator remain the same when encounters with "real" physical spaces are transformed into narrative ones.

In my discussion of the North, I will focus on the way Wiebe frames the North in both fiction and non-fiction—the novel *Sweeter than All the World* (2001) and *Playing Dead: A Contemplation Concerning the Arctic* (1989 and 2003)[1]—as a space which appears sparse, but which is too vast and holds too many secrets to be grasped by any single observer. Ultimately, in Wiebe's writing, the North seems to appear "even more uniquely itself" than the Prairie (Wiebe in Korkka, "Where Is the Text?" 81); it is a space which challenges even the cautious, non-reductive strategies for claiming knowledge within an unconforming space that the two writers began to formulate in their narrative encounters with the Prairie.

KNOWING SPACE?

While *space* may be understood to overlap with *place*, *landscape*, *environment*, or simply *scenery*, I wish to distinguish between these terms in my reading of the Prairie and the North. I am not discussing place, at least not in the sense of a location that you can easily point out on a map or define in terms of geography; neither am I referring to scenery, something we perceive but often do not engage with beyond momentary appreciation. I recognize echoes of what I define as the experience of space in the exploration of the narrative impact of the *environment* in some recent ecocritical readings of Canadian writing, such as Jenny Kerber's *Writing in Dust: Reading the Prairie Environmentally* (2011), which interrogate the complex processes through which narrative engagement shifts our attention from the geography of space to its mythological, religious, or otherwise spiritual impact. However, I am not motivated here by environmental or ecological concerns as they frequently appear in ecocritical readings; instead, I will explore knowledge of the self and of space, focusing on the impact of spaces which may resist negotiation by narrative, raising "a doubt about our ability to know." I am particularly intrigued by the dissolution of knowledge in the presence of spaces that refuse to conform to strategies of representation or knowing that are readily available to the self from encounters with familiar space. Space thus becomes a location that is not exclusively fixed in either landscape/geography or in human perceptions of place, and it may emerge through narratives and mythologies rather than through simple awareness of physical locations.

The instability of our knowing that Kroetsch articulates resonates strongly with the ethics formulated by the French philosopher Emmanuel Levinas and his commentators. Levinas's goal, which in his extensive work was first fully laid out in *Totality and Infinity* (1969) and further developed in *Otherwise than Being or Beyond Essence* (1981), is not to establish or discuss moral codes but to explore the problem of the encounter between the self and the Other. For Levinas, the emergence of the Other is a declaration of *alterity*, the presence of that which remains separate from the self's knowledge and ultimately unknowable (see Davis 41; Korkka, *Ethical Encounters* 4). In Levinas's philosophy, the language of a self that refuses to recognize such *incommensurability* in the Other is deemed incapable of permanently recognizing the presence of the Other, and thereby unethical (Levinas, *Ethics and Infinity* 75). Kroetsch and Wiebe underline the permanence of such alterity as they seek to fashion images of the Prairie and the North that are not dictated by outside hegemonies. This endeavour is marked by exploring parallel problems caused by discourses that make certain claims of knowledge while excluding voices that find themselves incommensurable with images projected by dominant discourses.

For Levinas (and most of his commentators), the Other remains ultimately human. While I seek to interrogate encounters with the unknowable, that which is not contained by the self's knowledge, I wish to consider an ethics of representation that does not assume that the Other emerges solely through human presence. Most urgently, I seek an ethics of knowing which recognizes the possibility that encounters with space that *refuses* to become knowable defines both human and non-human Others.

While the writings of Kroetsch and Wiebe explore encounters with the human Other, I propose that the most radical forms of alterity in their writing emerge in considerations of space, which are often articulated through encounters with animals. This is amply illustrated in Wiebe's *Playing Dead* and key sections of the novel *Sweeter than All the World*, which are situated in the Canadian Arctic. In the former, the writer-narrator, Rudy Wiebe, is brought to Northern spaces he cannot grasp. In the latter, the protagonist, Adam Wiebe, struggles with a similar failure of knowing, and both texts showcase the tremendous difficulty of engaging with what may appear to be complete human absence—save for the self—in the North. As I will show below, such encounters with alterity not only problematize the assumption that *the Other* must possess human characteristics, they may also produce a radically altered *self*. Through my exploration of such encounters, I do not seek to simply reproduce Levinas's interrogation of human alterity, but to begin formulating an ethics of knowing that recognizes encounters where another human being may be absent, or where her presence has dissolved into echoes in a space that refuses to translate those echoes into palatable, knowable forms.

Kroetsch's Prairie writing frequently explores the dissolution of hegemonic claims to knowledge such as those once made by colonialism, which entered new spaces in order to impose an imprint of itself on those spaces. In the essays in *A Likely Story*, Kroetsch contemplates the impact of such hegemonies and the discursive barriers they raise, which may have a profound impact on representing experience with space and claiming knowledge from outside those dominant discourses. Kroetsch writes that as a western Canadian writer, he could not avoid wrestling with "the unspeakably full page of our knowing. History. Literature. America. Britain. Europe" (Kroetsch, *A Likely Story* 95). Neither western Canada nor the Prairie appear on that page, and yet the entities that declare their presence there have shaped Prairie selves, and Prairie writing.

A Likely Story makes it clear that the Prairie has been occupied by powerful hegemonic discourses. As I turn to other writings by Kroetsch and Wiebe to identify their antidote to this absence of Prairie/Northern selves and Prairie/Northern space, immensely valuable insights arise from encounters with the Prairie gopher and the Northern caribou. In *Seed Catalogue*, the gopher appears as the model for patterns of immigrant settlement and for declaring human presence in Prairie space. The poem asks "*How do you grow a prairie town?*" and also provides an answer:

> The gopher was the model.
> Stand up straight:
> telephone poles
> grain elevators
> church steeples.
> Vanish, suddenly: the
> gopher was the model.
> (Kroetsch, *Completed Field Notes* 35)

Since the Prairie landscape may appear deceptively flat and monotonous, imitating the gopher seems like an efficient strategy to declare presence: stand tall and raise structures that stand even taller than you do. But *Seed Catalogue* also identifies the perils of such declarations of presence: when the gopher stands tall, it is probably looking for the best hole in the ground into which to vanish. In an immense landscape that movement may go unseen, which then raises the question of whether the animal was ever really there. As for human communities in the Prairies, many imitated the gopher's movement when they were hit by the 1930s depression and drought or clashes between immigrant cultural traditions and changing federal policies: the Prairie town might "vanish, suddenly" and later it might be difficult to grasp that once it was really there. Or—to echo Levinas on the problem of knowing—perhaps the most important question is whether we can ever really *know* how the community may have been conscious of itself, or if anyone can *know* the story of how it disappeared.

Even more importantly, while *Seed Catalogue* draws these signs of human presence from observations of Prairie space, the human Others whose historical presence those signs imply have vanished. This difficulty of grasping the Prairie through engaging the human self or Other becomes a defining feature of how the problem of knowing is explored in the poem. The focus quickly shifts from the absent, unknowable collective human Other in the ghost town to the narrator's struggle with engaging Prairie space on his own terms:

> Son, this is a crowbar.
> This is a willow fencepost....
> First off I want you to take that
> crowbar and drive 1,156 holes
> in that gumbo.
> And the next time you want to
> write a poem
> we'll start the haying.
> (Kroetsch, *Completed Field Notes* 38)

If the ghost town at the same time declares human presence and absence and opens no route towards knowing space, the narrator who very much seems to be present in his own text faces a multitude of obstacles to proclaiming his knowledge of that space. His desire to narrate space into existence may be suffocated by the insistence that his sweat will accomplish more than his words.

Further encounters between human beings and the Prairie seem to confirm that the only permanent finding in those encounters may be the lingering doubt about our knowledge of space. Signs of the presence of the people who once built towns standing tall in the Prairie landscape are dissolving into Prairie space, and may only echo the hegemonic discourses of colonization and settlement that once brought people to the Prairie. Those discourses transformed the Prairie in many ways—it became the frontier, a plentiful garden waiting for settlers, and it became Canada—but for the narrator in *Seed Catalogue*, those discourses harbour signs of absence when he considers engaging the Prairie through the knowledge they suggest:

> the absence of the Parthenon, not to mention the Cathedrale de
> Chartres
> the absence of psychiatrists
> the absence of sailing ships
> the absence of books, journals, daily newspapers and everything
> else but the *Free Press Prairie Farmer* and *The*
> *Western Producer*
> (Kroetsch, *Completed Field Notes* 35)

The once powerful hegemonies may have become too weak to stand against the claim of presence, and perhaps a claim of knowing, made by the gopher, which *Seed Catalogue* proclaims as the model for declaring human presence. The animal has always been there in Prairie space to observe the passing of other creatures between its quick darts, and might be able to answer questions that haunt us concerning the colonists who did not remain, the immigrants who vanished, and the Prairie itself. But then, as we get ready to pose the question, the gopher is about to vanish into the ground. The signs of its presence dissolve into Prairie space, and the gopher that may emerge from the ground will never be the same.

The intrigue and perils of consulting animals to gain new insight into spaces and selves is also a prominent feature in Rudy Wiebe's northern writing. Adam Wiebe's narrative in *Sweeter than All the World* offers pertinent examples of how the Kroetschian "doubt about [one's] ability to know" haunts one's sense of selfhood and experience of space. Adam faces the problem of knowing and remembering five centuries of Mennonite history, and the challenge of maintaining a sense of selfhood. The first chapters of the novel show him growing up on a Mennonite farm in rural Alberta in the 1940s and 1950s; they foreground Prairie space in the formation of his selfhood, and importantly suggest that "home" for Adam does not simply mean a house. Home seems to be an internal space rather than a physical one, even though his sense of home emerges from interaction with the Prairie as a physical space. The young Adam's knowledge of himself seems coterminous with his knowledge of *being in the Prairie,* a space where his own presence intertwines with the signs of the presence of Prairie animals: "everything spoke to him: warm rocks, the flit of quick, small animals, a dart of birds, tree trunks, the great fires burning across the sky at night, summer fallow, the creek and squeaky snow. Everything spoke as he breathed and became aware of it, its language clear as the water of his memory" (Wiebe, *Sweeter* 1). In that Prairie, "Everything spoke, and it spoke Lowgerman" (1). Adam's sense of self as it is founded on knowledge and memories of the Prairie space, however, crumbles when his marriage collapses, and the members of his immediate family drift apart. In an attempt to reconstitute that now-eroded sense of self, Adam tracks down the stories of his Mennonite ancestors in Europe and Russia. But often those stories lead him to new secrets instead of knowledge, and face to face with the alterity of people he never met and will never *know*. Very importantly, these encounters suggest that Adam cannot come to terms with the signs of human alterity shown in those stories without seeking knowledge of space, both spaces reflected in landscape and the internal spaces of memory and narrative.

Even though Adam's narrative is deeply concerned with the problem of knowing the human Other, his narrative becomes more and more concerned with the problem of knowing the self. In negotiating that problem, I argue that the narrative raises the alterity of *space* as the turning point in Adam's struggle, and that it is largely articulated through the elusive presence of Northern animals. The Prairie offers the foundation for Adam's selfhood, but I propose that the most important spaces for coming to terms with unstable memories and knowledge emerge during his two visits to the Canadian North. These visits are thirty years apart: the first time, Adam joins a group of Dene in their annual caribou hunt in the region of Lastfire Lake in the Northwest Territories in 1961. Adam is disoriented by the North, and will find that the North never becomes knowable in the way the Prairie did: where the Prairie speaks Lowgerman, the North insists on "ENORMOUS SILENCE" (Wiebe, *Sweeter* 41). Adam has experience of *big* spaces from the Prairie, but that does not prepare him for the immensity of the North.

As Adam experiences the limitless view in all directions at Lastfire Lake, he feels that he knows nothing in the Northern landscape, *including himself*: "Adam feels himself vertical in flat landscape, an engaged man standing in a museum diorama of Canada with tundra, September shining on the circle of horizon, two clusters of Dene far away skinning caribou; all painted" (Wiebe, *Sweeter* 43). Everything that Adam sees in this motionless scene proposes alterity. Although the Arctic openly declares its dimensions, they remain too immense to be knowable through observation alone. Importantly, in his vision of a museum diorama, Adam only sees unmoving shapes that suggest but do not quite confirm the presence of land and people, and the view only raises fragments of preconceived images imposed on the Arctic land: "flatness," "museum diorama," "Canada." His hunting partners are motionless, painted figures; the caribou he sees after the hunt are dead, fatally *absent* save for the meat that will sustain the hunters—if the latter indeed are real. Adam's open view in all directions collapses into a mere display of images that are "all painted," two-dimensional reflections of a space, an Other, which is not contained in the visual images it induces.

The stillness of the diorama is broken as people and animals start moving in Adam's sight. Movement becomes possibly the only way of claiming presence in the North, and for coming to terms with an unknowable space. As Adam fixes his eye on animals and their movement, he gains some sense of presence in the unknowable Northern space. His Prairie youth taught him lessons about space (as well as about the animals that claimed the same space he did) that are not without value in the North:

> Adam recognizes his feet walking the curved margin of the tundra lake, along the many shovel-footed tracks left in the sand by caribou. Here and there their trails lead aside, cut up the bank and radiate in worn lines over the tundra; so much like the paths trodden deep into poplar bush where he once brought the cows home for milking that he looks around, almost expecting leaves to flicker above him. But only immense bluish sky streaked with thin, fast clouds; running, like the caribou. (Wiebe, *Sweeter* 52)

For a moment, the signs that the animals of the North leave behind them seem to make the dimensions of Northern space more palatable. Those signs resonate against Adam's memory of the animals in the Prairie, a space and animals that he *knew*. But Adam also sees that the strategies for conceptualizing space he learned in the Prairie cannot be directly transposed onto the North; he has neither "the flit of quick, small animals" (Wiebe, *Sweeter* 1) he knows from the Prairie nor Kroetsch's knowing gopher to open up the problem of absence and his lack of knowledge of space.

Kroetsch's Prairie gophers may have been quick to vanish at the sight of a human observer, but the Northern animals in *Sweeter than All the World* seem even more inclined to absence. Adam does meet the caribou elsewhere in the narrative, but they are always moving, escaping the moment of encounter; here, the caribou tracks never lead to an encounter with the animals. They cannot be reached; they do not reflect traces of human presence like the Prairie gopher does in Kroetsch's *Seed Catalogue*; they cannot be *known*. Yet the caribou have left an indelible imprint on Adam's perception of Northern space. The running clouds suggest a trace of the absent caribou, and momentarily, these signs of movement may make the dimensions of Arctic space more palatable. The caribou are not there, but the tracks they have left assert their continuing presence, giving Adam a point on which to fix his sight in the immense Arctic. And yet, as Adam follows their trail, he also sees that the Arctic has not been transformed into the Prairie, a space that he could *know*.

SPACES AND VANISHING ACTS

As one follows the animal tracks in the writings of Kroetsch and Wiebe, those tracks suggest space both as a metaphor and as a narrative agent that may reveal the limits of the self's knowledge. Also, encounters with spaces that appear void of human presence seem to cause fundamental shifts in our understanding of what may constitute an Other. It is a cliché that as a physical space, the Canadian Prairie is big and empty, and perhaps a bigger cliché that the Canadian North is *bigger* and *emptier*. At the same time, there is ample historical evidence at least from the time of the Franklin Expeditions onwards that suggests that the North *is* big and empty enough that those unprepared for the encounter may vanish without a trace. Kroetsch notes that in the North, explorers like John Franklin (and the master narrative of colonization that forged/forced their path) faced "an obstruction, a full emptiness, an unknown which baffled their very narrative of exploration/exploitation. The center vanished into the margin" (Kroetsch, *A Likely Story* 98). The tradition of colonization had already written what Kroetsch calls "The full page of our knowing" (95), a page which does not easily allow any other ways of knowing, but in the North the dominance of that page collapses at the face of an unknowable space.

The "full emptiness" that Kroetsch recognizes in the North defines much of Wiebe's *Playing Dead* and the two key chapters situated in the North in *Sweeter than All the World*. These texts offer, I argue, some of the most radical and largely unexplored encounters with spatial alterity in contemporary Canadian writing. An attempt to map those encounters in full is beyond the scope of this chapter: Wiebe's sparse and empty North is too complex and filled with challenges to one's claims for knowledge to be fully unravelled here. Adam Wiebe's account of his second visit to the Canadian North in *Sweeter than All the World* is symptomatic of the elusive impact of the North: he has been there before, but the North still appears to him as "*this land I've remembered nearly thirty years but can hardly believe*" (Wiebe, *Sweeter* 196). His observation is symptomatic of the intriguing but elusive nature of such spaces as proposed by both Kroetsch and Wiebe in their writings. Observation, experience, and memory do not all contain the same Prairie or North, and do not warrant the comfort of understanding. *Being* in the Prairie may not imply *knowing* the Prairie, and being in the North may imply the collapse of one's knowledge. But at crucial moments, the animals again appear, and in their own way keep the narrators/writers from falling into narrative silence.

The continually reappearing animal tracks are, however, not easy to follow in Kroetsch and Wiebe. If the gopher in *Seed Catalogue* suggested the absence of human beings, elsewhere in Kroetsch's poetry the gopher's presence only becomes more and more elusive. In *Excerpts from the Real World*, the gopher itself encounters a power that claims a hegemonic presence in the Prairie, a hawk patrolling its territory: "The hawk on the telephone pole, folding its wings like an angel at rest, is planning a gopher's visit to the blue sky" (Kroetsch, *Completed Field Notes* 227). The gopher is again about to vanish, but this vanishing act is not an expression of agency or a claim for selfhood. Instead, it shows it may be difficult—even for the gopher—to claim presence in one's own terms against the dominance of "The full page of our knowing" (Kroetsch, *A Likely Story* 95). If the colonial powers wrote such a page on which they claimed superior presence, Prairie predators seem to be apt in writing a full page of their own.

The implications of vanishing acts—forced and voluntary—are further exemplified in Wiebe's *Playing Dead*, perhaps his most accomplished text on the problem of representing space. If *Sweeter than All the World* is greatly concerned with Adam's difficulties in negotiating the implications of his own presence in the North, then *Playing Dead* is absorbed with/by the difficulty of representing Rudy Wiebe's presence in the Arctic. Perhaps the most tangible elements that the essays of *Playing Dead* can locate in the Arctic space are the animals; yet that tangibility is most often realized through motionless opacity or movement that leads to vanishing acts. If one reaches the end of an animal's tracks, it may be dead, or perhaps it swam or flew away; it may seem to have changed form like untrackable water, or it is always on the verge of disappearing like the "fast clouds; running, like the caribou" (52) in *Sweeter than All the World*. Or there may be too much Arctic geology, rock and ice, that remains indifferent to recording the tracks of movements other than its own. If there is another chapter to the Arctic animals' movement, it is not easily revealed.

IN THEIR OWN HEADS: SPACE AND AN ETHICS OF KNOWING

As *Sweeter than All the World* turns back to Adam Wiebe's own journey from the journeys of the animals he encounters during his first visit to the Arctic, the narrative of his Northern travels intertwines with family histories and the search for a new sense of self that is not restricted to the Prairie, the North, or even Canada. That search may resonate with many Mennonite and First Nations characters in earlier fictions by Wiebe, but as I show below, it resonates most significantly with the images of the writer Wiebe in *Playing Dead*, and in the ways in which Kroetsch projects himself into narration concerned with space and knowing.

While Adam Wiebe's sense of self is altered in important ways through his encounters with family history in Russia, I argue that his most important step is the return to the North thirty years after his first visit. When Adam returns to the land he has "*remembered nearly thirty years but can hardly believe*" (Wiebe, *Sweeter* 196), he is paddling through rivers towards Lastfire Lake together with his son Joel. Adam's wife has left him, his daughter is travelling the world in order to disappear from her family, and the secrets of Mennonite history Adam has unravelled have frequently led him to even larger secrets. His knowledge of the self remains in disarray, and as he is travelling the world in order to find any tracks that would help him understand family history or give him the key to finding his daughter, he has even removed himself from the Prairie. In these journeys, an *altered* self emerges, but that self never seems to learn to know itself—at least not until Adam's return to the North.

In the chapter that narrates Adam's second visit to the North, father and son are weaving stories about Mennonite history and their now disconnected family, and those stories are being made real through movement in the North. That movement is possible only because rivers divide the immense North into more graspable pieces; the rivers themselves existing because the land "preserved water in its folds only by the immeasurable blessing of cold" (Wiebe, *Sweeter* 215). Like thirty years before, Adam is finding that the exterior space of the North may remain unknowable, but this time he much more readily embraces the new vistas that open in the interior, narrative spaces through which he journeys on the Arctic rivers.

A crucial turn in the narrative occurs when once again Adam is reminded in the North about the possibility that space can appear unchanging but nevertheless be unstable, and that being in that space can destabilize conceptions of selfhood. The final step in Adam's Arctic narrative anticipates a new arrival at Lastfire Lake, which becomes a key moment in my search for an ethics of knowing, of recognizing the possibility that one's knowledge of the self or the other may be permanently altered through encounters with space.

Adam remembers how on his previous visit to Lastfire Lake, through contemplating "access to *exterior* being" (Levinas in Critchley 5, emphasis added)—an awareness of the presence of that which is not the self, and is not known—he gained an insight into *interior* being. As his sense of self was being transformed through encounters with the North, he says that he "thought I had the power to see my whole life, perfectly completed" (Wiebe, *Sweeter* 216). Thirty years later, however, he says, "How blind I was" (216). But he may be wrong; the narration of his return to the North closes before ever taking him to Lastfire Lake, but it also culminates in Adam's vision of his journey completed. He may now transcend both his confusion over the unknowability of space and the dissolution of his old self, as he is learning to see beyond the frozen dioramas of the North that first perplexed him. For a moment, he sees and *knows* himself and the space around him in perhaps a more profound manner than he ever did before, even in the Prairie:

> Even if this beginning rain sharpens, they will carry the portage tomorrow, three trips each as usual on thin caribou trails around the rapids, and travel on in rain if necessary. Joel's J-stroke will hold them steady in the current. And eventually the light will broaden over the open water of Lastfire Lake. It has always been exactly there, he remembers.
>
> And for these moments...Adam can manage to scrawl on a page in his journal:
>
> *It is August ?? 1990—the sun does not yet quite set, tomorrow I will recognize what I have seen before.* (Wiebe, *Sweeter* 219)

Adam's final words in the North may seem simple, but like Kroetsch's encounters with the gopher, they set a new tone for the narrative exploration of one's self and its transformations in encounters with space. Adam continues to struggle with doubt about his ability to know, but he is beginning to see that new ways of knowing do not emerge through loud declarations of identity or simple claims to knowledge over the other, be it a human other or a space that refuses to be contained by the self's knowledge. Instead, such ways of knowing may emerge when he embraces the seeming silence of the North, the impenetrable secrets of Northern space and the stories of other Mennonites that briefly but repeatedly intertwine with the narration of his own Northern travels. The Prairie and the gopher do not relinquish all their secrets in *Seed Catalogue*, and the North may remain radically unknowable to Adam; yet being in those spaces shows that the self may emerge from the encounter with extreme alterity and *know*, provided that it is ready to accept that its previous knowledge may collapse in the process. Echoing the Kroetschian doubt about one's ability to know, the narration of Adam Wiebe's return to North evocatively sheds light on the question "What does it mean to know about space?" Not only does it show Adam encountering "*this land I've remembered nearly thirty years but can hardly believe*" (Wiebe, *Sweeter* 196), but with the knowledge of journeys that are not yet completed that dawns at the end of his Northern narrative, Adam also seems to gain knowledge of the self that he can, at first, hardly believe.

A similar dawning of an altered self marks Wiebe's most evocative turn in his struggle to represent encounters with a space he is not learning to know in *Playing Dead*. Wiebe describes going for a walk on the tundra alone, putting himself, in the flesh, face to face with an unknowable space. When he later narrates these events, he may face two questions instead of one: what did he know about the North when he was there, and what does he know after returning to the South?

Neither question may get an exclusive answer, but it seems inevitable that such probes into claiming a physical presence in the North—and possibly claiming knowledge of being in the North—cannot remain a solitary business even in a space that seems void of human presence. As Wiebe plans on setting out on the tundra alone, he quickly meets with concerns over more powerful claims to presence in the Arctic, as the possibility of an encounter with Arctic animals worries Wiebe's local companions. The animals may remain absent, but they nevertheless dominate the idea of landscape held by Wiebe's companions. Concerns over selfhood and presence combine with concerns over movement in a scene that for Wiebe accentuates the implications of movement and of becoming motionless in attempts to approach Northern space: "They debate a moment whether I should take their rifle in case I meet a grizzly. I can see in all directions to the horizon: where could a grizzly be hiding anywhere there?... They decide it's unnecessary, and quickly I agree. If a bear happens along and is interested in me I will have to play dead, though I am not at all sure that is a game I know how to play. Or want to" (Wiebe, *Playing Dead* 120). The answer to the question about the hiding places for a grizzly in the Arctic landscape is partly given by the landscape itself. After a long walk, Wiebe reaches a rise (121), which, like the author's native Prairie, shows that the seemingly endless, even horizon is neither endless nor even. There are rises and falls in which to hide and from which to claim presence—if perhaps only for a moment or through silence alone. If the grizzly wants to manifest its superior skills in moving in the Arctic, the writer may instantly vanish into the North.

Another, perhaps even more pertinent manifestation of the same concern over the possibility of making claims of presence in the North is hidden in the movement of a caribou herd in the prelude to the Landmark Edition of *Playing Dead*:

> Forty, perhaps fifty of them. Moving slowly, steadily south, their greyish-brown bodies blending into the rocks...And their antlers: through binoculars they seemed too immense to be believed. Great branched lyres, as high again as their thick bodies, the wind whistling in our ears as if they were making music for our arrival.

> And as we all stood motionless, watching, they disappeared. A disappearance so gradual, so without hurry, as if their vanishment were simply the inevitable nature of their movement, and then they were gone. (4–5)

Like Arctic rivers elsewhere in *Playing Dead* and in *Sweeter than All the World*, Wiebe describes the caribou as a reflection of the immensity of Arctic space. Despite that immensity, the animals' presence is a sign of imminent disappearance, of hiding in their own movement. Wiebe's travel companions are correct to worry about grizzlies: if the Arctic land does not offer either predator or prey a comfortable hiding place, one must presume they are skilled in hiding in their own movement and being silent about their presence. With that skill, they may outmanoeuvre many Canadian novelists, particularly southern ones, if they appear in the same landscape. In such a case, as Wiebe's local companions in the Arctic suggested, playing dead may be the most viable strategy for the writer to retain a narrative presence or a claim of knowing, and to avoid the gruesome fate of being devoured in/by the North.

Finally, from Wiebe's encounters with his altered sense of presence I return to Kroetsch's literary contemplation of his own presence and his concern with the obstacles to making claims of knowing against hegemonies which portray a Prairie that refuses his knowledge of the Prairie. As I noted above, Kroetsch struggled with "The full page of our knowing" (Kroetsch, *A Likely Story* 95), which he found was not dictated by living in the Prairie but by history, tradition, and colonization. That page is not easily rewritten, but then Kroetsch's Prairie writing seeks to show that it need not be *erased* in order to make rewriting possible. In *A Likely Story*, Kroetsch returns to the contemplation of his own presence in narrative spaces that arise from encounters with various claims to knowing and often dominating the Prairie, writing that "Perhaps the generative moment of my young writer's life came when I realized I had not two *pages* to write upon but rather two *margins* to write in. I could write alongside, with and against, the blackly printed page of our inheritance. I could write alongside, with and against, the unspeakable white glare of what I call, metonymically, North" (96). The writer thus implies that he remains aware of the alterity of himself and of *his* Prairie, or the emphatically non-geographic North that he mentions here, to widely recognized images of these spaces. For the Levinasian ethics of human alterity, this is an important step: the inheritance Kroetsch mentions encompasses "the books of my childhood that did not ever mention the prairie world I lived in. Full of words, those pages were blank" (96). That inheritance made him Other; it rendered him silent and absent, and did not allow his words; but in the end other spaces would emerge for those words.

As Kroetsch frames his revelation in terms of different spaces on a page, this step towards a new relation between selves and others seems even more important for the ethics of knowing I seek through engaging space. The hegemonies that forced silence on Kroetsch were forged by human beings, but their heritage hardly appears in a single, corporeal, human form. As he repeatedly writes about Canada's colonial heritage and the ways in which it claims to represent the Prairie and its peoples, Kroetsch shows how the traces of those hegemonies may end up telling more about a quest for hegemonic power or the alteration of physical spaces to better reflect hegemonic memories of other spaces.

Ultimately, in order to claim words of his own, Kroetsch carves a space for himself in such uneven encounters, invoking spatial imagery to mark what he deems his breakthrough from the constraints of the page to the freedom of the margin that he celebrates in the above quote. For Kroetsch, the ultimate discovery made by such breakthroughs seems to have been the discovery of *home*, a space which eluded Adam Wiebe after he left the Prairie of his youth. That discovery is not a simplistic return to any single physical location, but a narrative accomplishment which may offer some release from the troubles of negotiating the experience of space.

Seed Catalogue recognizes that a Prairie home may appear austere and seemingly inhospitable:

> No trees
> around the house.
> Only the wind.
> Only the January snow.
> Only the summer sun.
> The home place:
> a terrible symmetry. (Kroetsch, *Completed Field Notes* 31)

Such a narrative home nevertheless turns one's attention away from the reductive visions offered by hegemonies. In a parallel move, the closing of the new chapter in *Alberta* takes Kroetsch to his old hometown Heisler, and confirms that the movements of small Prairie creatures—human and gopher alike—may become more powerful than the grand movements of master narratives as shapers of the Prairie and the Prairie self:

> The playing, and the watching that went with it. The listening, out there. The wanting to enter the game while fearing that someone might hit the ball in my direction. *The being isolated, out there in the prairie wind and the summer light, my striking up a conversation with a nearby gopher as I watched the pitched ball...The caring so much, so enduringly, for the movements of small creatures*, for the ongoing game, for all the shouting and the laughter that are some of the various names of love. (Kroetsch, *Alberta* 49–50, emphasis added)

On the journey beyond the full page of our knowing for Kroetsch, *the gopher was indeed the model.*

The encounters with the limits of one's knowledge in encounters with space in the Prairie and the North are unnerving—even devastating to agents who venture into the North assuming that their knowledge of space will remain stable—but Kroetsch seems to suggest that as long as small creatures moving in the margins of full pages of knowing insist on claiming presence, a doubt about the ability of that page to know may flourish. That doubt may serve as the starting point for narrative spaces in which Prairie or Northern selves are able to declare their presence in ways that go far beyond those dictated by the hegemonies of "History. Literature. America. Britain. Europe" (Kroetsch, *A Likely Story* 95). Instead of negotiating with the heritage of those hegemonies, striking up a conversation with the baseball field gopher or watching the distant sea of antlers that is the first and last sign one sees of a moving caribou herd may be the step that opens the path to claiming a narrative *home.*

AUTHOR'S NOTE

Work on this chapter has been funded by the Academy of Finland, project number 269499.

NOTE

1. The three original essays of *Playing Dead* from 1989 are supplemented by a shorter prelude and coda in the augmented Landmark edition (2003). The original essays have not been revised for the later edition. All mention of *Playing Dead* in this chapter refers to the 2003 edition.

WORKS CITED

Atwood, Margaret. *Strange Things: The Malevolent North in Canadian Literature*. Oxford: Clarendon P, 1995.

———. *Surfacing*. Toronto: McClelland and Stewart, 1972.

———. *Survival: A Thematic Guide to Canadian Literature*. Toronto: Anansi, 1972.

Critchley, Simon. *The Ethics of Deconstruction: Derrida and Levinas*. 2nd ed. West Lafayette, IN: Purdue UP, 1999.

Davis, Colin. *Levinas: An Introduction*. Cambridge, UK: Polity P, 1996.

Kerber, Jenny. *Writing in Dust: Reading the Prairie Environmentally*. Waterloo, ON: Wilfrid Laurier UP, 2011.

King, Thomas. *Green Grass, Running Water*. New York: Houghton Mifflin, 1994.

Korkka, Janne. *Ethical Encounters: Spaces and Selves in the Writings of Rudy Wiebe*. Amsterdam and New York: Rodopi, 2013.

———. "Where Is the Text Coming From?: An Interview with Rudy Wiebe." *World Literature Written in English* 38:1 (1999): 69–85.

Kroetsch, Robert. *Alberta*. 2nd ed. Edmonton, AB: NeWest P, 1993.

———. *Completed Field Notes: The Long Poems of Robert Kroetsch*. 1989. Edmonton: U of Alberta P, 2000.

———. *A Likely Story: The Writing Life*. Red Deer, AB: Red Deer College P, 1995.

———. *The Lovely Treachery of Words*. Toronto: Oxford UP, 1989.

Levinas, Emmanuel. *Ethics and Infinity*. 1982. Pittsburgh: Duquesne UP, 1985.

———. *Otherwise than Being or Beyond Essence*. 1974. Dordrecht, Boston, and London: Kluwer Academic Publishers, 1981.

———. *Totality and Infinity: An Essay on Exteriority*. 1961. Pittsburgh: Duquesne UP, 1969.

Moodie, Susanna. *Roughing It in the Bush*. London: Richard Bentley, 1852.

Ondaatje, Michael. *In the Skin of a Lion*. London: Picador, 1988.

Wiebe, Rudy. *Playing Dead: A Contemplation Concerning the Arctic*. Landmark Edition. Edmonton, AB: NeWest P, 2003.

———. *Sweeter than All the World*. Toronto: Alfred A. Knopf Canada, 2001.

12

FLEEING THE NORTH STAR
Lorena Gale's *Angélique*, Slavery, and Canadian Cultural Memory

ALBERT BRAZ

Notre littérature a vraiment raté le thème de l'esclavage.
—Marcel Trudel, L'esclavage au Canada français

Slavery is Canada's best-kept secret, locked within the national closet. And because it is a secret it is written out of official history.
—Afua Cooper, The Hanging of Angélique

Lorena Gale's 1998 play *Angélique* raises a series of extremely topical questions about collective memory, individual agency, and the politics of memorialization. A dramatization of the life of the slave who was charged with, tortured, and hanged for the burning of Montreal in 1734, a woman known to history as Marie-Joseph Angélique, Gale's play is clearly a political work, designed to rehabilitate this lost figure in Canadian history. As Gale once remarked about her subject, every black Canadian "who has heard her name has felt compelled to recover her" ("Writing 'Angélique'" 20). However, *Angélique* is not merely an attempt to unearth an African Canadian martyr. It is also very much about problematizing Canadian history, not the least the role of slavery. When it comes to the discourse on slavery, Canada is usually portrayed as the terminus of the Underground Railroad, a sanctuary for US slaves who follow the North Star into freedom. In her play, though, Gale has her eponymous protagonist not following but fleeing the North Star, into New England. Thus, as I argue in my chapter, *Angélique* not only reinserts people of African descent into Canadian history but also suggests why they have been so often erased from it, since figures like Angélique call into question some of the country's most popular master narratives.

African slavery occupies a paradoxical place in the Canadian imaginary. On the one hand, Canada is generally perceived as a haven for runaway slaves escaping captivity in the southern United States, underscoring the pervasiveness of the so-called "north star mythology" that presents the country as a "Canaan" for enslaved people of African descent (Moynagh 140). No less a figure than Martin Luther King Jr. contends that there is "a singular historical relationship between American Negroes and Canadians" (1). According to the iconic civil rights leader, "Canada is not merely a neighbor to Negroes. Deep in our history of struggle for freedom Canada was the north star...The legendary underground railroad started in the south and ended in Canada. The freedom road links us together" (1). The problem with the claim that Canada was welcoming to African Americans is that it clashes with the treatment they received in Nova Scotia in the later part of the eighteenth century, where their "betrayal" by the government precipitated an exodus to Sierra Leone (Hill 624; see also Walker 115–44). Perhaps even more significant, once slavery was abolished in the United States, most former slaves went back home. As Norman Ravvin observes, "If America was so brutal and Canada so sweet a haven, why did so many American blacks return...when the Civil War was over?" (118; see also Rhodes 183–84). It seems fair to surmise that they did not do so because they felt at home in the Great White North.

Moreover, the idea that Canada was less prejudiced toward people of African ancestry than the United States is challenged by the general absence of black people in Canadian history, whose black dimension has been described as "a drama punctuated with disappearing acts" (Cooper 7). Actually, it is at times argued that one of the reasons Canada was able to transform itself into the Peaceable Kingdom is that slavery was "almost entirely absent" in the country's history, and "slavery and race have been intimately connected to the rise of the gun culture of the United States" (Laxer 36). Needless to say, this narrative about the absence of slavery in Canada has necessitated the effacement of people of African descent in Canadian history. After all, for Canadians, slavery and black people, like the civil rights movement, have been perceived largely as US subjects (Filewod 282; Gale, "Where" 52). Margaret Atwood provides a telling illustration of this phenomenon in her controversial but still seminal meditation on the national zeitgeist, *Survival: A Thematic Guide to Canadian Literature*. In a roundabout way, Atwood concedes that people of African origin complicate her thesis about the supposedly second-rate nature of Canada. Early in the book, she asserts that "Canada had rarely been seen as the promised land, except by escaped slaves travelling the Underground Railroad" (9). Later, while discussing one of her polemical victim positions, she asks her readers to consider "what happens to an individual who is a victim—like a Black in America—in a society which as a whole is *not* being oppressed by another society?" (50). The question, presumably, does not apply in Canada. Then, after noting that Indigenous people are usually portrayed as "the ultimate victim[s] of social oppression and deprivation" in Canadian literature, she states that "Blacks fill this unenviable role in American literature, but Canadians, though they have a few Black ghettoes of their own, are reluctant to write about them" (116). Atwood does not explain why Canadian writers avoid depicting their country's black populace but one could deduce that if someone envisages the whole of Canada as a victim, it might be difficult to make the case that some Canadians are more victimized than others—indeed that they are victims of their fellow citizens.

Admittedly, there is another reason for the general invisibility of African Canadians, which is the fact that "African-American blackness has been and is a model blackness" (Clarke, "Contesting" 28), effacing "the specificities of black Canadian...experience" (Adams 243). As André Alexis notes in his influential essay "Borrowed Blackness," "It sometimes feels as if no one, black or white, has yet accepted the fact and history of our presence, as if we thought black people were an American phenomenon that has somehow crept north, or an African one that has migrated" (18). This dual erasure, by the larger Canadian community as well as by African Americans, is something that African Canadian writers like Alexis, Dionne Brand, George Elliott Clarke, Wayde Compton, Esi Edugyan, Cheryl Foggo, Lawrence Hill, and Suzette Mayr have strived to rectify. In their attempts to fill in the gaps in African Canadian history—and, therefore, in Canadian history—they have often tried to recover figures from the past. Among the best known of these is Angélique, who is considered one of the few "martyr-heroes" in African Canadian culture (Clarke, "Raising" 31), and who is of course the subject of Gale's play.

Lorena Gale was born in Montreal on May 9, 1958. She died in Vancouver, of abdominal cancer, on June 21, 2009—June 21 is a significant date, being the day Angélique was hanged for arson in 1734 (Gale, *Angélique* 69; Cooper 14–16). In addition to being a dramatist, Gale was a theatre director and actor who was active on stage, television, and film for almost thirty years. Although a passionate

Montrealer, she had relocated to Vancouver in the late 1980s, and is perhaps best known for her role as the Priestess Elosha in the television series *Battlestar Galactica*. As a playwright, Gale authored a relatively small body of writing, basically three plays, only two of which have been published. *Angélique*, which I am discussing here, was first produced at Calgary's Alberta Theatre Projects in 1998. *Je me souviens: Memories of an Expatriate Anglophone Montréalaise Québecoise* [*sic*] *Exiled in Canada*, a dramatic monologue about her experience as an African Anglo-Québécoise, was first staged in 2000. She also wrote a play called "The Darwinist," which is an exploration of the relationship between the theories of evolution and race, and which she defended as part of her MA thesis at Simon Fraser University in 2005, but that has never been published.

All of Gale's work focuses on race in Canada. Gale, who described herself as "a black playwright working from an antiracist mandate" ("Darwinist" 16), is particularly interested in exploring the challenge of trying to be a citizen in a country where citizenship, historically at least, is generally perceived as white. As she writes in her introduction to *Je me souviens*, "It is the legacy of the African diaspora to become rooted to a land where one is always seen as 'other'" (11). Or as she adds in the same text, "this world isn't south of anywhere. It's north. True north. Strong and free. But for only the fair" (63). Her plays are also ostensibly autobiographical, including *Angélique*. In a fascinating essay called "The Malcolm X School of Playwriting," which she defines as the idea of "tell[ing] the story by any means necessary," Gale asserts that she is "one of those people who believe that all writing is autobiographical" (311). She elaborates that, for her, "there is no real difference writing about 'real' people or about purely fictitious characters. Certainly all the characters in any play, whether based on real people or imaginary, are fictitious" (310). This might seem like a curious statement for the creator of a dramatic work aimed at reclaiming a historical figure to make, but possibly not. As Gale states, "In recovering Marie Joseph Angélique, I recover myself—a fourth generation, black Canadian of African, South Asian, Native Indian and unknown Guinean descent, who never knew where to go when she was told to go back where she came from" ("Writing 'Angélique'" 20; see also Gale, "Into the Margins..."). Indeed, as Gale argues, perhaps the difference between the historical and the autobiographical is sometimes a tenuous one.

That being said, *Angélique* would seem to be very much a historical play. Set in Montreal both in the 1730s and at the turn of the twenty-first century, it is the dramatization of the short life of Marie-Joseph Angélique, the young slave woman who is believed by many—but not necessarily by the text—to have been responsible for burning down the city in 1734 and who was subsequently tortured and hanged for her purported crime. Although Angélique was a historical personage, little is known about her, most notably her real name. As her biographer Afua Cooper underscores, we have no extant "physical description of Angélique. There is no mention of her height, weight, colour, or other vital statistics in the records" (159–60). This dearth of biographical information has not prevented fiction writers, such as the novelist Paul Fehmiu Brown, from stating that Angélique "avait des yeux brillants et rieurs, des lèvres charnues au coin desquelles un petit quelque chose de coquin était accroché. Sa poitrine généreuse, sans excès, ne laissait aucun homme indifférent, pas même le curé" (10–11). In short, she was a natural beauty, with "longues jambes et un long cou," who "attiraient des regards" (Brown 10). Still, the reality remains that we know almost nothing about Angélique beyond the fact that she was "an 'esclave de la nation negresse' [*sic*]. A Black slave woman" (Cooper 160). The little knowledge we have of her also concerns mainly the "nine years, from 1725 to 1734," that she spent in Canada (6). Ironically, the last few years of her life are best "documented in the historical record" because of "her trial transcripts" (7), giving some credence to Milan Kundera's thesis that "our only immortality is in the police files" (120). In any case, without much of an archive, Angélique is largely a void, which has to be filled through the imagination of those who write about her.

As portrayed by Gale, Angélique is a "Negro slave born around 1710" on the Portuguese island of Madeira (5, 71), off the coast of Morocco (see also Cooper 23–67). She is sold to a Fleming trader, who brings her to the New World, and in turn sells her to François Poulin de Francheville, a prominent Montreal merchant and ironworks owner. Francheville, who is taken by what he calls the "very rare and special cargo" with "chestnut skin" and "large ebony eyes" (4), buys the Madeira woman as a gift to his wife, Thérèse de Couagne, who has lost her zeal for life following the death of their infant daughter. In an attempt to help her forget the loss of their child, he decides to "give this creature to Thérèse as a special surprise. Make her the envy of female society" (5). In fact, it is from the Franchevilles' deceased daughter, "Marie Angélique" (24), and from Thérèse's sister, "Marie Joseph" (5), that the protagonist gets the name (or names) with which she would enter history.

At first, Angélique appears excited about starting a new life in Canada. Despite the fact she continues to be owned by another individual, and that she has been forcibly transported to a distant country, she is convinced that

> This time will be different.
>
> This time everything will work out for me.
> This time, I will not just
> "live in."
> This time, I will
> "live with."
> I'll make this strange new land—my land!
> This house—my home!
> These new people,
> My people!
> This time I will live in reasonable peace. (8)

Angélique is so confident about her future in Montreal because she believes that her new owners "will be different. / These folk will be decent and good" (8). But her view soon begins to change, especially once she meets the white Frenchman Claude Thibault, who becomes her lover and confidant. An indentured servant hired by Francheville for three years, Claude cannot wait for his contract to end so that he can escape his serfdom and return to his native land or, even better, make his way down to "the Islands" (12). As he shares his plan with Angélique to flee to these semi-mythical havens where there is "no snow" (12), she starts dreaming about her own island, "Madiere [Madeira]....Across from Portugal. A jewel in the Atlantic" (13). Their mutual dream begins to sound feasible, since just to the south of Canada lies a place called New England, a region that Claude tells her he knows well and where there are "free Blacks" (32). New England, which Cooper suggests for mid-eighteenth-century Canadians meant not only New England proper but also what is now New York and Pennsylvania (62), becomes an Eden of sorts for both of them, a place of everlasting abundance, where they would be able to "dine on pheasant and roasted potatoes and wash it all down with tankards of beer" (67). Therefore, if only they could reach it, they would almost certainly be able to regain their freedom.

Equally fateful for Angélique is the fact that Francheville dies unexpectedly and his widow decides to sell her. Thérèse had long suspected that her husband was the father of at least one of Angélique's "bastard" children (24, 39–40) and had even tried unsuccessfully to persuade him to "get her out" of their house (25). So no sooner is Francheville dead than she sells Angélique to a merchant from Québec City. Angélique begs her owner to keep her, saying that she "can't take another master. I can't. Master after master. Never knowing which one will be the death of me. I can't go though [*sic*] this all over again" (52). Thérèse, however, is unmoved. When she informs Angélique that the "arrangements have [already] been made" (52), the latter explodes and vows that "I WON'T TAKE ANOTHER MASTER! I'LL KILL YOU BEFORE I HAVE ANOTHER MASTER! I'LL KILL YOU! I'll strangle you in your sleep! I'll poison your food! You stingy whore! I'll make you rue the day you sell me! I'll...I'll..." (53). Right after, she also demands that Claude take her "to New England! Now!" (53).

Not surprisingly, when the Francheville residence catches fire, Angélique becomes the prime suspect. That suspicion only increases when people discover that both Angélique and Claude have vanished, having supposedly headed for New England. During their journey, Angélique promises Claude to take him to her native island, where it is "warmer" and "always green. And food hangs from the trees" (67). But after two weeks of hiding in the woods south of Montreal, with limited food supplies and perhaps even scarcer prospects of surviving together, Claude becomes dispirited. As he explains to Angélique, in a simultaneously defensive and accusatory manner, "I've done everything for you. I've burnt...I've burnt down my dreams for you. But with you, I'll always be running. And I can't run anymore. I can't. I'm sorry. I just can't do it" (68). Claude eventually disappears into the wilderness, escaping justice. Angélique, in contrast, is apprehended and "declared guilty of setting the fire to Madame de Franchevilles' [*sic*] house, which proceeded to burn down the city" (69). Later, she is tortured until she agrees to "declare in a loud and clear voice that she wickedly and ill-advisedly set the fire, for which she repents and asks God, the King, and justice for forgiveness" (69). Following that, she is taken to the main square "to be hanged and strangled to death from the gallows erected for that purpose, her body burned at the stake, the ashes scattered to the wind and her belongings seized in the name of the King" (69). Presumably, with her punished, or perhaps sacrificed, peace is restored to the city.

In *Angélique*, as noted at the outset, Gale has produced a self-consciously political work, a historical drama designed "to construct countermemory" (Rimstead 2) and resist the erasure of the black experience in Canadian history. Yet despite her obvious determination to recover a lost African Canadian historical figure, Gale makes no attempt to camouflage the complexity of her protagonist's story. Thus, Marcel Trudel, who is arguably the most celebrated scholar of Canadian slavery, writes that when the historical Angélique is twenty-one she becomes "enceinte des oeuvres de [Jacques] César," an African slave belonging to another Montreal merchant (226). Then, after giving birth to another child, "elle donne au monde deux jumeaux et déclare que c'est encore du fait de César" (226). While Trudel is somewhat ambiguous as to whether the twins are César's offspring, or whether Angélique merely asserts that they are, there is considerably less equivocation in Gale's play, where we are told that the protagonist "*stops resisting*" after Francheville presents her with a beaver fur and calls her "a beauty." As he reminds her, "If you obey. I won't hurt you" (10). In addition, her first child is "awfully fair" (18), despite reportedly being the "natural son of...Jacques César" (30). Most significant, while describing the paternity of Angélique's only daughter, César himself states, "Father—unknown. Though the mother declared it to be Jacques César" (30), perhaps explaining why he later accuses her of acting like "a drunken whore" (45). The text also makes it quite apparent that Angélique prefers the companionship of the white Claude to that of César, who in turn is much more attracted to the Indigenous slave Manon, with whom he has had a long relationship. As Angélique points out to César, they have not chosen each other and, in normal circumstances, probably never would: "If there were five more to choose from you still wouldn't choose me. I'm just all there is. Better than nothing. Claude has a choice. He chooses me" (46). Actually, the text leaves the impression that the reason Angélique and César become intimate is not because they are captivated by each other but because, as he tells her, "My master says that you are to be with me now" (15; see also 17), a decision that is likely made to mask the fact she is already pregnant by someone else.

Even more critical, Gale shows Angélique killing one of her children. In one of the most powerful scenes in the play, soon after the birth of her first child, Eustache, Angélique rocks her baby in her arms as she sings a lullaby to him about the beginning of time. This is a period, she chants to her newborn, when the world was covered by Darkness, which stretched "into seamless infinity. / Darkness was all and all was Darkness" (20). During a moment of hubris, Darkness gives "birth to / Light" (21), which soon challenges its maker, convinced that "Darkness has no Knowledge of itself. Therefore, I am everything! / And Darkness is nothing" (22). Yet Light's triumph turns out to be temporary. Darkness keeps waiting for the opportunity to regain its power, and at last does. As Angélique sings to Eustache, ultimately, "Darkness reclaims everything. The stars will fall. The sun will cease / to shine. Light will collapse in on itself" and "Darkness will resume her peaceful reign" (23). Upon saying that, she places "*her hand over the baby's face, smothering it,*" until the baby's heartbeat stops, and whispers, "Fly home and greet the darkness. There are others waiting there. / Mama loves you and will join you soon" (23). Supposedly the reason Angélique kills Eustache is to enable him to return home, to the source, Darkness, and thereby not to provide any more bodies to a slave economy in which the children of slaves are seen as nothing more than a "source de revenu supplémentaire" (Brown 8). However, it is also possible to interpret her act as her way of ensuring that she will not be hindered by her progeny in her attempt to escape captivity. That is, perhaps she does not commit filicide to protect her child but for more personal reasons.

Gale's intellectual and political sophistication is also evident in the reflexivity that permeates her play. Although Gale is attempting to capture the truth about Angélique, she is fully aware that she is dramatizing her protagonist's story almost three centuries after the Madeira slave was burned at the stake and cannot help but be influenced by her knowledge of what has transpired since the event took place. Like other oppositional writers, Gale knows well that all identities are "constructions, inventions, and mutable, plural entities" (Rimstead 7). For instance, in the stage directions, she writes that her text is not simply about a slave but a "slave, in a Canadian history book" (2). She then opens the play proper with the sound of African drumming and "*a woman dancing with a book,*" against a multicoloured background "*suggestive of flames,*" before a voiceover proclaims, "And in seventeen thirty-four a Negro slave set fire to the City of / Montreal and was hanged" (3). It is as if Gale is determined to draw our attention to her self-consciousness about her writing (or perhaps rewriting) of history. Or to phrase it differently, she appears to wish to stress that even when it comes to the recovery of subaltern historical figures, writers do not so much find stories as construct them. Still, just because it is impossible to know the full truth about the life of a marginalized historical figure, it does not invalidate a writer's attempt to recover that life. As Gale writes in "The Malcolm X School of Playwriting," "With Angélique, because history has failed to tell her story with any truth, it was very important to me to bring some form of truth to her life. Even if it was my own made-up truth. The result is a blurring of fact and fiction" (312). In other words, since the dominant society is so prone to engage in what has been called "organized forgetting" (Kundera 218), it is incumbent on politically committed writers to try to counter the systematic erasure of figures like Angélique.

Moreover, Gale's *Angélique* is never merely about the writing of history, especially the need to revisit history and challenge how it is usually constructed. The play is also about sex and power, and the impact they have on human relations in a highly stratified society. More precisely, it is about exploring a moment in the Canadian past when certain members of the community had the power to acquire whatever they desired, including other people. That is quite apparent when Francheville boasts early in the play, "To be able to buy anything or anyone...there is no more powerful feeling in the world!" (4). Needless to say, a society in which some people are able to buy other people is a society in which not everyone is perceived as a citizen, a member of the same national family. Furthermore, the man who buys and exploits Angélique without any apparent censure from the larger society is not some nonentity or anomaly. Rather, he is a pillar of eighteenth-century Canada, since as he himself declares, slave-ownership is a "luxury only a fine gentleman like myself could appreciate" (4). As Micheline Bail writes in the foreword to her historical novel about Angélique, *L'esclave*, Francheville "était le fondateur des forges du Saint-Maurice," someone who, thanks to his "efforts quasi héroïques," established "la première industrie lourde au Canada" (n. pag.). In short, Francheville is the sort of figure that the dominant discourse celebrates as a national hero. So among other accomplishments, Gale's play performs an acute dissection of a raw kind of capitalism, a kind of capitalism that until recently the overwhelming majority of Canadians either had forgotten or pretended not to remember.

The significance of Gale's intervention in the reconstruction of Angélique becomes most evident when one contrasts it to the narratives constructed by eminent historians like Trudel. As cited in the first epigraph to this chapter, Trudel makes the observation that "notre littérature a vraiment raté le thème de l'esclavage" (330; see also Bail, Avant-propos). Yet he is adamant that "le crime le plus spectaculaire qu'un esclave ait accomplit dans notre histoire," the burning of Montreal in 1734, "n'a absolument rien d'une révolte générale contre la société;

c'est un crime individuel tramé contre une seule personne, la veuve Francheville, pour favoriser une intrigue amoureuse" (226, 229). That is, the causes of Angélique's ostensible crime lie not in a society that sanctions the buying and selling of human beings but in the animosity that develops between a single slave and her owner; furthermore, this animus is less fueled by the captive's hatred of her condition than by some amorous dalliance.

Not surprisingly, Trudel's interpretation is challenged by African Canadian writers and other artists. George Elliott Clarke, for example, contends that Angélique's "alleged crime was an incendiary one: burning property, public and private, to the ground, reducing assets to ashes, rendering homeless the happy dispossessors of Aboriginal peoples. If she was a firebrand, she was a brazen one: a 'piece of property' by law, lawlessly destroying unlawfully gotten property" (Foreword xiv). Similarly, in her song "Marie Joseph Angelique," the folksinger Faith Nolan leaves little doubt why the Madeira slave purportedly became a firebug, and it has remarkably little to do with her love life. Rather, she decides to set fire to Montreal because it is "the home / she could never call her own" (120).

Once more, notwithstanding the learned conclusions reached by established scholars like Trudel, African Canadian artists are far from being persuaded that the burning of Montreal was not triggered by slavery, the condition in which an individual such as Angélique was "rooted up and, against my will, brought here to be transplanted" (Elliott 59). On the contrary, there is a general consensus among them not only that the fire was precipitated by slavery but that this is the reason Canadians have not been able to come to terms with the event, since it so overtly undermines the country's mythology regarding slavery.

Perhaps I should stress that it is not my intention in this chapter to suggest that Canada has not played a positive role in the history of African slavery in North America. Both the veracity of the Underground Railroad and the magnitude of its impact seem beyond dispute. It is certainly hard not to be touched by an account like that of Rev. Alexander Hemsley, who describes his journey from "bondage in Queen Anne County, Maryland, from birth until twenty-three years of age" (54), to his life as a free individual in Canada. As he describes his transformation, and why he was willing to sacrifice the little economic security he had in the United States and flee into an unknown country, "Now I am a regular Britisher. My American blood has been scourged out of me. I have lost my American tastes; I am an enemy of tyranny" (60). Clearly, for people like Hemsley, Canada was a sanctuary. At the same time, one cannot ignore how the discourse on the Underground Railroad has been used to obliterate the black experience in Canada. As Jade Ferguson argues, "the mythologization of Canada's 'benevolent' relation to southern [US] blacks" should be contested (41), since the aestheticization of "black fright" often results in "scenes of white enjoyment that consolidate white political control" (37). No less important, what the discourse on the Underground Railroad also does is to create the impression that people of African descent have no real roots in Canada and therefore are not truly Canadian but recently transplanted Africans or Americans.

Like the politics of forgetting, the politics of remembering of course is never innocent, including when it is performed by members of marginalized groups. In *The Book of Laughter and Forgetting*, Kundera asserts that "we want to be masters of the future only for the power to change the past" (30–31). Even if one is not as cynical as the Czech-French novelist, there is no escaping the conclusion that memory involves an intimate relation between past and present. Gale, as noted earlier, openly admits that her recovery of Angélique is also an attempt to recover herself, to find her own place in Canada in general and in Montreal in particular. As she has her protagonist address the audience in the very last scene,

> Look!
> The view is clear...
> So clear from here.
> In the vista of tomorrow
> stretching out before,
> I can see this city...
> swarming with ebony.
> There's me and me and me and me...
> My brothers and my sisters! (71)

This vision of a multicultural and inclusive future Montreal, it seems fair to deduce, is less likely to represent Angélique's sentiments than Gale's. It is true that someone like Goethe posits that when portraying "historical characters," every poet or fiction writer must inject part of his "lofty soul" into those personages, "otherwise his nation would not have understood him" (23, 24). Still, the fact is that Angélique concedes that there is nothing she can do to prevent that "I will from twisted history, / be guilty in your eyes" (71), and that she is "going home" (72). But if Angélique continues to imagine the centre of her universe elsewhere, one would think that she probably is not too emotionally engaged with whatever will transpire in the city that not only never embraced her as one of its own but actually tortured and killed her. Likewise, when Gale has Angélique add that one day "someone will hear me / and believe" (72), it is evident that one person who has heard the so-called Montreal arsonist and believed in the significance of her story is Gale herself, who has devoted a two-act play to someone who until recently was almost completely absent from Canadian history. Again, in the end, *Angélique* is both a historical drama and an intervention in contemporary sociopolitical and cultural reality.

Actually, for me, much of the power of Gale's play resides precisely in the fact that it is a contemporary document about the historical past. Or to phrase it differently, it is a document about the past that the dominant discourse has been so reluctant to acknowledge, much less contextualize. As Cooper states in the passage that serve as the second epigraph to this chapter, the reason slavery has "been written out of [Canada's] official history" is that it is the country's "best-kept secret, locked within the national closet" (68). Given the notoriety of the alleged crime for which Marie-Joseph Angélique was killed, it is perplexing that such a figure could vanish from the Canadian collective memory. Yet vanish she largely had until her current rediscovery (mainly) by African Canadian artists. Clarke notes that even though the subject of Gale's play was officially tried and killed by the state, "she appears in only a handful of texts (excluding histories)," which for him underscores how "the repression of the history of Canadian slavery necessitates the oblivion of actors such as Mme. Angélique" (Foreword xv). In his discussion of Angélique, Clarke also claims that Canada was "established... on the economic basis of African servitude" (xi), an argument that I do not find completely persuasive. My sense is that, considering the relatively small number of people involved (Trudel 315–19), slavery just does not have the centrality in Canada that it does in the United States. In fact, I tend to concur more with Atwood that Canada was not built on human slavery, whether Indigenous or African, but rather "on the bodies of dead animals[.] Dead fish, dead seals, and historically dead beavers, the beaver [being] to this country what the black man is to the United States" (*Surfacing* 40). Nevertheless, the erasure of figures like Angélique and of slavery itself appears to reveal a palpable discomfort with the idea of Canadian citizenship including people of African descent, thus supporting the theory that "the Canadian imaginary marks its limitations with the notion of the black other" (Filewod 282). Indeed, I can only conclude by echoing Donna Bailey Nurse's contention that the "peculiar absence of the 'peculiar institution'" (xix) in Canadian literature and culture as a whole can only be interpreted as peculiar.

WORKS CITED

Adams, Rachel. *Continental Divides: Remapping the Cultures of North America.* Chicago: U of Chicago P, 2009.

Alexis, André. "Borrowed Blackness." *This Magazine* 28.8 (May 1995): 14–20.

Atwood, Margaret. *Surfacing.* 1972. Toronto: McClelland and Stewart, 1994.

———. *Survival: A Thematic Guide to Canadian Literature.* 1972. Toronto: McClelland and Stewart, 2004.

Bail, Micheline. *L'esclave.* Montreal: Libre Expression, 1999.

Brown, Paul Fehmiu. *Marie-Josèphe-Angélique, Montréal, Québec 21 juin 1734.* Saint-Léonard, QC: Éditions 5 Continents, 1998.

Clarke, George Elliott. "Contesting a Model Blackness: A Meditation on African-Canadian African-Americanism, or the Structures of African-Canadianité." *Odysseys Home: Mapping African-Canadian Literature.* Toronto: U of Toronto P, 2002. 27–70.

———. Foreword. *The Hanging of Angélique: The Untold Story of Canadian Slavery and the Burning of Old Montréal.* Toronto: HarperCollins, 2006. xi–xviii.

———. "Raising Raced and Erased Executions in African-Canadian Literature: Or, Unearthing Angélique." *Essays on Canadian Writing* 75 (2002): 30–61.

Cooper, Afua. *The Hanging of Angélique: The Untold Story of Canadian Slavery and the Burning of Old Montréal.* Toronto: HarperCollins, 2006.

Elliott, Lorris. "The Trial of Marie-Joseph Angelique, Negress and Slave." *Other Voices: Writings by Blacks in Canada.* Ed. Lorris Elliott. Toronto: Williams-Wallace, 1985. 55–66.

Ferguson, Jade. "Sketching Scenes of Subjection: The Aestheticization of Fright in T.C. Haliburton's *The Clockmaker.*" *Transplanter le Canada: Semailles / Transplanting Canada: Seedlings.* Ed. Marie Carrière and Jerry White. Edmonton, AB: Canadian Literature Centre / Centre de littérature canadienne. 2009. 37–42.

Filewod, Alan. "'From Twisted History': Reading *Angélique.*" *Siting the Other: Revisions of Marginality in Australian and English-Canadian Drama.* Ed. Marc Maufort and Franca Bellarsi. Brussels: Peter Lang, 2001. 279–90.

Gale, Lorena. *Angélique.* 1998. Toronto: Playwrights Canada P, 2000.

———. "The Darwinist." MA thesis. Simon Fraser University, 2005.

———. "Into the Margins..." *Canadian Theatre Review* 83 (1995): 16–19.

———. *Je me souviens: Memories of an Expatriate Anglophone Montréalaise Québecoise [sic] Exiled in Canada*. Vancouver: Talonbooks, 2001.

———. "The Malcolm X School of Playwriting." *Theatre and AutoBiography: Writing and Performing Lives and Practice*. Ed. Sherrill Grace and Jerry Wasserman. Vancouver: Talonbooks, 2006. 309–12.

———. "Where Beauty Sits." "*...But Where Are You Really From?*" Ed. Hazelle Palmer. Toronto: Sister Vision, 1997. 51–54.

———. "Writing 'Angélique.'" *Canadian Theatre Review* 83 (1995): 20–23.

Goethe, Johann Wolfgang von. *Conversations with Eckermann: Being Appreciations and Criticisms on Many Subjects*. Washington, DC: M. Walter Dunne, 1901.

Hemsley, Alexander. Narrative. 1856. *The Refugee: Narratives of Fugitive Slaves in Canada*. Ed. Benjamin Drew. Toronto: Dundurn, 2008. 53–60.

Hill, Lawrence. *The Book of Negroes*. 2007. Toronto: HarperCollins, 2011.

King, Martin Luther, Jr. *Conscience for Change*. Toronto: Canadian Broadcasting Corporation, 1967.

Kundera, Milan. *The Book of Laughter and Forgetting*. 1978. Trans. Aaron Asher. New York: Perennial, 1999.

Laxer, James. *The Border: Canada, the U.S. and Dispatches from the 49th Parallel*. 2003. Toronto: Anchor Canada, 2004.

Moynagh. Maureen. "Eyeing the North Star? Figuring Canada in Postslavery Fiction and Drama." *Canada and Its Americas: Transnational Navigations*. Ed. Winfried Siemerling and Sarah Phillips Casteel. Montreal and Kingston: McGill-Queen's UP, 2010. 135–47.

Nolan, Faith. "Marie Joseph Angelique." *Fire on the Water: An Anthology of Black Nova Scotian Writing, Volume 2: Writers of the Renaissance*. Ed. George Elliott Clarke. Lawrencetown Beach, NS: Pottersfield P, 1992. 119–20.

Nurse, Donna Bailey. Introduction. *Revival: An Anthology of Black Canadian Writing*. Ed. Donna Bailey Nurse. Toronto: McClelland and Stewart, 2006. xi–xxii.

Ravvin, Norman. "Border Crossings in Hidden Canada." *Hidden Canada: An Intimate Travelogue*. Calgary, AB: Red Deer P, 2001. 99–122.

Rhodes, Jane. "The Contestation over National Identity: Nineteenth-Century Black Americans in Canada." *Canadian Review of American Studies* 30.2 (2000): 175–86.

Rimstead, Roxanne. "Introduction—Double Take: The Uses of Cultural Memory." *Cultural Memory and Social Identity*. Ed. Roxanne Rimstead. *Essays on Canadian Writing* 80 (2003): 1–14.

Trudel, Marcel. *L'esclavage au Canada français: Histoires et conditions de l'esclavage*. Québec: Presses de l'Université Laval, 1960.

Walker, James W. St. G. *The Black Loyalists: The Search for a Promised Land in Nova Scotia and Sierra Leone 1783–1870*. London and Halifax: Longman and Dalhousie UP, 1976.

CONTRIBUTORS / COLLABORATEURS

Benjamin Authers is a lecturer in law at Flinders University, Adelaide, Australia, and a visiting fellow at the Australian National University's School of Regulation and Global Governance (RegNet) in Canberra, Australia. He researches in law and literature, with a particular interest in how literary and other non-legal texts create meaning in the Canadian and international human rights systems. His book, *A Culture of Rights: Law, Literature, and Nation*, was published by University of Toronto Press in 2016.

Albert Braz is a professor of English and comparative literature at the University of Alberta, specializing in Canadian literature in its inter-American contexts. He is the author of *Apostate Englishman: Grey Owl the Writer and the Myths* (University of Manitoba Press, 2015) and of *The False Traitor: Louis Riel in Canadian Culture* (University of Toronto Press, 2003). He is also the co-editor of an issue of the *Canadian Review of Comparative Literature* on comparative Canadian literature (2009) and of an issue of *CLCWeb: Comparative Literature and Culture* on Indigenous literatures (2011). He is currently working on a book on Latin America in the Canadian imagination.

Samantha Cook se spécialise dans la littérature québécoise de la deuxième moitié du 20e siècle, spécifiquement l'écriture autobiographique, la sociocritique et le féminisme. Elle a complété son doctorat à l'Université de l'Alberta en 2014. Sa recherche pour sa thèse a mené à la préparation de deux articles sur l'autobiographie de Claire Martin. Son travail récent examine le fonctionnement du français littéraire dans les contextes linguistiques minoritaires de l'Ouest canadien à l'aube du 21e siècle. Elle est professeure adjointe à l'Université de Winnipeg où elle enseigne la littérature francophone ainsi que des cours de langue.

Jennifer Bowering Delisle is the author of *The Newfoundland Diaspora: Mapping the Literature of Out-Migration* (Wilfrid Laurier University Press, 2013) and numerous articles on Canadian literature. She is also the author of *The Bosun Chair*, a hybrid of family memoir and poetry (NeWest Press, 2017). She has a PhD from the University of British Columbia and has held postdoctoral fellowships at the University of Alberta and McMaster University. She currently lives in Edmonton where she is the lead instructional designer for Yardstick Testing and Training.

Lise Gaboury-Diallo, professeure à l'Université de Saint-Boniface (MB), se spécialise dans les littératures de la francophonie, dont celles du Québec et du Canada français. Elle est Présidente du Conseil international d'études francophone de 2013 à 2015. Elle siège au comité de rédaction des *Cahiers franco-canadiens de l'Ouest* depuis leur création et est membre du Centre des études franco-canadiennes de l'Ouest depuis plusieurs années. Au fil des ans, elle participe à un bon nombre de colloques et publie plusieurs chapitres, articles et comptes rendus. Elle est également l'auteure de recueils de poésie et de collections de nouvelles.

Smaro Kamboureli is Avie Bennett Chair in Canadian Literature at the University of Toronto. Her most recent publications include her edited volume of *Memory Serves: Oratories* by Lee Maracle (NeWest Press, 2015), and the co-edited collections of *Editing as Cultural Practice in Canada* (Wilfrid Laurier University Press, 2016); *Critical Collaborations: Indigeneity, Diaspora, Ecology in Canadian Literary Studies* (Wilfrid Laurier University Press, 2014); *Shifting the Ground in Canadian Literary Studies* (Wilfrid Laurier University Press, 2012); and *Trans.Can.Lit: Resituating the Study of Canadian Literature* (Wilfrid Laurier University Press,

2007). She is also the author of *Scandalous Bodies: Diasporic Literature in English Canada* (Wilfrid Laurier University Press, 2000, 2009) and *On the Edge of Genre: The Contemporary Canadian Long Poem* (University of Toronto Press, 1991).

Janne Korkka is senior lecturer in English at the University of Turku, Finland. His research interests include posthumanism, the ethics of encounter in literature and contemporary Canadian literature in English, particularly the interrogation of the Canadian West and North. He is currently working on literary encounters with space and animals as routes to new ways of knowing which emerge through what is regarded as the ordinary and formulaic. His recent publications include *Ethical Encounters: Spaces and Selves in the Writings of Rudy Wiebe* (Rodopi, 2013).

Daniel Laforest is associate professor at the University of Alberta, where he teaches Québec and French literature, cultural studies, and critical theory. He has been Fulbright fellow at the Centre for Cultural Studies of the University of California, Santa Cruz, holder of the Chair in Canadian Studies of the Universités de Limoges and Poitiers in France, and Visiting Professor at Stanford University. He is the author of two monographs: *L'archipel de Caïn. Pierre Perrault et l'écriture du territoire* (XYZ, 2010; Jean-Éthier Blais Award 2011), and *L'âge de plastique. Lire la ville contemporaine au Québec* (Presses de l'Université de Montréal, 2016).

André Lamontagne est professeur titulaire au Département d'études françaises, hispaniques et italiennes de l'Université de la Colombie-Britannique et Directeur du programme d'études canadiennes. Il a publié de nombreuses études dans les domaines de la littérature québécoise (*Les mots des autres. La poétique intertextuelle des œuvres romanesques d'Hubert Aquin*, Presses de l'Université Laval, 1992; *Le roman québécois contemporain*, Fides, 2004), de la fiction postmoderne et de la théorie littéraire. Ses recherches actuelles portent sur les représentations littéraires hétérodoxes de la ville de Québec. André Lamontagne est également l'auteur d'un recueil de nouvelles et de deux romans parus aux Éditions David.

Margaret Mackey is professor emerita at the School of Library and Information Studies at the University of Alberta, where she continues to teach courses in reading and in multimedia literacies. Her research explores aspects of print, media, and digital literacies, an area in which she publishes widely. Her most recent book investigates related questions from a different perspective: that of her own literate childhood and the materials in print and other media that informed it. Entitled *One Child Reading: My Auto-Bibliography* (2016), it is published by the University of Alberta Press.

Sherry Simon est professeure au Département d'études françaises de l'Université Concordia. Ses recherches portent sur les relations culturelles dans la littérature québécoise, sur la traduction, et sur l'histoire de Montréal (et d'autres villes multilingues dont Trieste, Barcelone, Calcutta et les villes de l'ancien empire Habsbourg). Parmi ses publications : *Traverser Montréal. Une histoire culturelle par la traduction* (Fides, 2008) et *Villes en traduction* (Presses de l'Université de Montréal, 2013, finaliste, Prix du Canada). Elle a dirigé *Speaking Memory: How Translation Shapes City Life* (McGill-Queen's University Press, 2016). Elle est membre de la Société royale du Canada et de l'Académie des lettres du Québec. Elle est boursière de la fondation Killam et récipiendaire du prix André-Laurendeau en sciences humaines de l'Association francophone pour le savoir.

Pamela V. Sing est professeure titulaire et Directrice de l'Institut des études canadiennes à la Faculté St-Jean de l'Université de l'Alberta, et Directrice associée du Centre de littérature canadienne de la même université. Son enseignement et ses recherches portent principalement sur les littératures franco-canadiennes, québécoise et des Métis et Premières Nations du Canada. Ses publications les plus récentes incluent : « À l'ouest de l'Ouest : extrême minorisation et stratégies scripturaires », *Archives des lettres canadiennes*, XVI et « Goûts et Dégoûts chez Nancy Huston et Ying Chen », dans *Transmissions et transgressions dans les littératures de l'Amérique francophone*.

Maïté Snauwaert is associate professor of literature at the University of Alberta's Campus Saint-Jean. Her research focuses on mourning, aging, and the end of life in contemporary literatures from France, Québec, Canada, England, and the United States. She is currently working on a SSHRC-funded project titled "Apprendre à mourir au 21e siècle : la contribution des écrivains" (2016–2020). On the topic of grief and literature, she has published the monograph *Philippe Forest, la littérature à contre-temps* (Cécile Defaut, 2012). A member of the Canadian Literature Centre's executive committee, she reviews non-fiction essays for the literary magazine *Lettres québécoises*.

L. Camille van der Marel is completing her PhD in the Department of English and Film Studies at the University of Alberta. She lives and studies on the traditional territory of the Treaty 6 Peoples. Her dissertation, "Bookkeeping: Discourses of Debt in Caribbean-Canadian Literature," examines material and ethical obligation in diasporic texts and uses these debts to test the relationship between literary studies' postcolonial and transnational approaches. She has also published on poetic representations of the Canadian North and Arctic landscapes' capacity to resist settler-colonialism's possessive ideologies.

Erin Wunker is chair of the board of Canadian Women in the Literary Arts (www.cwila.com) and co-founder, managing editor, and contributor to the feminist academic blog *Hook & Eye: Fast Feminism, Slow Academe* (www.hookandeye.ca). She teaches in the fields of Canadian literary culture. She is the editor of *Barking & Biting: Selected Works of Sina Queyras* (Wilfrid Laurier University Press, 2016). Her monograph, *Notes from a Feminist Killjoy: Essays on Everyday Life* (BookThug) was published in 2016.

INDEX

The index to the French chapters appears on pages 257–64.
L'index des textes en français se trouve aux pages 257–64.

INDEX

L'index des textes en anglais se trouve aux pages 241–56.
The index to the English chapters appears on pages 241–56.

OTHER TITLES FROM THE UNIVERSITY OF ALBERTA PRESS

Landscapes of War and Memory
The Two World Wars in Canadian Literature and the Arts, 1977–2007
SHERRILL GRACE

Comprehensive study of Canadian literature, theatre, and art depicting memories of the two world wars.

The Home Place
Essays on Robert Kroetsch's Poetry
DENNIS COOLEY

Dazzling, playful, and intellectually complex examination of personal recollections and archival materials about Kroetsch's poetry.

One Child Reading
My Auto-Bibliography
MARGARET MACKEY

A significant and unique contribution to our understanding of reading, readers, and literacy development.

More information at www.uap.ualberta.ca